왕선택 기자의 북핵언론 해설
북핵위기 20년 또는 60년

왕선택 기자의 북핵연표 해설
북핵위기 20년 또는 60년

초판 1쇄 발행 2013년 4월 20일

편   저 | 왕선택
펴낸이 | 윤관백
펴낸곳 | 선인

등록 | 제5-77호(1998.11.4)
주소 | 서울시 마포구 마포동 324-1 곶마루 B/D 1층
전화 | 02)718-6252/6257
팩스 | 02)718-6253
E-mail | sunin72@chol.com

정가 20,000원

ISBN 978-89-5933-614-2 93300

· 잘못된 책은 바꿔 드립니다.

왕선택 기자의 북핵언론 해설

북핵위기 20년 또는 60년

왕선택

머리말

이 책은 20년 이상 국제사회의 주요 안보 현안으로 남아있는 북핵 문제와 관련해 중요한 사건이 무엇이었고 언제, 그리고 어떻게 일어났는지를 날짜별로 간략하게 정리한 것입니다. 기본적으로는 날짜와 표제를 적었지만 구체적인 사건 내용과 필자의 논평을 추가한 경우도 있습니다. 북핵 문제의 기원을 이야기할 때 자주 거론되는 1950년 11월 30일 해리 트루먼(Harry S. Truman) 미국 대통령 발언을 첫 번째로 해서 약 1,200여 개의 표제를 다뤘습니다. 북핵 문제가 국제문제로 확대되는 시기로 볼 수 있는 1991년 이후는 비교적 자세하게 정리했습니다.

이런 책자를 구상한 계기는 북핵 문제가 20년 이상 장기간 지속되면서 사실관계에 대한 오해가 있다는 판단에 따른 것입니다. 저는 1996년 1월부터 YTN 정치부에서 일을 했고 2002년 5월부터는 통일·외교·안보 사안만 전문적으로 보도하고 해설하는 임무를 맡아왔습니다만, 북핵 문제와 관련해 상당한 오해와 편견이 존재한다는 것을 경험하곤 했습니다. 이런 오해와 편견은 정치쟁점화가 되는 경우 마치 사실처럼 인식되고 잘못된 인식은 잘못된 정책으로 이어지는 경우도 목격할 수 있었습니다. 그래서 북핵 문제와 관련해 수준 높은 토론도 중요하지만 사실관계, 그리고 사건 발생 당시 맥락을 공유하는 것도 중요하다는 생각이 들어서 해설이 포함된 연표를 작성하기로 한 것입니다.

북핵 문제는 20년 넘게 한반도 안보 정세를 불안하게 만드는 요소로 작용해 왔습니다. 한국 입장에서 북핵은 북한과의 군사적 불균형을 가져오는 요소로 절대 용납할 수 없는 대상입니다. 또한 북한과의 관계개선을 가로막고 궁극적으로 남북 통일 분위기 조성을 지연시킴으로써 한국의 국가 발전을 가로막는 장애물입니다. 그럼에도 불구하고 북한의 핵무기 개발 양상과 군사적 위협 수준은 높아지는 추세를 보여 왔습니다. 1994년 10월 21일 북미 기본합의문 체결 당시 플루토늄 10kg 정도를 갖고 있었던 것으로 평가되던 북한이 2013년 초 기준으로 플루토늄 핵무기 6기 이상, 농축 우라늄 핵무기 4기 이상을 갖고 있는 것으로 추정되고 있습니다. 미사일 분야에서도 북한은 기술 수준을 크게 향상시킨 것으로 평가되고 있습니다. 결과적으로 20년 북핵정책은 실패했다는 평가를 피할 수 없게 됐습니다.

외형적으로 보면 북핵정책 실패는 북한이 국제사회를 속이면서 집요하게 핵무기 개발을 추진한 결과로 보입니다. 그렇지만 북핵 문제와 관련된 국가들의 외교 행보를 돌아보면 한국과 미국, 중국도 좋은 기회를 여러 번 상실했다는 것도 확인할 수 있습니다. 특히 북한을 포함해 모든 관련국이 북핵과 관련해 중요한 정책을 결정하고 집행하는 과정에서 국내정치 상황을 더 많이 고려한 사례가 적지 않았고 그런 것이 주기적으로 나타나는 특성도 보였습니다. 미국에서는 대통령이 새로 취임하고 나서는 북한에 대해 강경한 정책을 선호하는 경향이 있고 임기 후반에 가서는 북한에 대해 온건한 정책을 선호하는 경향이 발견됩니다. 이는 미국 대통령 임기가 기본적으로 4년이고 재선될 경우 8년이라는 제도가 일정한 국내정치주기를 형성하고 그 주기가 정책 선호와 관련해 특정한 경향을 만들어낸 것으로 판단할 수 있습니다. 한국 대통령의 경우도 역시 5년 임기 중에서 초기에는 북한에 대해 강경하고 단호한 태도를 보였나가 중반을 지나면서 협상을 중시하는 태도를 보여 왔습니다. 외교정책이 국내정치주기에 영향을 받는다는 특징은 북한에도 적용됩니다. 김정일 국방위원장 시절, 북한은 국방위원장 추대 행사를 전후해서 강경한 정책을 선호하고 임기 중반에는 유연한 태도를 선호했습니다. 이처럼 국내적으로 어느 한 나라의 정책 결정자가 강경한 정책을 선호하는 시기에 상대편 최고 정책 결정자도 강경한 정책을 선호하는 시기가 겹치는 경우 북핵 문제의 위기 요소가 폭발적으로 확대되는 추세가 나타났습니다.

구체적으로 국내정치주기와 외교정책의 상관성을 보여주는 사례는 많은 편입니다. 1993년에 시작돼서 1994년 말까지 이어진 제1차 북핵 위기 상황이 대표적입니다. 한국에서는 김영삼 대통령 1년차와 2년차, 미국 빌 클린턴(Bill Clinton) 대통령도 1년차와 2년차, 그리고 북한의 김정일 국방위원장 취임 전후에 문제가 불거졌습니다. 2002년 말부터 2003년에 크게 불거진 제2차 북핵 위기에서도 유사한 특성을 발견할 수 있습니다. 한국에서는 김대중 대통령 말기에 시작돼서 노무현 대통령 정부로 넘어가는 시기였고 미국에서는 조지 W. 부시(George W. Bush) 대통령이 2년차 말기를 맞고 있었습니다. 북한에서는 김정일 국방위원장 재추대 행사가 2003년 9월에 있었습니다. 2009년 초 제3차 북핵 위기를 보면 한국이 이명박 대통령 2년차로 들어가는 시점이었고 미국에서는 버락 오바마(Barack Obama) 대통령이 취임한 직후였습니다. 북한에서는 또다시 김정일 위원장 재추대 행사가 있었습니다. 2012년 12월 북한이 장거리로켓을 발사하면서 조성된 새로운 북핵 위기도 한국에서 박근혜 대통령 취임 전후, 미국에서 오바마 대통령 2기 정부 출범 전후, 중국의 시진핑(習近平) 총서기 권력 인수 도중입니다. 북한 입장에서 봐도 김정은 체제 수립 이후 1년이 조금 넘은 시기로 집권 초기라고 할 수 있는 시점입니다.

이처럼 한국과 미국, 중국, 북한 모두 중대한 외교 정책 사안의 배경에 국내정치 주기가 포진하고 있지만 이런 사정은 자주 무시되거나 경시돼 왔습니다. 사건이 발생하고 어느 정도 시간이 흐르면 연구자들이 외교정책 분석에서 당시의 국내정치 상황을 배제하는 경향은 더욱 커집니다. 각국의 외교정책 결정자들이나 참모들이 국가 이익을 극대화하기 위해 최선을 다한다는 전제가 기본적으로 채택되고 연구자들은 당시 상황을 국가이익 중심의 합리적 시각에서 재구성하는 노력에 매진하게 됩니다. 그렇지만 사건 전개 당시의 국내정치 상황을 배제하는 것은 불충분한 연구라는 비판을 받을 수 있습니다. 따라서 북핵 문제에 대한 정확한 분석을 위해서는 관련국 국내정치 일정도 포함된 자료가 필요하다고 하겠습니다.

  자료는 통일부와 외교부 공개 자료, 북핵 문제와 관련한 각종 저서와 논문, 기록물을 참고했습니다. 2002년 5월 이후에는 북핵 문제와 관련해 제가 직접 취재·보도한 경우가 상당히 많은 편이기 때문에 제가 작성한 기사나 취재 메모를 참고한 경우도 많습니다. 또 한국 언론진흥 재단이 운영하는 기사검색사이트 KINDS를 통해 과거 관련 기사를 최대한 일일이 확인해서 연표의 정확도를 높이기 위해 최선을 다했습니다.

  이 책자는 북핵 문제와 관련해 사실관계, 특히 날짜를 빨리 점검할 필요가 있는 분들에게 쓸모가 있도록 작성 됐습니다. 또한 북핵 문제의 역사적 연원이나 개별 사건이 북핵 문제 전체에 어떤 의미를 갖고 있는지 궁금하게 여기는 분들을 위해 나름대로 인과관계나 연관성을 알려드릴 수 있도록 노력했다고 이해해 주시면 감사하겠습니다.

감사의 말씀

이 책은 필자가 2012년 7월 북한대학원대학교 북한학 박사학위를 받으면서 당시 학위 논문 부록으로 올렸던 것을 확장시킨 것입니다. 논문은 북한과 미국의 20년 핵외교 추세를 제 나름대로 분석한 내용을 담았는데 분석의 기초 자료가 바로 북핵 문제를 둘러싼 각종 외교 사건들이었습니다. 그러므로 이 연표와 해설은 제 논문의 기초 자료이면서 요약이라고도 말씀드릴 수 있고 동시에 논문 부록을 보완하는 의미도 있다고 하겠습니다.

저는 본시 어리석고 고집이 세서 감히 박사 학위를 얻을 만한 깜냥이 되지 않았는데 가족과 친구, 친지 여러분의 엄청난 격려와 성원을 얻어 영예로운 학위를 취득하게 됐습니다. 이 기회를 빌려 늦깎이 공부에 도움을 주신 분들께 감사의 말씀을 올리고자 합니다. 먼저 부인 이정아, 아들 현목, 딸 도경에게 감사와 사랑의 말씀을 전하고 싶습니다. 저는 1994년 2월 신생 언론사였던 YTN 공채 1기 직원으로 입사했는데 회사 발전을 위해 노력해야 한다는 책임감이 강한 편이었습니다. 나이 서른에, 다른 언론사와 기업체 취직 시험에서 24번을 떨어지고 25번째 붙은 회사다보니 저에게 기회를 준 회사에 무한대로 감사하면서 회사 발전을 위해 전력을 다하는 것을 인생의 행복으로 여겼습니다. 그러다보니 오랫동안 회사 일에만 몰두하고 가족의 존재와 의미는 잊고 살았습니다. 그 중에서도 석사 과정으로 보낸 1년, 그리고 박사 과정을 시작한 이후 매주 토요일에 학교를 다니느라 2, 3년 이상 가장 공백 상황도 있었습니다. 그런데도 부인과 아들, 그리고 딸은 가장에 대한 신뢰와 지지를 지속적으로 보내줬습니다. 특히

2011년에는 아들과 일부 의견 충돌이 있어서 1년 간 휴직을 하면서 가족 간 화목 회복 노력을 전개하는 등 어려운 시기를 보내기도 했습니다. 그렇지만 결국 아들의 지지와 협조를 받아서 논문 작성에 필요한 최소한의 '뭉치 시간' 100일을 확보할 수 있었습니다. 그러므로 왕현목은 저의 박사학위 취득 과정에서 제1공로자라고 말씀드릴 수 있습니다. 아들! 고맙다!!

청주에 계신 아버지와 어머니께도 뜨거운 감사의 말씀을 올립니다. 1970년대 청주 변두리 동네는 요즘 후진국에서 흔히 볼 수 있는 가난한 마을이었는데, 그 어려운 조건에서도 아들을 좋은 대학에 보내시기 위해 허리띠를 졸라매시고 평생 맛있는 음식과 따뜻하고 예쁜 옷을 마다하시면서 차가운 방에서 살아오셨습니다. 하해와 같은 아버지, 어머니 은혜를 어떻게 갚아야할 지 불효자는 답답할 뿐입니다. 이 조그만 책자가 아버지와 어머니께서 자식을 교육시킨 보람으로 여겨주신다면 그나마 행복하겠습니다.

나이 많은 직장인을 학생으로 받아주셔서 공부할 수 있는 기회를 주신 북한대학원대학교의 모든 교수님과 임직원 여러분께 최대의 감사를 올립니다. 논문 작성 과정에서 제목과 주제, 핵심적 개념 등에 대해 인내심을 갖고 지도해주시고 논문 심사 과정에서도 적극적으로 격려해주신 구갑우 지도교수님께 뭐라고 감사의 말씀을 올려야할 지 모르겠습니다. 꾸준하게 지식의 범위를 넓히고 지혜의 수준을 높여서 교수님 명성에 흠이 나지 않도록 최선을 다하겠습니다. 논문 심사를 맡아주신 양무진 교수님과 류길재 교수님, 관동대 정규섭 교수님과 중앙대 이혜정 교수님께 감사 말씀 올립니다. 논문 심사 과정에서 격려를 아끼지 않으신 최완규 총장님께도 특별한 감사의 말씀을 올립니다. 함택영 교수님과 윤대규 교수님, 이수훈 교수님, 이우영 교수님, 신종대 교수님, 김근식 교수님, 양문수 교수님, 이수정 교수님, 박후건 교수님께도 따뜻한 관심을 보여주신 점에 감사드립니다. 특히 김근식 교수님은 2007년 제가 미국 조지워싱턴대학교에서 국제정책실무 석사 학위 과정을 하고 있을 때 저에게 박사 과정 도전을 제안하셨는데 그것이 결국 박사 공부의 시발점이었습니다. 감사합니다.

연세대 최종건 교수님도 논문 작성 초기 단계에서 주제와 방향을 정하는데 많은 관심과 실질적인 도움, 그리고 따뜻한 격려를 주셨습니다. 감사합니다. 국방부 백승주 차관님과 통일연구원 정영태 박사님은 여러 차례 격려와 지도편달의 말씀을 주셨습니다. 동국대 김용현 교수는 논문과 관련해 여러 차례 직접적인 조언을 주셨고 출판 소개도 해주셨습니다. 서울대 통일평화연구소 장용석 박사는 보잘 것 없는 논문 초고를 읽어주시고 코멘트도 주셨습니다. 감사합니다. 그리고 논문 작성 과정에서 밤늦게까지 학교에 남아 학업에 대한 열정과 용기, 의지를 공유하면서 점심과 저녁 동무도 해주신 김창순, 정재호, 노혜경, 김충식, 최정애, 김동엽, 백미경 선생님 등 북대 도서관 정독실 선후배 여러분, 그리고 늦깎이 학생들을 적극 도와주신 도서관 조인정 선생님, 감사합니다. 북대 박사과정 8기 동기생인 통역사 박유현 선생, 경찰청 손영조 과장은 제가 힘이 빠질 때 마다 '소주 한 잔' 사주시면서 용기를 북돋아주셨습니다. 감사합니다.

직장에서도 헤아릴 수 없이 많은 분들의 도움을 받았습니다. 특히 2, 3년 동안 매주 토요일 수업에 참가할 수 있도록 휴일 근무를 흔쾌히 일요일로 바꿔주신 정치부 김태현 행정팀장님, 이동우 정당팀장님, 김웅건 행정팀장님, 박홍구 행정팀장, 김주환 박사, 함형건 기자, 김문경 기자, 윤경민 기자, 신현준 기자 모두 감사합니다. 저와 같이 통일외교팀으로 일했던 홍상희 기자, 이종구 기자, 이대건 기자, 이강진 기자, 이선아 기자, 김웅래 기자, 강진원 기자, 박기현 기자 도움도 많이 받았습니다. 감사합니다. 배석규 선배는 예전부터 언론인도 끊임없이 공부를 해야 한다면서 학업을 권해 주셨고 김백 선배, 정영근 선배, 이홍렬 선배, 김홍규 선배, 윤두현 선배, 추은호 선배, 이귀영 선배, 상수종 선배, 이동헌 선배, 그리고 지금은 YTN을 떠나셨지만 홍상표 선배와 윤종수 선배, 최휘영 선배, 천형석 선배, 이종국 선배, 조현진 학형, 모두 제가 통일외교 전문기자를 지망하고 공부를 지속하는 것에 대해 지지해주시고 성원해 주셨습니다. 김호성 선배, 이종수 선배, 조승호 선배, 김희준 기자는 2002년 5월 제가 국내정치 담당에서 통일외교 담당 기자로 이동한 이후 저를 팀원으로 받아주시고 이끌어주시고 밀어주셨습니다. 머리 숙여 감사의 마음을 올립니다.

일과 학업을 병행하는 어려움을 이해해주시고 따뜻한 관심과 애정, 격려의 말씀을 주신 통일부 정세현 장관님, 현인택 장관님, 이봉조 차관님, 이관세 차관님, 천해성 남북회담대표님, 윤미량 대표님, 이상민 과장, 이종주 과장, 외교부 송민순 장관님, 윤병세 장관님, 박준우 대사님, 김숙 대사님, 신봉길 대사님, 조태용 대사님, 이용준 대사님, 위성락 대사님, 김봉현 대사님, 장호진 대사님, 김형진 비서관님, 최종현 대사님, 조현동 주미공사님, 한혜진 국장님, 이정규 국장님, 선남국 참사, 정우진 과장, 여소영 서기관, 그리고 한겨레 신문 강태호 선배, 문화일보 이미숙 선배, MBC 김현경 선배, 연합뉴스 이우탁 기자, UPI 서울지국장 이종헌 기자, 한국일보 이태규 기자, 일본 TBS 이길재 기자, 동아일보 김영식 기자, KBS 금철영 기자, 뉴스Y 문관현 기자, 통일뉴스 이광길 기자, 동아일보 신석호 기자, 서울신문 김미경 기자, 한국일보 정상원 기자, 경향신문 손제민 기자, 중앙일보 전수진 기자, 불교방송 이하정 기자, 동아일보 조숭호 기자, 미국 군축 및 핵무기 확산방지센터 김두연 부소장, 코리아 헤럴드 이주희 기자, 교도통신 감소영 기자, 연합뉴스 유지호 기자, 아리랑 TV 유지혜 기자, 지지통신 최지희 기자, 모두 감사합니다.

마지막으로 부족한 글을 책으로 내는데 흔쾌히 동의해주신 선인 출판사 윤관백 사장님께 감사드립니다.

목차

머리말 / 4
감사의 말씀 / 8
일러두기 / 14

연표와 해설

1991년 이전 ·························· 17
1991년 ································ 33
1992년 ································ 47
1993년 ································ 55
1994년 ································ 65
77 ·························· 1995년
83 ·························· 1996년
93 ·························· 1997년
99 ·························· 1998년
107 ························· 1999년

113	....	2000년
123	....	2001년
129	....	2002년
143	....	2003년
161	....	2004년
171	....	2005년
183	....	2006년

2007년	....	197
2008년	....	209
2009년	....	219
2010년	....	241
2011년	....	257
2012년	....	267
2013년	....	301

✔일러두기

1. '▶' 표시는 개별 사건을 표시합니다.
2. 개별 사건마다 날짜와 표제를 적었습니다.
3. 표제에 대해 설명을 추가한 경우도 있습니다.
4. '☞' 표시는 표제와 관련한 논평을 표시합니다.
   - 논평은 북핵 문제를 담당해온 기자로서, 그리고 북한학을 공부한 학생으로서 나름의 분석과 견해를 적은 것입니다.
5. 날짜는 기본적으로 사건이 발생한 장소와 시간을 기준으로 했습니다.
6. 같은 사건이지만 시차 때문에 두 가지 날짜가 사용될 경우 두 가지 날짜를 모두 적었습니다.

연표와 해설

1991년 이전

▶1950년 11월 30일

미, 북한에 핵무기 사용 경고.

해리 트루먼(Harry S. Truman) 미국 대통령이 기자회견에서 "한반도에서 공산군 침략을 저지하기 위해 핵무기를 포함한 모든 무기의 사용을 적극적으로 검토하고 있다"고 말했다. 이에 대해 북한은 1950년 12월 조선노동당 중앙위원회 제2기 3차 전원회의에서 '미국의 핵사용 위협'을 '공갈'로 규정하는 한편 핵위협의 부당성을 공개적으로 강조했다. 이에 앞서 더글러스 맥아더(Douglas McArthur) 연합군 최고사령관은 11월 29일 전쟁지역을 만주까지 확대하고 핵폭탄 투하 등의 방안을 합참에 건의했으나 미 합참은 이를 승인하지 않았다.

☞북핵 문제 시발점은 1993년 3월 12일 북한의 NPT 탈퇴 선언으로 보는 견해가 많다. 그러나 문제의 뿌리가 언제인지에 대해서는 여러 가지 의견이 나온다. 가장 멀리 올라가면 위에 적어놓은 트루먼 대통령 언급이 거론된다. 북한은 미국의 위협을 공갈로 규정했지만 북한이 이 시기부터 미국의 핵무기 사용 가능성에 대해 두려움을 갖게

됐고 또한 방어 수단 마련의 필요성을 느꼈을 것이라는 분석이 많다.

트루먼 대통령 언급과 연계해서 1955년 이후 미국이 남한에 핵무기를 배치하는 작업을 진행시킨 것도 자주 언급된다. 이런 지적은 북한의 핵개발 프로그램과 관련해 북한 책임보다는 초강대국 미국과 대항하면서 형성된 두려움 또는 주변 국가들로부터 포위를 당했다는 인식, 즉 피포위 의식에 따른 것이라는 시각이 반영돼 있다. 미국도 북핵 문제에서 원인을 제공한 만큼 책임도 공유하고 있다는 논리다.

북핵 문제 기원과 관련해 또 다른 기점은 1956년 원자력 기술 발전 필요성에 대한 김일성 주석의 언급과 과학기술자 러시아 파견을 들 수 있다. 이런 행보와 맥을 같이 하는 것으로 1962년 11월 2일, 영변에 핵연구단지를 조성하고 1963년 6월 소련으로부터 연구용 원자로 IRT-2000을 도입한 시기를 중시하는 견해도 있다. 북한의 핵개발 의지를 강조하는 시각이다. 한편, 1992년 10월 한미 양국의 팀스피리트(Team Spirit) 훈련 재개 결정을 중요한 계기로 여기는 경우도 있

다. 한국과 미국의 대북정책 오류를 지적하는 특색을 갖고 있다.

▶1952년 6월 6일

북·소, 교육 협력 협약 체결.

북한과 소련이 모스크바에서 '소련 시립고등교육기관에서 북한 시민의 교육에 관한 협약'을 체결한다. 이 협약에 의해 소련 정부는 북한 대학생과 대학원생이 소련 대학과 교육기관에서 학업을 마칠 수 있도록 했다.

☞1952년 협정을 바탕으로 1956년 북한 과학자 소련 파견이 성사됐다.

▶1952년 12월

북, 조선과학원 산하 원자력 연구소 창설.

▶1954년 1월 12일

존 덜레스(John Foster Dulles) 미 국무장관, '대량보복전략(massive retaliation)' 천명.

☞공산권이 재래식 군사력을 동원해 서방 진영을 공격하는 경우에도 핵무기로 보복한다는 전략으로 당시 서방 진영이 아시아에서 공산권에 비해 재래식 군사력에서 열세라고 판단한

것이 전략 채택의 배경이 됐다. 덜레스 장관은 연설에서 지역 방위에서는 대량 보복 능력을 통해 억제를 강화해야 한다고 말해 아시아와 유럽에 전술 핵무기 배치를 시사했다.

▶1954년
북, 인민무력부 산하에 핵무기 방위부 설치.

▶1955년 1월 2일
아서 래드포드(Arthur W. Radford) 미 합참의장, 핵무기 사용 가능성 언급.
서울을 방문한 래드포드 합참의장은 한반도 역시 '대량보복전략' 개념에 포함된다면서 북한이 다시 남한을 침공할 경우 미국은 원자무기 사용을 준비할 것이라고 말했다.
☞래드포드 의장 언급은 1954년 1월 덜레스 장관 지침을 확인한 것으로 북한에 공포감을 안겨줬을 가능성이 크다고 판단된다.

▶1955년 2월 5일
북·소, 과학기술협력 협약 체결.
북한과 소련이 모스크바에서 과학기술협력에 관한 5년 협약 체결.

☞이 협약은 양측이 합의한 과학과 기술 분야에서의 일반원칙으로 볼 수 있다.

▶1955년 2월 8일
니키타 흐루시초프(Nikita Khrushchov) 소련 공산당 서기장, 정권 장악.
흐루시초프는 과거 독재자 요시프 스탈린(Joseph Stalin)을 개인숭배 등을 이유로 비판하는 운동을 전개했다. 이런 흐름에 영향을 받아서 1956년 6월 폴란드 포즈난에서 노동자 폭동 사태가 발생하고 이에 대한 무력 진압과 사상자가 발생했다. 1956년 10월에는 헝가리에서 저항운동이 발생했다.
☞흐루시초프 등장은 김일성의 반발을 초래하면서 북한과 소련의 관계가 악화되는 계기가 됐다. 북한 입장에서는 유사시 소련의 군사적 지원을 받지 못할 가능성이 있다는 것을 의미한다. 북한과 소련의 관계 악화는 김일성이 핵무기 개발 의지를 갖게 되는 배경 가운데 하나라고 볼 수 있다.

▶1955년 3월 16일
미, 한반도에서 전술핵무기 사용 가능성 언급.

드와이트 아이젠하워(Dwight D. Eisenhower) 미 대통령, 공산 중국과의 전쟁이 벌어질 경우 원자무기를 사용하겠다고 선언.

☞트루먼 대통령의 1950년 발언과 마찬가지로 북한이 미국의 핵무기 사용 가능성에 대해 두려움을 갖게 되는 또 하나의 근거로 거론된다. 미국은 실제로 이 발언을 전후해 전술핵무기 한반도 배치를 시작했다. 아이젠하워 대통령 발언 이후 북한에서 원자력 기술 개발에 대한 다양한 언급과 조치들이 1956년까지 이어지기 때문에 상관관계가 있다고 판단할 수 있다. 북한이 취한 조치 중에는 1956년 3월 과학자들을 소련에 파견한 조치도 포함된다.

▶1955년 4월
북, 과학원 2차 총회에서 원자 및 핵물리학 연구소 설치를 결정.

6월에는 동유럽에서 개최된 원자력의 평화적 이용에 관한 국제회의에 과학원 소속 학자 6명을 파견했다.

☞이 결정을 북한의 핵개발 프로젝트의 시작으로 보는 견해도 있다.

▶1955년 7월 28일
미, 극동지역 미군에 핵무기 보급 계획 발표.

미 육군 당국, 6문의 원자포와 다수의 장거리 원자로켓을 극동 지역 주둔 미군에게 보급한다고 발표했다. 이후 미국은 남한에 단계적으로 핵무기 배치를 실행했다.

☞이 조치 이후 북한의 대대적인 반발 행보를 보면 북한이 핵무기 개발 필요성을 구체적으로 느꼈을 가능성이 있다고 추측된다.

▶1955년 8월 5일
북, 원자 및 수소무기 반대 평양시민 군중대회 개최.

▶1956년 2월 28일
북·소, 핵연구 협력 협정 체결.

북·소, 모스크바에서 열린 조소 과학기술원조위원회 제1차 회의에서 '연합 핵연구소 조직에 관한 협정'을 체결. 연합 핵연구소 조직은 사회주의 국가를 위한 국제과학연구센터로서 역할을 하기 위해 건립된 것이다. 북한은 이 기구의 창립 회원국이었고 창립 협정과 헌장에 서명했다. 북한은 협정 체결 이후 모스크바 근처 두브나(Dubna) 연구소에 과학자 30여 명을 파견했다. 이후 이 연구소를 거쳐 간 북한 과학자는 250명으로 추산된다. 이 연구소 출신 북한 핵 과학자로는 서상국, 최학근, 정근, 이명하 등이 있었다. 이 가운데 서상국은 김정일 국방위원장 서기실에 근무하면서 김정일을 측근에서 보좌한 것으로 알려져 있다. 이들 이전에는 월북 과학자인 도상록, 리승기, 한인석 등이 핵에너지 연구 및 이론 분야에 대한 기틀을 마련하는 역할을 담당했다.

▶1956년 8월 3일
래드포드 미 합참의장이 남한에 신무기가 도입됐다고 언급.
☞미국이 핵무기 반입을 시사한 것으로 해석됐다.

▶1956년 8월 30일
북한 8월 종파 사건 발생.

▶1959년 9월
북, 소련과 원자력 협정 체결.
핵연구센터를 세우고 핵에너지를 평화적으로 사용하도록 소련이 북한에 기술을 원조한다는 협약. 북한과 소련은 이 협정 체결에 따른 후속 조치 수행을 위해 9559계약에 서명하고 핵 연구소 건설을 추진하게 된다. 그 결과 1962년 영변이 연구소 건설 부지로 선택됐다. 북한은 중국과도 같은 시기에 원자력 협정을 체결했다.
☞북한의 핵개발 역사에서 새로운 전기를 마련한 사건으로 평가할 수 있다.

▶1960년 4월 19일
남한에서 4·19 의거 발생.

▶1961년 5월 16일
남한에서 5·16 군사 쿠데타 발생.
☞북한에서는 4월 의거가 발생한 이후 남한을 적화통일할 수 있는 좋은 기회라고 여겼지만 실제로 활용하지 못했다. 5월 쿠데타가 발생한 이후에는 대남 정책이 무기력했다는 평가와 함께 정책 기조를 공격적이고 적극적으로 변화시켰다.

▶1961년 9월
북, 제4차 당 대회에서 핵연구 개발 토론.

노동당 중앙위원회 보고서에 부각된 핵연구개발에 대한 김일성의 지침에 의하면 과학자들과 전문가들은 핵에너지를 평화적으로 사용하는 연구를 수행하고 방사능 핵종을 널리 사용하고 다양한 핵종을 생산하고 장치를 측정하는 등등의 임무를 맡았다.

▶1962년 10월 14일

쿠바 미사일 사태 발생.

이 사태는 28일까지 약 2주일 동안 지속됐다. 사태 결론은 소련이 쿠바에 배치된 미사일을 철수시키는 대신 미국은 쿠바 불침공을 약속하고 터키와 이탈리아에 배치된 전략 미사일을 철수시키는 것이었다.

☞쿠바 사태 결말을 보고 김일성은 소련이 미국과의 협상을 중시해 동맹국인 쿠바를 외면했다는 해석에 주목했다. 그리고 소련이 미국의 공격으로부터 북한을 구해주는 완전한 보호자가 아니라는 판단을 하게 된 것으로 보인다. 이후 김일성은 자주적 방위 태세 필요성을 느꼈고 이것이 4대 군사노선 채택의 배경이 된다. 이후 김일성 발언을 분석할 때 미국의 핵무기 공격에 대비한 방안에 골몰하게 된 것으로 추정된다. 그러므로 쿠바 사태는 북한의 주체사상이나 4대군사노선, 그리고 북한의 핵무기 개발 역사에서 중요한 의미를 지니는 사건이라고 볼 수 있다.

▶1962년 11월 2일

북, 영변 핵연구단지 조성.

외국에서 복귀한 학자들을 주축으로 해서 영변과 박천에 원자력연구소를 설립하고 영변 핵연구단지를 조성했다.

▶1963년 6월

북, 연구용 원자로 IRT-2000 도입.

소련의 지원을 받아 영변 단지 내에 연구용 원자로를 도입했다. 원자로는 1965년 완성됐고 1967년 가동에 들어갔다. 원자로는 출력 2MW 규모로 10% 농축 우라늄을 원료로 사용하는 전형적인 연구용 원자로다. 북한은 이후 출력을 8MW로 확장한 것으로 알려져 있다. 이 연구소 운영에는 중국도 참가한 것으로 알려져 있다.

☞북한은 이 원자로를 도입하면서 비로소 본격적인 핵개발 연구를 수행하게 됐다.

▶1964년 10월 16일
중국, 핵실험 실시.

▶1966년 8월 12일
북, 중국 문화혁명 비난.
노동신문, '자주성을 옹호하자' 제목의 논설을 통해 문화혁명에 대한 불만을 표시하면서 중국의 교조주의적 태도 비난.

▶1968년 1월 21일
1·21 사태 발생.

▶1968년 1월 23일
미 해군 정찰함, 푸에블로(Pueblo)호 납치 사건 발생.

▶1968년 10월 30일
울진·삼척 무장공비 침투 사건 발생.
☞북한의 무장공비 침투 사건은 실패로 귀결됐다. 무장공비들은 대부분 남한의 군사작전에 의해 소탕됐고 남한 내 반정부 민중봉기를 촉발하지도 못했다. 1961년 9월 이후 북한은 공세적인 대남 정책을 전개했지만 이 사건 이후 대남 정책을 재조정하는 행보에 들어갔다. 그리고 대남 정책 담당 군부 세력가들을 숙청하는 작업도 진행했다.

▶1969년 4월 15일
미 해군 소속 EC 121기 격추.
일본 기지를 출발해 북한 청진 남동쪽 약 90마일 상공에서 정찰 임무를 수행 중이던 EC121기가 북한 전투기에 의해 격추됐다. 승무원 31명 전원 사망했다.

▶1969년 7월 25일
닉슨 독트린 출현.
닉슨 미국 대통령이 괌에서 행한 연설에서 미국의 동맹국들에 대해 자국 방위를 스스로 책임져야 한다고 주장.

▶1970년 11월
북, 핵에너지 지침 채택.
북한 노동당 5차 대회에서 '북한 국민경제 발전을 위한 6개년 계획'을 채택했다. 계획에는 핵에너지의 평화적 사용을 위한 지침도 포함됐다. 지침을 보면 "국민경제의 여러 부문에서 방사능 동위원소와 방사능의 이용에 대한 연구에서 얻어진 성과가 폭넓어져서 우리는 우리의 천연자원과 기술을 바탕으로 핵산업을 개발하는 연구 작업을 해야 한다"고 명시하고 있다.

▶1973년

북, 대학에 핵연구 관련 학과 설치.

김일성종합대학에 핵물리학과, 김책 공업대학에 원자로 공학과 등을 설립하면서 기초물리분야에서 핵공학에 이르는 응용분야까지 폭넓게 자체적으로 인재를 양성하기 시작했다.

☞ 러시아에서는 김일성이 1970년대에 이미 핵무기 개발에 착수했다고 판단하는 학자도 있다. 김일성은 이미 이 시기에 남한에 대해 경쟁력을 상실했고 비군사적인 부문에서 승리할 희망이 없다는 사실에 자극을 받았다는 것이다. 북한 지도층은 소련과 중국이 가까운 미래에 평양을 버리고 남한과 외교관계를 맺을 수 있다고 보고 소련과 중국의 정책을 의심스럽게 여겼다. 그리하여 김일성은 핵무기 개발이 북한 정권 생존의 유일한 수단이라고 결론지었다는 것이다.

이런 견해는 1980년대까지 북한이 외형적으로 한국에 비해 우월했던 요소가 있던 것을 감안하면 무리한 판단으로 보인다. 그러나 1971년 7월 9일 헨리 키신저(Henry Kissinger) 미 국가안보보좌관이 비밀리에 베이징을 방문해 저우언라이(周恩來) 중국 총리와 양국 관계 정상화 문제를 놓고 회담한 상황이 있었다. 중국은 김일성에게 회담 내용을 설명했지만 김일성이 중국을 경계하는 또 하나의 계기가 됐다는 판단은 정확한 것으로 본다. 남과 북이 1972년 7·4공동성명에 서명한 것은 각자의 후원국인 미국과 중국이 관계를 개선하는 조치를 전개하는 상황에 적응하기 위한 불가피한 노력으로 볼 수 있다.

▶1974년 3월

북, 원자력법 제정.

▶1974년 5월 18일

인도, 핵실험 실시.

▶1974년 9월 6일

북, 국제원자력협력기구 IAEA 가입.

☞ 한국은 1957년 8월에 가입했다.

▶1975년 6월 12일

박정희 대통령, 핵무장 가능성 언급.

미 워싱턴포스트지 인터뷰 기사에서 미국이 핵우산을 철수할 경우 박 대통령이 남한의 핵무장 가능성을 배제하지 않는다고 말했다.

☞박정희 대통령이 핵무기 개발에 관심을 가진 시점은 것은 이보다 수년 전의 일이다. 박정희 대통령은 1969년 8월 22일 미국 샌프란시스코에서 미국의 리처드 닉슨(Richard Nixon) 대통령과 정상회담을 가졌을 때 심하게 홀대를 당한 바 있다. 굴욕 사례는 개인적 차원에 머물지 않았다. 닉슨 대통령이 주한 미군 제7사단을 박 대통령 동의를 얻지 않은 상태에서 1971년 3월 27일 철수시킨 것이다. 박 대통령은 주한 미군 병력이 거의 절반으로 줄자 안보 불안을 해소하기 위해 자주국방 태세 구축에 나섰다. 박 대통령이 핵무기 개발 추진을 결심한 시기는 7사단 철수 시점과 일치할 것으로 추측된다.

▶1975년 6월 20일

미, 남한 내 전술핵무기 배치 언급.

제임스 슐레진저(James R. Schlesinger) 미 국방장관이 남한에 전술핵무기가 배치돼 있음을 최초로 언급했다. 북한이 베트남 공산화에 자극을 받아 남침 가능성을 검토하는 움직임을 보이자 이를 사전에 차단하기 위한 노력으로 해석됐다.

▶1976년

북, 이집트에서 소련제 스커드(Scud) 미사일 2기 도입.

☞미사일 자체는 핵무기가 아니지만 핵무기 투발수단, 즉 핵폭탄을 원하는 장소로 날려 보내는 수단으로 활용되기 때문에 핵무기 프로그램의 일부로 간주된다. 북한은 소련이나 중국으로부터 미사일 제조 기술을 배우기 위해 노력했지만 성과를 거두지 못했다. 결국 당시 소련과 관계가 악화됐던 이집트로부터 스커드 미사일을 도입했다. 북한은 역설계 방식, 즉 완제품을 해체하고 다시 조립하면서 설계도를 재구성하는 방법으로 미사일 기술을 발전시키기 시작했다.

▶1976년 8월 17일

북, 남한에 핵무기 1,000여 발 이상 배치됐다고 주장.

박성철 북한 총리, 5차 비동맹 정상회의 연설. "1976년 2월 미 국방정보센터가 밝힌데 의하더라도 미국이 남조선에 끌어들인 핵무기는 F-4팬톰 전투

폭격기에 적재되는 핵포탄 192발, 8인치 핵폭탄 56발, 155미리 핵포탄 152발, 나이크 허클레스 지상 대 공중 미사일 핵탄두 144발, 지상 대 지상 로케트 오네스토죤 핵탄두 80발, 지상 대 지상 미사일 서전트 핵탄두 12발, 핵지뢰 25~50발을 포함하여 1천여 발에 달하며 그 중 많은 것이 군사분계선 가까이에 전개되어 있습니다."

▶1976년 8월 18일
  판문점 도끼만행사건 발생.

  오전 10시 45분쯤 유엔군 11명(한국군 5명, 미군 6명)이 한국인 노무자 5명과 함께 판문점 돌아오지 않는 다리 남쪽 제3초소 근처 미루나무 가지를 치는 작업을 시작했다. 이때 북한군 30여 명이 접근해 가지치기를 하지 말라며 시비를 걸었고 이에 항의하는 미군 장교 등에게 도끼를 사용한 무차별 폭력을 행사해 미군 보니파스(Authur G. Bonifas) 대위와 바레트(Mark T. Barret) 중위를 현장에서 숨지게 하고 한미 장병 9명에게 중경상을 입혔으며 유엔군 트럭 3대와 초소를 모두 파괴했다.

사건이 발생하자 미국은 오키나와 선폭기 대대와 해병대를 한국에 급파하고 항공모함 2척을 한국으로 이동했다. 김일성은 북한 인민군 총사령관 자격으로 8월 21일 유엔군 사령관에게 사과 메시지를 보내왔고 사태는 이후 수습되는 절차를 밟았다.

☞북한은 천인공노할 만행을 저지르면서 악당 이미지를 미국에 심어줬다. 북한은 순간적으로는 상대방을 공포에 떨게 만드는 단호한 행동을 한 것으로 여기겠지만 그 대가는 심대했다. 이 사건은 미국으로 하여금 북한을 합리적인 대화상대로 여기지 않는 이유가 됐다. 북핵 문제나 그에 앞서 교차승인 문제 등이 북한이 원하는 대로 풀리지 않는 배경에는 악당 이미지가 깔려 있다. 이러한 감정적이고 무책임한 정책은 결국 심각한 대가를 치른다는 것을 보여주는 사례다.

▶1977년 7월 20일
  북, IAEA(International Atomic Energy Agency : 국제원자력기구)와 "Type66" 협정 체결.

☞이 협정에 따라 IAEA는 영변의 IRT-2000 원자로를 감시할 수 있게 됐다.

▶1978년 11월
북, 북한 전역에서 우라늄 탐사 실시.
☞북한의 우라늄 매장량은 2,600만 톤으로 추정된다.

▶1980년 7월
북, 영변 5MW 원자로 가동 착수.
북한이 1979년 영변에 5MW 원자로를 자체기술로 착공하면서 본격적인 핵개발을 추진했다. 원자로는 1986년 10월 정상 운전에 들어갔다.

▶1982년 11월
북, 박천 우라늄 정련 및 변환시설 가동.

▶1984년 4월
북, 스커드 미사일 시험발사 성공.
이 해에 성공한 미사일은 스커드 B형으로 분류되고 북한 이름으로는 화성5호. 사거리는 300km, 탄두 중량은 1,000kg으로 추정.

▶1984년 5월 15일~26일
김일성, 소련에 원자력발전소 건설 지원 요청.
김일성, 소련 방문 계기에 소련에 대해 원자력발전소 건설과 관련한 소련의 지원 문제를 거론했다. 소련은 핵확산금지조약, NPT(Non Proliferation Treaty)에 소련이 약속한 의무에 따라 북한이 이 조약에 가입하면 프로젝트가 이행될 수 있다고 설명했다. 이후 북한이 조약 가입 절차에 나서게 됐고 1985년 12월 양측이 기술협조 협정을 체결하게 된다.

▶1985년 11월 5일
북, 영변에 50MW 원자로 건설 착수.
이 원자로는 1995년 완공 예정이었으나 1994년 10월 북미 기본합의문에 의해 동결됐다. 북한은 또 11월에 방사화학실험실 건설에 착수했다. 실험실은 1989년 이후 부분 가동이 시작돼 대규모 재처리활동이 은밀하게 진행됐다.

▶1985년 12월 12일
북, NPT 가입. 한국은 1975년 가입.
조약국은 규정에 따라 조약 체결 18개월 이내에 안전협정에 서명하도록 돼 있다. 북한은 그러나 6년 뒤인

1992년 1월에 서명했다. 이것은 IAEA가 북한에게 부정확한 안전협정 문서를 보낸 것에도 원인이 일부 있다. 제대로 된 문서는 'Type153'인데 실제로 보낸 것은 'Type66'이었다. 그러나 IAEA는 사무 착오가 발생한 사실을 알고 1987년 6월 5일 제대로 된 문서를 다시 보냈다. 그러므로 안전협정 체결 지연과 관련해 IAEA가 일부 책임을 져야 하지만 그렇다고 해서 6년 뒤에 서명이 이뤄진 것은 북한이 고의적으로 지연시킨 것으로 볼 수 있는 소지가 있다. 북한이 이 시기에 서명 지연 구실로 제시한 것은 남한의 핵무기였다.

☞북한의 NPT 가입은 앞서 1984년 5월 모스크바를 방문했던 김일성에게 소련이 제시한 요구사항을 이행하는 차원에서 이뤄진 것이다. 소련은 북한이 NPT에 가입해야 한다고 요구했다.

▶1985년 12월 26일
북·소, 원자력 발전소 지원 협약 체결.
북한과 소련은 '북한 원자력발전소 건설을 위한 경제 기술 협조 협약'을 체결했다. 이 협약은 북한 원자력발전소 건설을 위해 소련이 설계, 건설, 위임, 이용에 대한 협조 조항을 명시한 것이다.

▶1986년 1월 5일
영변 5MW 원자로 정상 운영.

▶1986년 5월
북, 스커드 미사일 C형 시험발사 성공.
스커드 C형은 스커드 B형을 개량한 것으로 탄두 중량을 1톤, 즉 1,000kg에서 770kg으로 줄여서 사거리를 300km에서 500km 이상으로 늘린 기종이다. 북한 이름은 화성6호.

▶1986년 12월
북, 원자력총국 설치.
김일성 지시에 의해 노동당 군수공업부 예하에 원자력총국이 설치됐다. 원자력총국은 핵에너지 분야 연구개발에 대한 업무를 총괄 담당했다. 러시아 전문가에 따르면 핵개발 업무는 김정일이 전병호 군수공업담당 비서를 통해 개인적으로 직접 감독을 했고 과학기술위원회와 인민무력부를 통해서는 각각 핵 연구기관 감독과 군사 부문의 핵개발 지원을 담당하게 했다고 한다. 북한은 또 정무원 산하에 원자력공업부도 신설했다.

▶1987년 4월 23일

북, 원자력 발전소 설치 계획 수립.

김일성이 3차 경제개발 7개년 계획 법안에 서명했다. 이 계획에서 북한은 여러 개의 원자력발전소를 세운다는 목표를 포함시켰다.

▶1987년 6월 5일

IAEA, 안전조치 협정안 북한에 전달.

▶1987년 12월 16일

제13대 대통령 선거 실시.

노태우 민주정의당 후보, 36.6% 지지 획득해 28.0% 지지를 얻는데 그친 통일민주당 김영삼 후보를 누르고 당선.

▶1988년 9월 13일

한국과 헝가리가 상주대표부 설치에 합의했다.

두 나라는 1989년 3월 외교관계를 수립했다. 한국은 이어서 11월에는 폴란드, 12월에는 유고슬라비아, 1990년 3월에는 체코, 불가리아, 몽골과 각각 외교관계를 정상화했다.

☞한국은 구 공산권 국가와의 관계 정상화 행보를 가속화했지만 북한은 그렇지 못했다. 상대적으로 북한이 고립되는 현상이 가중되고 '피포위의식'이 심화됐다고 평가할 수 있다.

▶1988년 9월 17일

서울 올림픽 개막.

▶1988년 10월 31일

미, 새로운 대북정책 지침인 '신중한 구상(moderate initiative)' 채택.

로널드 레이건(Ronald Reagon) 미국 대통령, 제한적 북미 접촉을 포함하는 새로운 대북정책 지침인 '신중한 구상' 채택. 이에 따라 1988년 12월 6일 베이징에서 중국 주재 미국 대사관과 북한 대사관의 정무 참사관이 처음 만나 양국관계 개선을 위한 '제한적' 의사소통 채널을 개설했다. 북한과 미국의 베이징 채널은 이후 1993년 9월 15일 제34차 접촉까지 진행됐고 이후 뉴욕에서 부차관보급 또는 대사급이 나서는 뉴욕채널로 격상, 변경됐다.

▶1989년

북, 폐연료봉 인출.

북한은 영변 5MW 원자로에서 폐연료봉(약 8,000개, 25~50톤)을 인출했다.

▶1989년 5월 15일

소련·중국, 30년 불화 관계 청산.

미하일 고르바초프(Mikhail Gorbachev) 소련 공산당 서기장, 베이징 방문.

▶1989년 9월 15일

프랑스 상업위성이 촬영한 북한 비밀 핵시설 사진 공개.

프랑스 상업위성 SPOT 2호에 의해 북한의 비밀 핵시설들이 촬영되고 공개됐다. 북한 핵문제의 심각성이 처음으로 국제사회에 알려진 계기였다.

☞이후 한국 정부는 북핵 문제 해결에 국가적 역량을 집중하기 시작했다. 이런 노력의 결과가 1991년 12월 체결 또는 합의된 남북기본합의서와 한반도 비핵화 공동선언 등이었다. 이 시기에 북핵 문제는 한국 정부가 주도 국가였다. 북핵 문제는 그러나 1993년 초 북한이 미국과의 대화를 고집하고, 한국은 핵을 가진 북한과는 상대하지 않겠다는 강경한 자세를 고수하면서, 북한과 미국이 당사자로 변경됐다. 북핵 문제는 이어 2003년 8월 6자회담이 열리면서 회담 참가국 6개국이 관여하는 다국적 사안으로 변질됐다.

▶1989년 11월

북, 200MW 원자로 건설 착수.

평북 태천에 건설하기 시작했다. 1996년 완공 예정이었으나 1994년 10월 동결됐다.

▶1990년 2월

북, IAEA 이사회에 대북 핵 불사용 명시 요구.

안전조치 체결 조건으로 대북 핵 불사용 및 불위협 명시를 요구.

▶1990년 2월 22일

소련, 북한이 핵폭파장치 개발한 것으로 평가.

KGB 즉 소련 국가안보위원회가 공산당 중앙위원회에 보낸 기밀문서에서 북한의 핵 능력에 대한 평가를 포함시켰다. 문서에 따르면 김정일이 통제하는 영변 핵개발 센터에서 폭파장치를 개발한 것으로 평가됐다. 북한은 핵무기를 개발했음에도 불구하고 그 사실을 세계에 숨기기 위해 시험하지 않기로 결심했다고 보고서는 지적했다. 그러나 1995년에 발행된 러시아 외국정보부 보고서는 "북한의 과학기술 수준과 핵시설 기술 장비로는 북한 전문가들이 실지 시험에 적용될 핵폭파장치를 만들 수 없다. 실험실 상황에서 군사적 목적으로 플루토늄 타입의 모의실험 모형을 만드는 것조차 할 수 없다"고 평가했다.

▶1990년 3월 6일

IAEA 이사회, 북의 전면 안전조치협정 체결 권고.

▶1990년 6월 4일

한소 정상, 양국 관계 정상화 원칙 합의.

노태우 대통령과 고르바초프 서기장이 샌프란시스코의 한 호텔에서 만났다. 정상회담이라고 기록해야 하지만 소련 측이 북한을 의식하는 바람에 의전으로 보면 비굴한 면담이었다는 비난을 받았고 회담 사진도 제대로 촬영하지 못했다.

▶1990년 9월 4일

남북 고위급 회담 개최. 12월 14일까지 3차례 개최.

▶1990년 9월 30일

한·소 수교.

최호중 외무장관과 소련의 세바르드나제(Eduard Shevardnadze) 외무장관이 유엔본부에서 만나 '한소 수교 공동성명서'에 서명하고 국가 관계를 정상화했다. 한국은 소련에 차관 30억 달러를 제공하겠다고 약속했다.

☞세바르드나제 장관은 한소 수교에 앞서 9월 2일 북한을 방문해 관련 사실을 설명했다. 이 자리에서 김영남 북한 외상은 "우리들은 더 이상 핵무기 제조를 금지하는 의무를 지지 않게 된다고 간주한다"면서 핵개발 프로그램 추진 구상을 언급한 바 있다. 북한은 어떤 상황이 된다고 해도 핵무기 개발을 멈추지 않을 것이라는 비관적인 전망을 제기할 때 김영남 외상의 언급이 인용되는 경우도 있다.

▶1990년 11월 16일

유엔 주재 북한 대사, "주한미군 핵과 동시 사찰할 경우 IAEA 사찰 수락."

1991년

▶1월 1일

김일성, 신년사에서 느슨한 연방제 개념 제시.

느슨한 연방제는 기존의 고려민주연방공화국 방안에 비해 중앙정부 기능을 상징적 수준으로 제한하고, 남과 북 각 지역정부의 기능을 대폭 강화한 것으로 1989년 9월 노태우 대통령이 제안한 체제통일의 전단계로서의 남북연합제와 별반 차이가 없었다. 북한이 그동안 반대했던 '두 개의 조선론'을 수용할 수 있다는 의사표명으로 해석될 수 있었다.

☞북한이 탈냉전 분위기 속에서 남한에 비해 국력의 열세를 실감하고 북한 정권 생존에 더 관심이 있다는 분석에 무게를 실어주는 사례.

▶1월 17일

한·소 경협 절차 합의 발표.

1991년부터 3년에 걸쳐 한국이 소련에 30억 달러를 지원하기로 하고 15억 달러는 한국의 소비재와 공업원료 수입을 위한 차관으로, 10억 달러는 현금으로, 나머지 5억 달러는 공장 건설 등의 형태로 지원한다는 것이었다. 한·소 경협 차관은 결국

10억 달러 은행 차관을 포함해 15억 달러 정도가 집행된 가운데 소련이 붕괴하면서 종료됐다. 노태우 대통령은 경협 차관에 대한 논란이 많지만 안보 차원에서 소득이 많았다면서 정책 성과가 좋았다고 자평. 이에 앞서 1월 7일 고르바초프 대통령 특사가 방한해 30억 달러 차관 가운데 20억 달러를 우선 지급할 것을 요구했다.

▶1월 17일

미, 걸프전 '사막의 폭풍' 작전 돌입.
이라크가 쿠웨이트를 침공하자 미국이 개입해 이라크를 격퇴한 전쟁이 걸프전이다. 이라크의 쿠웨이트 침공은 1990년 8월 2일이었다. 미국은 일정한 외교적 노력을 전개한 뒤 1991년 1월 17일 이라크를 응징하기 위한 대규모 군사 작전을 감행했다. '사막의 폭풍'은 2월 28일 종료됐다.

☞걸프전은 쿠바 미사일 사태와는 다른 형태로 한반도 정세에 심대한 영향을 미쳤다. 걸프전 결과 미군은 이라크가 핵무기 제조 프로그램을 진행 중이라는 사실을 확인했다. 이것은 IAEA가 예전에 진행했던 사찰 활동에서 확인되지 않은 사실이었다. 이에 따라 IAEA 사찰 능력이 부족했다는 것이 드러나 망신을 당했다. IAEA는 이런 불편한 상황을 벗어나기 위해 노심초사했다. 곧이어 북핵 문제가 부상하자 IAEA는 명예회복 차원에서 북한에 대해 강력한 사찰을 추진했다. 이 사찰은 전례 없이 강한 수준이었고 이를 부당한 탄압으로 규정한 북한의 반발을 초래했다. 결국 IAEA의 이례적인 사찰 추진은 북한의 과민반응 현상을 촉발시키며 북핵 문제를 치명적으로 악화시키는 요소 가운데 하나로 기록됐다. 걸프전이 아니었다면 IAEA가 북한에 대해 과도한 사찰을 요구하지 않았을 것이고 그렇다면 북한도 불필요한 과민반응을 하지 않았을 것이고 이후 한반도 상황은 다르게 진행됐을 것이다.

▶2월 13일

북, 남한 내 미군 핵무기 제거 요구.
노동신문, NPT 안전협정 가입 문제와 관련해 남한에 배치된 미국 핵무기 제거 요구.

▶3월 18일

한국, 단독 유엔 가입 가능성 경고.

이상옥 외무장관 "중국의 지지 여부와 무관하게 유엔가입 강행" 발언. 이에 대해 중국이 북한을 설득해 동시 가입을 권유했다.

▶3월 25일

한국, 군사정전위원회 국제연합군 측 수석대표로 한국군 장교 임명.

노태우 대통령이 황원탁 육군 소장을 수석대표로 임명. 전에는 미군 장성이 담당. 이 조치에 대해 북한은 강하게 항의하고 정전협정이 무력화됐다면서 본회의 출석 거부.

▶4월 19일

고르바초프 소련 서기장, 방한.

고르바초프 서기장은 밤 9시 40분에 제주도에 도착했다. 이에 따라 노태우 대통령이 직접 주재하는 환영 만찬은 이례적으로 밤 11시 30분에 시작됐다. 북한을 의식해야 하는 소련 입장과 소련과의 관계 개선을 추진하는 한국의 처지가 절충된 특이한 장면이다.

▶5월 3일

중, 북한에 유엔 동시 가입 권고.

리펑(李鵬)중국 총리가 평양을 방문해 유엔 동시 가입을 권유했다.

▶5월 8일

미, 핵무기 철수 가능성 언급.

스티븐 솔라즈(Stephen J. Solarz) 미 하원 외교위원회 동아태 소위원장, 북한이 핵사찰 수락하면 미군 핵무기를 철수할 수 있을 뿐 아니라 재배치도 하지 않을 수 있다고 발언.

▶5월 11일

북, 미국과 연락사무소 개설 기대감 피력.

로버트 스칼라피노(Robert A. Scalapino) 미 버클리대 교수를 단장으로 하는 미국 민간학술단체 아시아협회 한반도문제 연구 조사단, 방북. 14일까지 북한에 체류한 방문단은 각계 인사 14명으로 구성됐다. 방문이 끝난 뒤 관계자들은 북한이 9월쯤까지 미국과 연락사무소 개설을 마친다는 구상을 하고 있다고 전했다.

이에 대해 도널드 그레그(Donald Gregg) 주한 미국 대사는 관계자들이 낙관적인 희망을 피력한 것으로 미국은 연락사무소 개설에 합의한 적이 없다고 부인했다.

▶5월 12일

북, 미국에 대해 이성적인 대응을 촉구.

☞북한과 미국은 이 시기에 베이징에서 참사관급 접촉을 진행하고 있었다. 5월 13일에는 제16차 접촉이 이뤄졌다. 노동신문의 미국 비난 논평은 비핵지대화 관련 협의와 관련해 미국을 장외에서 압박한 것으로 추정된다.

▶5월 22일

북, 중립국 감시위원회 무용론 주장.

▶5월 27일

북, 유엔 동시가입 의사 발표.

북한 입장은 29일자 노동신문에서 보도됐다.

▶6월 5일

북미 고위 관리 워싱턴에서 첫 접촉. IAEA 핵안전협정 문제 논의.

▶6월 10일

북, 안전협정에 무조건 서명 의사 표명.

북한은 이에 앞서 6월 7일에 핵안전협정에 서명할 뜻을 국제원자력기구에 전달하고 1992년 1월 30일에 정식 서명했다.

▶6월 11일

북, 안전협정 서명 의사 공개적으로 확인.

북한의 진충국 외교부 순회대사가 제네바에서 기자회견을 갖고 핵안전협정에 북한이 서명한다는 입장을 확인했다. 진 대사는 주한미군 핵무기 철수에 대한 언급이 없어도 서명은 하겠다는 입장을 밝혔다. 입장 변화 이유에 대해 진 대사는 미국이 이미 북한에 핵협상 의사를 전달한 것으로 판단했기 때문이라고 말했다.

그러나 이에 대해 미국은 핵무기 불사용을 밝혔다고 알려진 진 대사의 발언은 사실이 아니라고 말했다. 미 국무부 대변인은 미국은 그런 약속을 한 일이 없다면서 지난 5월 북한을 방문한 아시아협회 관계자들은 미국 정부를 대표하지 않는다고 말했다.

☞당시 보도를 종합해 보면 북한

은 6월 7일에 서명 의사를 국제원자력기구에 전달했다. 북한의 태도는 당시에 놀라운 것으로 받아들여졌다. 6월 5일 북미 접촉에서 진전이 있었음을 반영한다. 한편 6월 10일 열리기로 예정된 IAEA 이사회에서 북한 관련 결의안이 채택되는 것을 저지하기 위한 전술로 볼 수도 있다. 그러나 북한이 결의안 채택을 두려워하지 않는 습성이 있는 만큼 그것만이 이유가 된다고 보기도 어렵다. 이후 행보를 보면 북한은 가서명은 하되 진짜 서명은 주한 핵무기 철수 이후에 한다는 입장으로 다시 돌아갔다. 이것은 6월 5일 북미 회담에서 관련 언급이 있었을 것이라는 점을 시사한다.

▶ 6월 13일

IAEA, 북한에 핵안전협정 즉각 서명 요구.

IAEA는 13일 이사회 폐막에 앞서 북측에 대해 핵안전협정문제를 9월 정기이사회까지 마무리 짓고 '즉각, 조건 없이' 서명, 발효시켜 성실히 이행할 것을 촉구하는 이사회 의장 성명서를 채택하고 이를 북한 최고 당국자에게 전달하기로 했다. 이에 앞서 진충국 북한외교부 순회대사는 이날 오전 IAEA 핵안전협정 체결의사 통보해명발언을 통해 북한이 핵안전협정에 서명할 태세를 갖추고 있으며 대 북한 핵사찰에 반대하지 않는다고 말했다.

진대사는 또 북한이 핵안전협정표준문 제26조(핵안전협정의 효력은 해당국이 핵확산방지조약에 가입해 있는 한 계속 발효된다는 조항)에 '주한미군 핵무기가 철수되지 않을 경우 이 협정의 효력을 정지시킬 수 있다'는 항목을 추가삽입하자는 기존 입장에서 후퇴, 이 문제가 '북한과 미국간에 해결돼야 할 문제'라고 말함으로써 주한미군의 핵무기 철수라는 전제조건과 북한의 핵안전협정 체결문제를 분리시켰음을 확인했다.

한편 빈 주재 한국국제기구 대표부는 한국과 우방국들이 추진해온 대북한 핵안전협정체결촉구결의안 상정을 보류, 당분간 북측 약속이행을 주시하기로 결정했다고 발표했다.

▶6월 21일~22일

미 국제안보연구소 대표단, 북한 방문해 군축평화연구소 대표단과 협의.

☞이 대표단 단장은 당초 도널드 럼즈펠드(Donald Rumsfeld) 전 국방장관이었다. 그러나 그가 관계하는 사업이 방문단 활동과 관련이 있어서 의혹을 살 수 있다는 이유로 방문 일정 직전에 제외됐다. 그래서 실제 대표단장은 리처드 스틸웰(Richard G. Stilwell) 전 주한미군 사령관이 맡았다. 대표단은 미 예비역 고위 장성 8명으로 구성됐다. 2002년 10월 제2차 북핵 위기가 발생한 것과 연관시켜 본다면 럼즈펠드 장관은 북핵 문제와는 악연이었던 것으로 볼 수 있다.

▶6월 23일

북, 판문점에서 미군 유해 11구 송환.

유해를 받기 위해 미국에서 공화당 소속 뉴햄프셔 지역 로버트 리처드(Robert Richard) 상원의원이 서울을 방문했다. 리처드 의원은 23일과 24일 이틀 동안 판문점을 방문해 유해를 인수하고 북측과 추가 유해 송환 문제에 대해 협의했다. 리처드 의원 개입은 북한의 요구에 따른 것으로 북한은 당초 북한 방문을 요구했으나 판문점 방문으로 절충. 양측은 회담에서 미군 유해 추가 발굴 및 송환을 위한 공동위원회 구성에 원칙적으로 합의했다.

▶7월 2일

한, 북핵 협상에서 한국의 주도적 역할 요구.

노태우 대통령은 한미 정상회담에서 북한과의 핵문제 협상에서 미국이 아닌 남한이 주도적 역할을 담당한다는 데 대해 조지 부시(George H.W. Bush) 미국 대통령 동의를 얻어냈다.

▶7월 16일

북, 핵안전협정의 최종문안에 합의하고 가서명.

북한은 그러나 이후에도 미국 핵무기 철수와 핵위협 제거 이전까지는 협정에 서명할 수 없다는 입장을 보였다.

▶7월 30일

북, 비핵화지대 주장.

노동신문, '조선반도의 비핵화를 위

한 새로운 제안' 보도. 남북이 공동으로 비핵지대화를 선포하고 미·중·러가 법적으로 보장하는 방안.

▶8월 7일

한미, 핵무기 철수 문제 협의.

하와이 호놀룰루에서 한국 김종휘 외교안보수석과 폴 울포위츠(Paul Wolfowitz) 국방 차관이 만나 주요 현안에 대한 협의 진행. 내용은 공개되지 않았지만 일부 한국 언론은 회담에서 미국이 핵무기 철수 가능성을 거론했을 것이라는 전문가들의 전망을 보도했다.

▶9월 12일

북, IAEA 정식 서명 전제조건으로 주한미군과 핵무기 철수 다시 제기.

이와 관련 IAEA 이사회는 '대북한 조기 안전협정 서명 촉구 결의안' 채택으로 대북 압박 강화. 북한은 거부.

▶9월 17일

유엔 총회, 남북 유엔 동시 가입 결의안 통과.

가입 절차는 9월 28일 완료됐다.

▶9월 27일

부시 미 대통령, 해외 전술 핵무기 폐기 선언.

해외배치 지상 및 해상 전술 핵무기 일방적 철수 선언. 한국이라는 표현은 없지만 '전 세계'는 한국이 명백히 포함된 표현.

▶10월 4일~13일

덩샤오핑(鄧小平), 김일성에게 북핵 문제 조속 해결 권고.

김일성이 베이징을 방문해 덩샤오핑과 회담. 이 회담에서 덩은 김에게 개혁개방 및 조속한 남북협상 타결을 권고하고 동시에 부시의 핵철수 선언을 믿어도 된다면서 핵문제에 대한 우려를 빨리 해소할 것을 설득했다고 전해진다. 이에 김일성이 평양에 돌아와 10월 16일 노동당 정치국회의를 열고 기본합의서 및 비핵화 선언에 관한 남북협상 타결과 경제특구 설치에 관한 결단을 내렸으며 핵문제를 북미수교를 위한 협상카드로 활용한다는 전략적 결정을 내렸다고 한다.

☞이 부분은 북한의 핵개발 프로

그램이 미국과의 수교를 얻어내기 위한 협상카드로 사용하기 위한 수단이라는 의견을 지지해주는 근거라고 할 수 있다. 그러나 북한의 핵개발 프로그램에 대한 전략은 2002년 11월 북미 기본합의문 체제가 파기된 이후 질적 변화를 겪었다. 2006년 10월 제1차 핵실험을 강행한 이후에는 협상카드 의미보다는 내부적 체제 결속 수단과 외부적 협박 수단으로 활용되는 경향이 두드러진다.

이런 상황을 중시한다면 지난 20년간의 미국의 북핵 정책이 모두 틀린 것은 아니라는 것을 알 수 있다. 2002년 11월 북미 기본합의문 파기와 2005년 9월 BDA 금융 제재가 북한의 과민 반응을 촉발함으로써 상황을 악화시키는 등 미국의 대북정책에서 치명적인 문제점이 있었다. 다만 미국의 입장에서 본다면 북한의 비핵화가 최고의 정책목표가 아닐 수도 있고 그렇다면 미국의 국가이익 차원에서 2002년 11월이나 2005년 9월의 조치는 오류라고 볼 수 없다. 그렇지만 한국 입장에서는 북한 비핵화가 사활적 국가 이익에 해당하는데 그 두 번의 조치가 북핵 문제를 악화시킨 요인이다. 그러므로 동맹국인 미국이 그런 조치를 강행하는 것을 사전에 막지 못한 것은 외교적 실패라고 말할 수 있다.

▶10월 22일
  제4차 남북 고위급 회담 개최.

▶10월 28일
  한미, 주한미군 전술 핵무기 전면 철수 합의.

▶11월 8일
  노태우 대통령, 비핵 5원칙 선언.
  한반도 비핵화와 평화군축을 위한 선언. 남북 모두 핵무기 제조, 보유, 저장, 배비, 사용을 금지하는 내용.

▶11월 11일
  한미, 1992년 팀스피리트(Team Spirit) 훈련 중단 결정.
  팀스피리트는 1976년 처음으로 실시된 한미연합군사훈련으로 한미 양국 병력 수십만 명이 참가하는 대규모 훈련이다.
  ☞북한은 2년에 한 차례씩 실시된 이 훈련에 대해 매번 극단적인 반발을 하는 양상을 보였고 기회가 있을 때마

다 훈련 중단을 강력하게 요구했다. 북한이 이처럼 강하게 반발한 이유는 첫째 한미 양국의 전면적 침공 가능성을 두려워한 것으로 보이고, 둘째 북한도 대항하는 군사훈련을 대규모로 실시해야 하는데 자금이 과도하게 투입되기 때문이라는 분석도 있다.

▶11월 12일

한국, 중국에 수교 의사 전달.

첸치천(錢其琛) 중국 외교부장과 리란칭(李嵐淸) 대외경제 및 통상부장이 한국을 방문한 기회에 노태우 대통령을 예방했다. 노 대통령은 관계개선에 대한 의지를 표명한 뒤 최고 지도부에 전해달라고 요청했다. 이후 양상쿤(楊尙昆) 주석을 만난 일이 있었는데 정확하게 메시지가 전달됐다는 것을 알았다.

▶11월 25일

북 외무성 성명, 핵안전조치협정 서명 관련 입장 발표.

첫째 미군 핵무기 철수가 시작되면 핵안전조치협정에 서명한다. 둘째 주한 미군 핵무기와 북한의 핵시설에 대한 동시사찰을 실시한다. 셋째 동시사찰 문제와 미국의 대북 핵위협 제거 문제를 협의하기 위해 북미 간 협상을 개시한다. 넷째 한반도 비핵지대화 실현을 위한 남북협상을 진행한다.

▶12월 11일

제5차 남북고위급회담 개최. 서울.

정원식 국무총리는 기조연설에서 한반도 비핵화 등에 관한 남북공동선언문 채택 제안. 한국은 또 북한이 제의한 남북한 동시사찰 방안을 전격적으로 수용했다.

정원식 총리(오른쪽)와 연형묵 북한 총리가 서울 쉐라톤 워커힐 호텔에서 열린 남북고위급회담에서 남북 기본합의서를 교환한 뒤 손을 맞잡고 높이 치켜들었다. (1991년 12월 13일 연합뉴스)

▶12월 13일
남북, 고위급회담에서 남북 불가침 교류 협력 합의서 서명.

▶12월 16일
남북, 판문점에서 군사회담 개최.
남측은 북측에게 비핵화 문제와 관련해 북한이 전향적인 태도를 보인다면 1992년도 팀스피리트 중단 방침을 통보했다.

▶12월 17일~19일
김일성, 핵개발 능력도 의지도 없다고 언급.
김일성 주석은 북한을 방문한 솔라즈 미 하원 의원 면담 계기에 북한이 핵개발 능력과 의지도 없다고 언급.
☞김정일 국방위원장이 생존해 있을 때 '비핵화는 김일성 수령의 유훈'이라는 말을 자주 했다. 솔라즈 의원에 대한 김일성의 비핵화 관련 언급은 대표적으로 인용되는 사례다.

▶12월 18일
노태우 대통령, 핵무기 부재 선언.
우리나라 어디에도 단 하나의 핵무기도 존재하지 않는다고 선언.

☞이날 선언에도 불구하고 핵무기 철수가 완료된 시점은 그 다음해 7월이었다.

▶12월 21일
부시 대통령, 주한미군 핵무기 철수 사실상 확인.

▶12월 22일.
북 외교부 대변인 성명, 핵안전협정 서명 발표.
"핵안전협정 서명 및 사찰 수락 예정." 다만 IAEA 사찰과 남북사찰 동시진행 요구

▶12월 24일
북, 김일성 주석의 후계자 김정일을 최고 사령관으로 추대.
북한 노동당 제6기 제19차 전원회의에서 당 중앙위 정치국 상무위원 겸 당 비서인 김정일을 최고사령관으로 추대.
☞미국 언론인 셀리그 해리슨(Selig S. Harrison)은 이 회의가 매우 중요하다고 본다. 김일성이 핵무기 개발 문제에 대한 전략적 결단을 내린 것으로 파악하기 때문이다. 남한과의 비

핵화 회담을 이틀 앞두고 열린 전원회의에서 북한 지도부는 핵개발 포기를 통해 북미관계 등 대외관계를 개선하자는 실용주의적 입장과 핵개발 지속을 요구한 강경한 입장이 충돌했다. 이에 대해 김일성이 핵개발에 착수하되 핵동결 문제를 협상 카드로 제시해 북미관계 개선 가능성을 시험해 보고 그것이 입증되는 경우 핵개발을 보류하고 실패할 경우에는 핵개발을 지속한다는 결정을 내렸다고 한다. 해리슨은 이것을 '불편한 타협'이라고 명명했다.

이와 관련해 미국의 북한 문제 연구자인 리언 시걸(Leon V. Sigal)은 북한이 1992년 이후 사용후 핵연료봉을 재처리해서 플루토늄을 추출할 수 있었는데도 그렇게 하지 않은 사실에 주목해야 한다고 강조한다. 북한이 비핵화 공동 선언을 지키기 위해 행동을 자제한 것이므로 약속을 지켰다는 점을 긍정적으로 평가해야 한다는 의견이다.

해리슨의 논점을 신뢰한다면 북한의 핵개발 목적을 놓고 전개된 논쟁, 즉 핵무기 보유 자체가 목적인만큼 북한은 절대로 핵개발을 포기하지 않을 것이라는 주장과 핵프로그램은 미국과의 협상용이므로 북한이 원하는 적절한 보상을 제공하면 북한은 핵개발을 포기한다는 주장의 대립은 무의미한 논쟁이 된다. 북한은 두 가지 모두를 동시에 추구하면서 상황에 따라 강조점을 바꿔왔기 때문이다.

☞이 회의는 또한 김정일이 제한적이지만 최고 지도자 위상을 갖게 된 행사라는 점에서도 의미를 부여할 수 있다. 이 시기에 북한 수령인 김일성은 국가수반으로서 국가주석, 노동당 최고 지도자로서 총비서와 당 중앙군사위원장, 군사직으로 인민군 최고사령관, 그리고 군사지도기관인 국방위원회 위원장을 겸직했다. 김일성은 이 날 북한 수령이 지니는 직위 가운데 인민군 최고사령관직 하나를 후계자인 김정일에게 이양한 것이다. 그러므로 김정일은 이 날까지는 수령인 김일성 주석의 후계자로서 막후에서 실질적인 권력을 행사했지만 이 날 부터는 부분적이지만 최고 지도자 위상으로 권력 행사가 가능해진 것이다.

이 날 이후 북한의 대미, 대남 정책은 상대적으로 강경정책을 선호하는 경향이 나타난 것으로 평가할 수 있다. 이는 김정일이 최고 지도자 위상을 갖게 되면서 자신의 카리스마를 과시할 필요성을 느끼는 조건이기 때문이라고 분석할 수 있다. 다시 말해 김일성 못지않게 북한을 문제없이 영도할 수 있다는 증거를 보여줘야 하고 그러다 보니 강경한 태도를 선호하게 된 것이다. 다만 탈냉전 이후 국제정세가 북한에 매우 불리하게 전개됐으므로 군사적 도발을 선제적으로 취하지 못하고 수세적인 차원에서 강경한 자세를 보였다. 남한 정부와 고위급 회담을 통해 비핵화 공동선언을 채택한 것도 한편으로는 남한 내 미군 핵무기 철수와 한미 연합군사훈련 중단을 노릴 수 있다는 소득과 함께 경제적으로 불리한 상황을 타개하기 위한 시간을 벌기 위한 일보 후퇴 전략으로 볼 수 있다. 김정일의 일시적인 유화정책은 1992년 10월 한국과 미국의 연합군사훈련 재개 결정을 계기로 사실상 중단되고 이후 벼랑끝 전술로 불리는 초강경 대응의 덫에 빠지게 된다.

▶12월 25일
 소련 붕괴. 러시아 연방 출범.

▶12월 26일~31일
 한반도 비핵화를 위한 남북 실무 협상 개최. 판문점.
 1차 접촉은 26일 판문점 통일각, 2차 접촉은 28일 판문점 평화의 집에서 열렸다.

▶12월 28일
 북, 나진·선봉 자유무역지대 설치 계획 발표.
 ☞김정일은 의욕적으로 자유무역지대를 추진했으나 기업 활동에 제약은 많고 유인 요소는 부족해 기대했던 수준의 외국 자본의 투자를 이끌어내지 못했다. 북한은 재일동포 기업인들의 원조성 투자를 일부 성사시켰을 뿐이다.

▶12월 31일
 제5차 남북 고위급 회담 3차 실무 접촉에서 비핵화 공동 선언 문안 합의.
 남과 북이 남북 간 화해 불가침 및 교류협력에 관한 합의서를 채택했다. 남과 북은 또 비핵화 공동선언 즉 한반도의 비핵화에 관한 공동선언 문안에 합의했다. 선언은 1992년 1월 20일 체결하고 2월 19일 발효됐다. 북한은 핵재처리시설과 우라늄 농축시설을 보유하지 않는다는 조항을 수용했다. 재처리 시설이 명기된 것에 대해 미국은 만족해했다. 북한은 또한 외국 핵무기의 출입과 통과 조항을 고집하지 않았다.

☞비핵화 공동선언은 일시적으로 북핵을 통제하는 규범이었으나 1994년 10월 21일 북미 기본합의문 체결로 위상이 하락했다. 2002년 11월 미국은 북한 우라늄 농축 프로그램 보유를 시인함으로써 기본합의문을 위반했다는 이유로 대북 중유공급을 중단했다. 이로써 북미 기본합의문이 파기됐고 북한이 영변 원자로 재가동에 돌입한 이후에는 북핵 문제를 규제할 수 있는 장치는 사라졌다. 한편 한국은 2010년 이후 전력용 원자로 폐연료봉 처리에서 과도한 비용 부담이 생기자 폐연료봉 재처리를 하는 쪽으로 정책을 수정해야 하는 필요가 생겼다. 그러므로 비핵화 공동선언은 북한은 물론 남쪽에서 봐도 불편한 문서가 됐다.

1992년

▶1월 1일

김일성, 신년사에서 '공정성 보장하면 핵사찰 수락' 용의 피력.

▶1월 7일

북, IAEA 핵사찰 수용 및 '안전조치협정' 서명 발표.

한국과 미국은 팀스피리트 훈련 중단 발표.

▶1월 22일

북미 사상 최초 고위급 회담 개최. 뉴욕.

북한에서 김용순 당 비서가 나왔고 미국에서 아놀드 캔터(Arnold Kantor) 국무부 정무차관이 나왔다. 북미 최초 고위급 회담이라는 점에서 의의가 컸다. 그러나 미국은 북측과 고위급 회담을 허용한 것 자체에 의미를 강조하면서 내용적으로는 경직된 태도를 보였다.

☞김용순 비서는 이 회담에서 캔터 차관이 팀스피리트 훈련을 사실상 중단한 것으로 이해했고 그렇게 김정일에게 보고한 것으로 추측된다. 그래서 한국과 미국이 10월에 훈련 재개를 예고하자 북한이 과격하게 분노하

는 모습을 보인 것으로 추정된다. 그렇지만 김 비서가 오해한 것인지 아니면 고의적으로 상황을 오도한 것인지는 명확하지 않다.

▶1월 30일

북, IAEA 전면안전조치 협정에 서명. 1992년 4월 10일 발효.

▶2월 19일~3월 14일

남북 고위급 회담 대표 접촉.

▶3월 19일

'남북핵통제공동위원회 구성과 운영에 관한 합의서' 채택 발효.

남북핵통제공동위원회 설립.

▶3월 24일

제14대 총선거 실시.

선거 결과 여당인 민주자유당이 149석을 확보해 제1당 위상 유지했지만 과반수 확보에 실패했다. 야당인 민주당이 97석, 통일국민당이 31석, 무소속이 21석 차지.

▶4월 10일

북 최고인민회의, IAEA 안전조치협정서 비준.

▶5월 4일

북, IAEA에 안전조치 협정에 따른 최초 보고서 제출.

7개 핵시설과 플루토늄 보유량 등 신고.

▶5월

북·소, 원자력 발전서 건설 협력 중단.

북한과 소련이 1985년 체결했던 원자력발전소 협조 협정 이행이 중단됐다. 1992년 초 북한 요청으로 러시아와 북한은 4개의 VVER-440 형식의 원자로 건설에서 최신형인 MP-640 형식의 원자로 3개 건설로 대체하는 협약을 체결했었다. 이에 따라 러시아 전문가들은 북한 신포시 부근에 원자력발전소 건설 부지를 선정하고 계획의 기술적 설계를 마쳤다. 그러나 북한은 비용 지불을 하지 못했고 그 결과 협약 이행이 중단된 것이다.

▶5월 11일~5월 16일

한스 블릭스(Dr. Hans Blix) IAEA 사무총장 방북.

미신고 핵시설에 대한 사찰단 방문 허용 촉구.

▶5월 25일

북, IAEA 임시 핵사찰에 협력.

IAEA 핵사찰은 이후 6차례 실시됐다. 1차 (5/25~6/5), 2차 (7/8~7/18), 3차 (9/19~10/11), 4차 (11/2~11/13), 5차 (12/14~12/19), 6차 (1993년 1/26~2/6)

▶7월 2일

미, 한반도 핵무기 철수 완료 선언.

▶7월 8일~18일

IAEA, 제2차 대북임시사찰 실시.

IAEA는 이 사찰에서 북한이 제출한 최초 보고서 내용과 사찰 결과가 불일치한다는 정황을 처음으로 포착했다. 이 사실은 즉각 언론에 공개되지는 않았지만 미국이나 한국 정부에서 민감하게 반응하는 조건이 됐다. 북한은 5MW 흑연감속로 실험용 원자로에서 1차례 재처리를 통해 플루토늄 90g을 얻었다고 보고했다. 그러나 IAFA 조사단은 재처리는 3차례 이상(1989년, 1990년, 1991년), 플루토늄 분량도 kg 단위, 즉 1kg 이상 10kg 미만이었다고 평가했다. 방사화학실험실은 대규모 재처리 시설이고 2개의 미신고시설은 재처리한 핵폐기물 저장소로 판단했다. 이런 평가는 북한이 허위보고를 한 것이며 이는 핵무기 제조 사실을 숨기기 위한 행보라고 판단할 수 있는 논리적 근거를 제공했다.

▶8월 24일

한·중 수교.

한국과 중국은 베이징 영빈관인 댜오위타이(釣魚臺)에서 상호 적대관계를 청산하고 정식 외교관계를 수립하는 행사를 열었다.

☞북한은 중국이 한국과 수교한 것에 대해 격분했다. 한중 수교 이전인 4월 13일 양상쿤 국가 주석이 평양을 방문해 김일성과 김정일을 만나 한국과의 수교가 임박했음을 간접적으로 알렸다. 이에 대해 김일성은 수교 시점을 연기할 것을 거듭 요구했고 양 주석은 명쾌한 답변을 하지 않은 채 중국으로 귀환했다. 김일성은 이 때 중국이 자신의 요청에 따라 2, 3년 정도 수교를 연기할 것으로 믿었던 것으로 추측된다. 한중 수교 이후 북한은 매우 격렬한 반응을 보였고 북중 관계는 이후 약 8년 동안 매우 불편

한 관계가 지속됐다.

북한이 핵무기 개발에 집착하게 된 계기로 한중 수교를 중시하는 경우도 있다. 그러나 한중 수교에 앞서 소련이 한소 수교를 했고 그 당시에 이미 핵무기 개발 의지를 피력한 바 있으므로 어느 쪽이 더 절박한 계기가 됐는지는 추가로 취재할 필요가 있다.

▶ 9월 16일
'훈령조작사건' 발생.

평양에서 개최된 제8차 남북고위급 회담에서 대표단과 서울 본부 사이의 훈령이 조작되는 등 기강문란과 이로 인해 남북 관계가 급격히 경색되는 사건이 발생했다. 이 회담에서는 남북 기본합의서 부속합의서 3건이 채택됐으나 서울 본부에서 합의를 파기하라는 훈령이 내려와 결국 협상이 결렬된 상태로 회담이 종료됐다. 이후 감사원 조사 결과 회담 대표 가운데 한 명이 훈령 조작을 주도한 것으로 확인됐다.

☞ 이 사건은 매우 이례적이다. 대통령 지침을 받고 파견된 정부의 협상 대표가 협상을 타결 지었는데 이 것을 다른 대표가 훈령을 조작하는 방법으로 협상이 결렬된 사건이다. 이 사건은 1992년 12월 제14대 대통령 선거가 있다는 사실에 주목해야만 적절한 해석이 가능하다. 12월로 예정된 선거에서 가장 유력한 후보는 당시 여당인 신한국당 김영삼 후보였다. 김영삼 후보는 수십 년 동안 야당 지도자였고 민주화 투쟁의 상징적 인물이었지만 1990년 1월 22일 3당 합당이라는 방식을 통해 집권당 지도부에 진입했다는 점에서 도의적 취약성을 안고 있었다. 이에 따라 김영삼 후보는 군부 출신인 노태우 대통령과 거리두기를 시도하면서 자신은 문민 출신의 민주주의 지도자 출신이라는 점을 강조하는 행태를 보였다.

이 같은 차별화 시도는 다양한 정책 분야에도 영향을 미쳐서 노태우 대통령이 추진해오던 정책과 차별화된 정책을 선호하는 경향이 생겼다. 그 중에서도 대북정책은 두드러진 사례가 됐다. 노태우 대통령은 탈냉전 이후 세계사적 흐름을 받아들여서 공산주의권인 북한을 포용하는 '북방정책'을 채택해 남북관계를 풀어나갔고 상당한 성과도 거뒀다. 더구나 노태우 대통령은 북방정책을 자신이 신임하던 박철언 체육청소년부 장관에게 맡겼다. 박철언 장관은 김영삼 후보 입장에서 보면 정치적으로 적대적 관계에 있었다. 북방정책에 대해 김영삼 후보가 부정적인 반응을 보이는 여러 가지 배경이 있었던 셈이다.

김영삼 후보는 포용정책이 북한에 대한 비굴한 태도를 보일 수 있고 북한의 전략전술에 기만당할 수 있다면서 강경한 정책도 병행해야 한다는 논점으로 차별화를 시도했다. 훈령조작사건은 이런 맥락에서 발생한 사건으로 국내정치 상황에서 파생된 대통령 후보의 차별화 정책이 배경이 됐다고 평가할 수 있다.

이 사건은 우리의 대북정책 역사에서 중요한 의미를 지닌다. 대북정책과 관련해 한국 사회에 존재하는 보수 진영과 진보 진영이 이 시기에 형태를 갖추기 시작했기 때문이다. 이 시기 이후 북한에 대한 압박 정책에 무게를 두는 보수 진영이 꾸준하게 지지 세력을 늘려가기 시작했다. 한편 노태우 대통령 정부에서 북한에 대한 포용정책에 무게를 뒀던 일부 세력, 예를 들어 임동원 차관 등은 야당 지도자인 김대중씨와 연합하면서 포용정책을 발전시키는 작업을 진행했다. 이러한 움직임은 1997년 12월 대통령 선거에서 초보적 단계의 대립 구도를 만들어냈다.

한국에서 대북정책을 둘러싸고 보수와 진보가 가시적으로 갈린 사건은 2000년 4월 남북정상회담 일정 합의 발표를 들 수 있다. 발표 날짜는 당시 4월 13일로 예정된 제16대 총선을 불과 3일 앞둔 4월 10일이었다. 이에 대해 야당인 한나라당은 남북정상회담 합의가 총선에서 여당이 승리하기 위해 준비한 정략적 차원의 행사로 간주했다. 그리고 정책 차원이 아닌 정치쟁점 차원에서 대북정책을 평가하는 계기로 삼으면서 '남남갈등' 현상이 자리를 잡기 시작했다. 이후 한나라당 정치인과 지지자들은 대북정책에서 포용정책을 공개적으로 비난하는 태도를 취했고 이에 대해 여당인 민주당은 햇볕정책을 비난하는 세력은 통일에 반대하는 세력이라면서 반격하는 구도가 형성됐다.

이런 추세는 노무현 대통령 정부로 이어져 보수 진영은 포용정책을 지지하는 세력을 '좌빨, 즉 좌경 빨갱이' 또는 '종북좌파' 세력이라고 비난하면서 비굴한 퍼주기로 북한의 핵무장을 도와줬다고 주장했다. 이에 대해 진보 진영은 햇볕정책을 반대하는 세력에 대해 '보수꼴통'이라는 감정적 용어를 사용하면서 평화와 통일을 반대하고 남북관계를 망가뜨리는 무책임한 세력이라고 비난했다. 2000년 6월 남북 정상회담은 한편으로 남북 관계에서 중대한 발전이었지만 다른 한편으로 '남남갈등' 차원에서 중대한 차질이 시작된 계기였다는 점에서 아쉬운 요소도 있었다.

▶10월 8일

한미, 1993년 팀스피리트 재개 가능성 예고.

한국과 미국은 워싱턴에서 양국 국방장관이 참석한 가운데 열린 연례안보협의회에서 남북 핵 상호 사찰 논의에서 의미 있는 진전이 없을 경우 1993년 팀스피리트 훈련을 실시하기로 했다. 이 결정은 북한을 격분시킨 사건으로 보인다. 북한은 이후 이 결정을 벼랑끝 전술에 의지하는 빌미로 삼았고 결과적으로 북핵 문제가 악화되는 과정에서 잘못 끼워진 첫 단추 의미를 갖게 됐다. 한국과 미국의 결정에 대해 북한이 격분한 이유는 1월 22일 북미 고위급회담에서 북한은 미국이 한미연합군사훈련을 영구 중단하는 것으로 이해했기 때문이다. 이것은 오해였지만 북한은 미국으로부터 속았다고 판단하고 극단적으로 저항하는 대응을 택한 것으로 분석된다.

그렇다면 한국과 미국은 왜 북한의 극단적인 저항 의지 표명에도 불구하고 북한에 대한 압박정책에 의존한 것일까? 이 시기에 한국과 북한은 1991년 12월 합의된 비핵화 공동선언에 따라 후속 조치를 논의하고 있었고 구체적으로 핵사찰 방식에 대한 협의를 진행하고 있었다. 이 시기에 한국은 대통령 선거를 목전에 두고 있는 시점이었다. 노태우 대통령은 남북 관계에서 업적을 내고 싶은 의지를 자주 드러냈지만 차기 대통령에 도전한 여당 대통령 후보 김영삼은 대북정책에서 강경론을 채택했다. 이 시기에는 북한이 '불일치 문제'가 있었기 때문에 남북문제를 개선의 방향으로 진행시키는 것은 어려운 과제였고 북한을 비난하는 것은 매우 쉬운 일이었다. 북한의 불일치 문제는 비핵화 공동 선언을 위반한 것에 해당하므로 강경론자들은 이에 상응하는 압박 필요성을 제기했는데 이는 반박하기가 어려운 매우 강한 논리였다.

이 시기는 또한 미국에서도 대통령 선거가 한 달 앞으로 다가온 시점이었다. 부시 대통령은 야당 후보인 빌 클린턴 아칸소 주지사와 힘겹게 선거전을 치르는 중이었으므로 한반도 문제처럼 비중이 높지 않은 외교 현안에 대해 모험적인 해법을 추구할 입장이 아니었다. 특별한 일이 없으면 동맹인 한국 요구대로 따라가는 것이 국익에 부합하는 길이었다. 그러므로 미국은 한미 연합군사훈련 재개 방안에 동의한 것이다. 만약 부시 대통령이 임기 중반이었거나 초반이었다면 다른 결정이 나왔을 수도 있을 것이다.

▶11월 2일~14일
북, 미신고시설 2곳 재방문 사찰 거부.

▶11월 3일
미국 대통령 선거 실시.
클린턴 아칸소주 주지사, 미국의 제42대 대통령으로 당선. 선거인단 370명 확보. 조지 부시 대통령은 168명. 하원은 민주당 267석에서 9석 감소한 258석. 공화당은 167석에서 9석 늘어나 176석. 상원은 민주당이 56석에서 1석 늘어 57석. 공화당은 44석에서 1석 줄어 43석.

▶11월 19일
보리스 옐친(Boris Yeltsin) 러시아 대통령, 북한과의 동맹 조약 폐기 방침 언급.
옐친 대통령이 한국을 방문한 계기에 북소 우호동맹 조약은 폐기돼야 한다고 말했다.
☞조약은 이후 폐기되지는 않았지만 1996년 9월 10일 효력이 만료됐

다. 이에 앞서 러시아는 효력 연장을 원하지 않는다는 입장을 북한에 전하고 새로운 조약 수립을 요구했으며 북한도 동의했다. 새로운 조약인 '북러 우호선린 협력 조약'은 2000년 2월 푸틴(Vladimir Putin) 대통령 집권 이후 채택됐다.

▶12월 12일
북, 미신고시설 2곳 가운데 1개에 대해서는 육안사찰 허용.

▶12월 18일
제14대 대통령 선거 실시.
민주자유당 김영삼 후보가 42.0% 득표로 33.8%에 그친 김대중 민주당 후보 누르고 당선.

▶12월 22일
IAEA, 북한에 2개 미신고시설 방문 허용 요구.

1993년

▶1월 1일

김일성, 남북 대화 가능성 언급.

김일성은 신년사에서 민족자주를 존중한다면 과거를 묻지 않고 어느 누구와도 대화할 수 있다고 언급했다. 이 말은 김영삼 대통령 당선인에 대한 기대감을 피력한 것으로 분석됐다.

▶1월 5일

북, IAEA 미신고시설 방문 요구 거절.

▶1월 20일(한국 시간 1월 21일 오전 1시 30분)

빌 클린턴 제42대 미국 대통령 취임식.

▶1월 26일

클린턴 대통령, 팀스피리트 훈련 3월 실시 방안 재가.

클린턴 대통령은 전날인 1월 25일, 남북 핵통제 공동 위원장 접촉에서 상호 핵 사찰 문제에 대한 진전이 없었기 때문에 1992년 10월 8일 한미 합의에 따라 훈련 실시 결정.

☞클린턴 대통령이 이 결정을 내리면서 고민한 흔적은 거의 없다. 이 결정이 미래 한반도에 어떤 부담을 안겨주는지 알기 어려웠을 것이다. 이처럼 중대한 후과를 가져오는 사안

을 큰 고민 없이 결정한 배경에는 국내정치와 외교정책 간 구조적인 특징이 존재한다.

선거를 통해 최고 권력자를 선출하는 다른 민주주의 국가와 마찬가지로 미국의 신임 대통령 역시 국내정치적으로 매우 능력이 뛰어난 지도자다. 그런 능력이 증명이 됐기 때문에 대통령 후보가 된 것이고 대통령 선거에서 승리하기도 한다. 그러나 외교 경험이 부족한 경우가 많기 때문에 취임 초기 몇 달 동안은 외교 문제에 대해 적절한 판단을 하기는 어려운 시기로 볼 수 있다. 클린턴 대통령이 외교 문제에 대해 다소간의 경험이 있었다면 팀스피리트 훈련 재개 문서에 서명을 하지 않았을 수도 있었을 것이다. 그러나 취임 초기에 잘 알지 못하는 조그만 불량국가가 국제사회 규범을 어기고 초강대국 미국을 상대로 협박 전술을 편다면 그 누구라도 초강대국으로서 위엄을 보이기 위해 강경 맞대응을 선택할 수밖에 없었을 것이다. 더구나 동맹국인 한국이 요구하는 조건에서 다른 생각을 하기가 어려웠을 것이다. 그렇지 않을 경우 약소 불량국가 협박에 굴복하는 나약한 지도자 이미지가 생길 것이다. 클린턴 대통령에게 있어서 취임 직후 시기는 북한과 같은 불량국가에 대한 정책에서 강경 노선 이외에 다른 정책을 선택할 수는 없었을 것이다.

북한은 이런 미국에 대해 벼랑끝 전술을 동원해 나름대로의 압박정책을 구사하고 있었다. 북한이 이처럼 과격한 행보에 나선 것은 탈냉전 흐름 속에서 정치적, 군사적, 경제적 후원국가인 소련이 한국과 외교관계를 수립하고 중국마저 한국과 수교하면서 심각한 고립 상황으로 빠져들었다고 판단한 결과로 보인다.

이 시기에 최고 지도자로서 역할을 수행하기 시작한 김정일은 국가 생존, 구체적으로 북한 지도부의 생존에 대한 역량을 과시해야 하는 조건이었다. 소련 해체 이후 극단적으로 취약한 시기를 남한과의 협상 참여 등 수세적인 전략으로 정권 생존에 성공한 북한은 남한과 미국이 강경한 정책을 전개하자 강경 맞대응으로 버티는 벼랑끝 전술과 유연하게 순종하면서 시간을 버는 방법, 두 가지 가운데 하나를 선택해야 하는 기로에 서게 됐다. 경험이 많고 노회한 김일성 주석이 외교 문제를 전담했다면 유연한 정책을 선호했을지 모른다. 그러나 새로운 지도자, 김정일은 벼랑끝 전술을 선택했다. 미국과 마찬가지로 북한도 새로운 지도자가 들어서서 단호한 외교정책을 선호하는 상황이었으므로 북한과 미국의 외교적 충돌은 예정된 것이나 다름없었다.

한편 한국 역시 신임 대통령이 취임한 직후여서 외교 문제에서 유연하고 원만한 방안을 채택할 수 없는 시기였다. 사실은 북한과 미국이 극단적으로 대립할 경우 한국 정부가 나서서 문제 해결의 단초를 제시하는 것이 시혜로운 방법이었을 것이다. 그러나 북한이 잇따라 도발적인 조치를 동원한 극단적인 저항을 하는 마당에 방금 취임한 대통령이 뒤로 물러서는 모습을 보이기는 어려

웠을 것이다. 그러므로 1993년 초는 한국과 미국, 북한의 정권 교체 또는 정부 교체가 거의 동시에 진행된 시기로 외교 분야에서 강경 정책이 충돌하고 상황이 악화될 가능성이 매우 높았던 시기였다고 평가할 수 있다. 이런 강경정책 충돌 시기는 각국 정치 지도자가 취임 초기의 약골 대통령 공포증에서 벗어나는 시기가 돼야만 어느 정도 해소될 수 있는 속성을 지니고 있다. 그러므로 1993년 초에 불거진 북핵 1차 위기가 1994년 10월이 돼서야 문제 해결의 단초를 찾은 것도 어느 정도 예상할 수 있는 수순이었다.

▶2월 9일

IAEA, 북한에 미신고시설 2개에 대한 특별사찰 허용 촉구.

▶2월 16일

북, IAEA가 요구한 특별사찰 요구 거절.

▶2월 21일

북, 노동신문 통해 '특별사찰 강요하면 전쟁 초래' 위협.

▶ 2월 23일

미, 북한 핵물질 보유 언급.

제임스 울시(Robert James Woolsey, Jr.) CIA 국장, 미 상원 청문회에서 '북, 최소 1개의 핵무기 제조 가능한 핵물질 보유' 주장.

▶ 2월 25일

김영삼 제14대 대통령 취임식.

☞김 대통령은 취임사에서 "어느 동맹국도 민족보다 나을 수는 없다"고 말했다. 이 언급은 오해를 불러일으킬 소지가 많았다. 우리의 동맹국은 미국 하나였으므로 미국과의 관계보다 남북관계를 더 중시한다는 말로 비쳐질 수 있었기 때문이다. 이 말은 또 이후 정반대의 부작용을 만들어내기도 했다. 북한과의 관계에서 핵을 가진 자와는 대화할 수 없다면서 외교적 해결 노력을 포기하면서 과도한 대비 효과가 생기고 김영삼 정부의 대외 신뢰도가 추락했다. '두 개의 한국'을 저술한 미국 언론인 돈 오버도퍼(Don Oberdorfer)는 미국 외교관들이 김영삼 대통령의 변덕에 대한 불만이 심했다고 전했다. 외교 정책에서 최고 정책 결정자가 발언에 매우 신중해야 한다는 사례로 남게 됐다.

▶ 2월 25일

IAEA, 대북 특별사찰 수용 촉구 결의문 채택.

사찰 수용 시한으로 1개월 부여. 이에 대해 북한은 '불일치' 문제는 IAEA 분석 착오에 따른 것이라면서 만약 사찰을 부당하게 강요한다면 전쟁이 초래될 것이라고 협박.

▶ 3월 8일

북, 준전시상태 선포.

북한의 준전시상태 선포 보도. 김정일 최고사령관은 "전쟁을 바라지 않지만 평화를 구걸하지는 않겠다"면서 준전시상태 선포 배경을 설명했다. (노동신문 1993년 3월 9일자 1면)

김정일 북한 인민군 최고사령관이 3월 9일 기준으로 북한 전역에 준전시상태를 선포한다고 오후 5시 발표했다. 명분은 한국에서 진행되는 한미연합군사훈련 대비였다. 이에 대해 한국과 미국은 3월 9일부터 18일까지 팀스피리트 훈련을 예정대로 진행했다.

☞김정일 위원장은 당시 국방위원장에 오르지 않은 상황이었다. 국방위원장은 김일성 주석이었고 김정일은 국방위 부위원장이었다. 김 위원장이 갖고 있던 국가 최고 지도자 지위는 인민군 최고 사령관 자리였다.

▶3월 12일

북, NPT 탈퇴 서한을 UN 안전보장이사회에 제출.

☞북한의 NPT 탈퇴 선언은 냉전 종식 이후 미국이 주도하는 국제 안보질서에 개별 국가 특히 이른바 불량국가가 도전한 주요 사례였다. 유일한 초강대국 미국의 권위에 도전하는 것 자체도 문제지만 대량살상무기 확산이라는 차원에서도 우려스런 것이다. 또 1995년으로 예정된 NPT 재검토 회의에서 NPT 효력을 무기한 연장하려던 구상을 망가뜨릴 수 있다는 점에서 심각한 문제로 간주됐다.

한국은 비난 성명을 발표하고 남북 간 기본합의서, 비핵화 공동선언, 부속합의서 등 모든 남북 합의 사항의 신뢰성을 상실시키는 중대한 행위로 규정하고 2·25 IAEA 이사회 요구, 즉 핵사찰 허용과 한반도 비핵화 공동선언에 따른 남북 상호 사찰에 응할 것을 촉구했다.

▶3월 15일

클린턴 대통령, 북한에 NPT 탈퇴 재고 요구.

▶3월 18일

IAEA 특별이사회, 대북 결의안 채택하고 사찰 수락 시한을 3월 31일로 연장.

▶3월 19일

한국, 비전향 장기수 이인모 노인 북한으로 송환.

☞김영삼 대통령 결단으로 이인모 노인이 북한으로 돌아갔다. 당시 분위기는 북한의 핵개발 논란으로 국제사회가 북한 제재 문제로 떠들썩했지만 김 대통령은 남북관계 개선 의지

를 강조하는 입장을 채택했다. 김 대통령은 정부 출범 직후인 만큼 이인모 노인을 송환함으로써 대범한 태도로 정책을 전개하는 모습을 보여주려 한 것으로 추측된다. 그렇지만 북한이 도발적 조치로 대응하자 즉시 북한을 비난하고 압박하는 정책으로 돌아섰다.

▶3월 31일
IAEA, 북핵 문제를 유엔 안보리에 회부 결의.
북의 안전조치 불이행이 이유.

▶4월 8일
유엔 안보리, 북핵 문제 관련 의장성명 채택.

▶4월 9일
북, 김정일 국방위원장으로 추대.
북한은 최고인민회의 제9기 제5차 회의에서 김정일 당 비서 겸 인민군 최고사령관을 국방위원장으로 추대. 북한은 이에 앞서 1992년 4월 9일 최고인민회의에서 국방위원장 위상과 권한을 강화하는 내용으로 헌법 개정.
☞김정일 위원장이 최고 사령관에 이어 2번째 수령 지위를 승계했다는 점에서 의미가 있다.

▶4월 19일
러시아, 북한과의 원자력 협정 파기.
보리스 옐친(Boris Yeltsin) 러시아 연방 대통령이 북한과의 원자력 협조 문제에 대한 명령을 발표하고 1985년 협정 파기를 선언했다. 이 문건에 의해 북한은 러시아 원자력부에 172만 달러의 빚을 지게 된 것으로 처리됐다.

▶5월 11일(한국 시간 5월 12일 오전 8시)
유엔 안보리, 대북 결의 825호 채택.
북한의 NPT 탈퇴 철회 및 핵안전협정 이행 촉구.
☞유엔 안보리가 북한 핵 문제와 관련해 처음으로 채택한 결의이다. 내용은 북한에 대한 비난을 담은 것으로 제재 결의라기보다는 규탄 결의로 표현하는 것이 적절하다. 이후 유엔 안보리가 대북 규탄 또는 제재 내용을 담은 결의를 채택한 것은 5차례. 2006년 7월 결의 1695호, 2006년 10월 1718호, 2009년 6월 1874호, 2013년 1월 2087호. 2013년 3월 2094호.

▶5월 17일~21일

북미, 뉴욕에서 고위급회담 예비 접촉.

☞이 접촉 이후 뉴욕채널은 베이징 채널을 대체하는 북미 간 의사소통 채널로 활용됐다. 북한에서 김종수 유엔 대표부 차석대사, 미국에서는 찰스 카트먼(Charles Cartman) 미 국무부 한국 과장이 나왔다.

▶5월 29일~30일

북, 동해에서 노동1호 미사일 시험 발사.

☞노동1호는 최대 사거리 1,300km로 핵탄두 탑재가 가능한 북한의 탄도 미사일이다. 북한은 1976년 이집트가 넘겨준 스커드 미사일을 역설계하는 방식으로 탄도미사일을 개발해 1980년대에 개량형인 스커드B와 스커드C형을 제작한 바 있다. 북한이 스커드 제작 역량을 기반으로 해서 독자 개발한 미사일이 노동1호다. 노동은 미사일 기지가 위치한 마을 이름이다. 무수단 미사일이나 대포동 미사일도 모두 발사 기지가 위치한 마을 이름에서 따온 것으로 미국 등 서방 진영에서 분류상 편의를 위해 부여한 명칭이다.

▶6월 2일~11일

제1단계 북미 고위급회담 개최. 뉴욕.

북한에서 강석주 외교부 부부장이 나왔고 미국에서 로버트 갈루치(Robert L. Gallucci) 국무부 차관보가 나왔다. 협상은 6월 11일 타결됐다. 북한의 NPT 탈퇴 효력이 시작되는 6월 12일에서 하루 전날이다. 협상 결과 북한의 NPT 탈퇴는 잠정 유보됐다. 양측은 핵 불사용 및 불위협, 자주권 존중, 내정불간섭, 한반도 평화통일 지지 등의 원칙을 확인했다.

▶6월 3일

김영삼 대통령, "핵무기를 가진 나라와는 악수할 수 없다"면서 북한 비난.

☞김 대통령은 취임 100일 기념 기자회견을 갖고 북한과 대화할 수 없다고 선언했다. 북한에 대한 불쾌감을 표명하고 북한을 압박하는 차원에서 제기된 것으로 추정된다. 특히 북한과 미국이 양자대화를 통해 핵문제를 협의하는 과정에서 제3자로 밀려난 한국의 입장을 강조한 것으로 보인다. 그렇지만 이 말은 북한의 태도를 변경시키지 못했다. 오히려

남북관계 악화를 초래했고 궁극적으로 핵문제를 북한과 미국 현안으로 변경시키는 결과를 초래했다. 이전까지 북핵 문제는 남북 비핵화 공동선언에 의해 규정되고 있었으나 1년여 만에 한국 정부는 주도적 역할을 미국에게 양도한 셈이 됐다. 북핵 문제는 이후 2003년 4월 북한과 미국, 중국의 3자회담을 거친 이후 2003년 8월 제1차 6자회담이 열리고 난 뒤에는 6개 나라가 관여하는 다국적 사안으로 변경됐다.

▶7월 11일

클린턴 미국 대통령, 북한에 '종말' 경고.

클린턴 대통령은 한국 방문을 계기로 돌아오지 않는 다리 부근에서 행한 연설에서 "만약 북한이 핵무기를 개발해 이를 사용할 경우 그것은 북한에게 국가의 종말을 의미하게 될 것"이라고 경고. 클린턴 대통령은 7월 9일 미국 TV방송에서 같은 표현 사용.

▶7월 14일~19일

제2단계 북미 고위급 회담 개최. 제네바.

북한의 영변 원자로 및 관련시설을 경수로로 대체하는 문제와 미신고시설 사찰 문제 등을 논의. 이후 경수로는 북한의 중요한 협상 카드로 활용됐다.

▶7월 23일

북, 핵시설 사찰 불허.

북한 외교부 대변인은 미국이 약속한 민간용 원자력계획 지원을 받기 전까지는 IAEA 핵시설 사찰을 허락하지 않을 것이라고 언급.

▶8월 4일

남, 남북핵통제공동위원회 개최 제의. 북한은 8월 9일 거부 입장 발표.

▶8월 31일~9월 4일

IAEA 사찰단 방북했으나 활동에 제약을 받았다.

▶10월 1일

IAEA 총회, 북한 비난 결의.

안전조치 이행과 전면적 임시 및 일반 핵사찰 촉구.

▶11월 1일

유엔 총회, 북한에 즉각적 협조 요구 결의 채택.

☞ 유엔 총회는 유엔 안보리보다 상위 기관이지만 안보 현안과 관련해서는 권위가 떨어진다. 안보리는 상임이사국 5개국이 참가하기 때문에 현실적으로 더 강한 것이 사실이다. 다만 국제사회 여론이라는 차원에서 관련 국가가 총회 결의를 활용할 수는 있을 것이다.

▶11월 11일
강석주 북한 외교부 부부장, 미국에 일괄타결안 제의.

▶11월 14일
북, 남북핵통제공동위원회 중단.

▶12월 1일
북, IAEA에 전문 보내 "핵 위기 상황 악화는 IAEA 책임" 주장.

▶12월 3일
IAEA 사무총장, 핵물질 전용 여부 검증 불가능 선언.

▶12월 23일
북, 무력 통일 의지 언급.
북 인민군 총참모장 최광 차수, 1990년대에 무력으로 통일을 이루겠다고 천명.

▶12월 29일
북미, 뉴욕 실무접촉에서 주요 쟁점 협상 타결.
북, 핵사찰 수용. 미국은 1994년 팀스피리트 훈련 중단, 3차 고위급회담 재개. 합의 내용은 1994년 2월 25일 발표 예정.

1994년

▶ 1월 7일~2월 15일

IAEA · 북한 간 핵사찰 협상. 빈.

7차례에 걸친 실무 협상 끝에 북한이 핵사찰 수용 입장 밝히면서 협상 타결.

▶ 2월 15일~25일

북미 핵사찰 일정 합의.

허종 유엔 차석대사와 토마스 허바드(Thomas C. Hubbard) 미 국무부 부차관보가 뉴욕에서 핵사찰 일정(3/3~12)과 팀스피리트 훈련 중단, 남북 특사교환 실무회의 일정, 차기 북미 고위급 회담 재개 등 다양한 쟁점에 대해 포괄적인 합의에 이르렀다. 협상 관계자들은 이 합의를 '슈퍼 화요일'로 불렀지만 3월 19일 서울 불바다 발언 등으로 물거품이 됐다.

▶ 3월 1일~15일

IAEA 북한 임시사찰 차질 발생.

핵개발 의심 시설 7곳에 대한 사찰을 실시했으나 재처리 시설 샘플채취 거부 등 비협조적 태도로 IAEA 사찰단 15일 철수.

▶ 3월 3일

한미, 1994년도 팀스피리트 훈련 중단 발표.

▶3월 3일~16일

남북 실무회담 개최.

1차는 3일, 2차는 9일, 3차는 12일, 4차는 16일에 각각 열렸다.

▶3월 19일.

'서울 불바다' 발언.

남북 특사교환 일정을 협의하기 위해 판문점에 온 남북 대표가 신경전을 벌였다. 송영대 남측 대표가 "핵문제가 조속히 해결되지 않을 경우 어떤 결과가 초래될지 모른다"면서 팀스피리트 군사훈련 재개를 거론했다. 이에 박영수 북한 대표는 "전쟁이 나면 서울은 불바다가 되고 당신도 무사하지 못할 것"이라고 협박했다. 이에 한국 정부는 '불바다' 발언이 담긴 CCTV 화면을 언론에 공개해 북한에 대한 강경 분위기를 증폭시켰다. 서울 불바다 발언과 앞서 IAEA 사찰단 철수 사태 등에 따라 미국은 3월 21일로 예정된 북미 고위급 회담 일정을 취소하고 군사적 방안 검토를 포함한 대북 강경정책으로 급선회.

☞북한은 이처럼 미국과 어떤 합의에 도달한 직후 과격한 발언과 행동으로 합의를 파기시키는 일이 이후에도 종종 일어났다. 2005년 9·19 공동성명 채택 다음날 경수로를 먼저 제공해야 한다면서 당시 미국 협상 대표를 무력화시킨 적이 있다. 2012년 4월 13일에는 장거리로켓을 발사함으로써 2·29합의를 휴지로 만들고 역시 미국 협상 대표를 바보로 만들었다.

▶3월 21일

IAEA, 북핵 문제 안보리 회부 결정.

북한의 사찰 비협조 이유로 안보리 회부 결정. 이 시기에 클린턴 미 대통령은 한국 방위를 강화한다는 명목으로 패트리어트 미사일 한국 배치를 결정.

▶3월 22일

북, 패트리어트 배치 비난.

북한은 보도를 통해 패트리어트 배치는 북한에 대한 엄중한 위협으로 한반도 긴장 상태를 더욱 격화시켜 정세를 극단으로 몰아가려는 도발적인 조처라고 비난했다. 한국은 전군 특별경계강화령을 발동하는 등 전쟁 분위기가 고조됐다.

▶3월 23일

북, 전쟁 재발 가능성 위협.

주중 북한대사, 미국이 대북 압력을 중단하지 않으면 한반도 전쟁 재발 주장.

▶3월 24일

IAEA 사무총장, 북핵사찰 결과 안보리에 보고.

▶3월 28일

북 외무성, 패트리어트 미사일의 한국 배치 중지 촉구.

▶3월 31일

유엔 안보리, 북한 추가사찰 수락을 촉구하는 의장성명 채택.

▶4월 7일

클린턴 대통령, 대북정책을 조율할 '고위정책그룹' 설치 지시.

▶4월 10일

북, 영변 5MW 원자로(이하 영변 원자로) 가동 중단.

☞이 시기에 북한의 원자로 가동 중단은 핵무기 제조에 필요한 플루토늄 추출을 위한 절차로 볼 수 있기 때문에 군사적 도발로 해석됐다.

▶4월 15일

한국, 남북 특사 교환 문제 포기.

한국이 북미회담 조건으로 내걸었던 특사 교환을 포기하고 미국 정부에 전달.

☞한국 정부는 전쟁 발발 우려가 확대되자 긴장을 완화시키기 위해 입장 변경. 이에 따라 미국은 편안한 조건에서 북한과 협상할 수 있게 됐지만 이미 악화된 분위기를 돌려 세우기에는 역부족이었다.

▶4월 18일

미국 패트리어트 미사일 1차 선적분 한국 도착.

▶4월 18일~4월 20일

윌리엄 페리(William Perry) 미 국방장관 방한.

한미, 팀스피리트 훈련 11월 실시 합의.

▶4월 28일

북, '정전협정 무효화, 군사정전위원회 탈퇴' 선언.

북 외교부 성명 내고 폴란드 중립국 감독 위원회 대표단에게 철수 요구. 평화협정 체결을 위한 북미 협상 제의.

▶5월 4일

북, 영변 원자로에서 연료봉 인출 경고.

▶5월 12일

북, 연료봉 인출 작업 개시.

6월 15일까지 8,000여 개(약 50톤 분량) 인출.

▶5월 17일~24일

IAEA 추가·후속사찰 실시.

북, 원자료 폐연료봉 인출 강행 및 시료 채취 요구 거부.

▶5월 19일

페리 장관, 북한 공격 가능성 검토 결과를 클린턴 대통령에게 보고.

페리 장관은 전쟁에 따른 초기 단계 사망자 규모가 미군 3만 명을 포함해 45만 명에 이를 것이라고 보고. 게리 럭(Gary E. Luck) 주한 미군 사령관은 별도 보고에서 전쟁이 나면 승리할 수 있지만 인명피해 규모가 100만 명에 이르고 물적 피해 규모는 1조 달러 정도로 추산되는 등 심각한 대가를 치러야 한다고 보고. 이 보고를 받고 클린턴 대통령은 북한에 대한 군사적 조치를 포기하고 협상을 통한 문제 해결을 지시했다.

☞미국에서는 북한이 말썽을 일으키면 대북 군사 공격 가능성을 위협해서 문제를 해결할 수 있다는 주장이 흔히 제기된다. 그리고 1994년 5월과 6월 미국이 북한에 대한 정밀타격 준비 사례를 거론한다. 그렇지만 미국이 정밀타격 가능성을 검토한 끝에 좋은 방안이 아니라는 결론을 냈다는 점에 대해서는 무시하는 경향이 있다. 자신이 선호하는 것만 수용하는 현상이 작동하는 것이다. 클린턴 대통령은 자서전에서 당초 전쟁을 해서라도 북한 핵을 막아야 한다고 생각했지만 전쟁에 따른 예상 피해 규모가 충격적이어서 협상이 필요하다는 판단을 했다고 적었다.

▶5월 24일

북, 조선인민군 판문점 대표부 설치.
미국과의 접촉 창구 역할.

▶5월 27일

IAEA 사무총장, 유엔에 북한과의 대화 실패 통보.

유엔 사무총장에게 서한을 보내 "북

의 폐연료봉 무단 인출로 과거 핵활동 관련 정보 습득 불가능"하다고 보고.

▶5월 30일

유엔 안보리, 북에 핵 연료봉 인출에 관한 협상 촉구 의장성명 채택.

▶6월 3일

미, 북미 고위급 회담 취소 선언.

미국 조치는 IAEA 사무총장이 유엔 안보리에서 북한 원자로 연료봉 추후 계측 가능성이 상실됐다고 보고한 데 따른 조치였다. 갈루치 차관보는 한미일 3자 협의 후 공동성명 발표.

▶6월 5일

CNN방송, 한반도 전쟁 시나리오 집중 보도.

▶6월 6일

미 정치권, 북한과의 전쟁 준비 주장.

미 공화당 존 매케인(John McCain) 미 상원의원, TV에 나와 대북 선제공격과 전쟁 대비 촉구. 민주당 존 케리(John Kerry) 상원의원도 전쟁 준비를 하는 것은 당연하다고 발언. 한반도 전쟁 분위기가 한층 더 고조됐다.

▶6월 10일

IAEA 이사회, 대북 제재 결의안 채택.

연 60만 달러 상당의 기술원조 중단 및 대북 지원금 대폭 삭감. 미 행정부, 장관급 회의에서 한반도 병력 증강 방안 논의.

▶6월 13일

북, 조선중앙통신을 통해 'IAEA 탈퇴 공식 선언' 주장.

▶6월 14일

미 행정부, 장관급 회의 중 '대북 정밀 공습 방안(Osirak Option)' 검토.

▶6월 15일

미, 유엔 안보리에 '대북제재 결의안 초안' 제시.

1단계는 무기금수와 문화기술과학 교육 교류 금지. 2단계는 대북 무역 및 금융거래 중단.

▶6월 15일~18일

지미 카터(Jimmy Carter) 전 미 대통령, 방북.

카터 전 대통령은 김일성 주석과 회담한 뒤 6월 16일 저녁(미국 시간 6월 16일 오전) CNN TV에 나와 김일성 주석이 핵 동결 의사를 밝혔다고 발언했다.

지미 카터 전 미국 대통령이 북한을 방문해 김일성 주석과 담판을 진행했다. (노동신문 1994년 6월 18일자 1면)

☞카터 전 대통령 방북은 한반도 정세를 전쟁 임박 분위기에서 협상 국면으로 전환시킨 계기로 평가받고 있다. 그렇지만 클린턴 대통령은 이미 5월 말 대북 공습 방안의 부적절성에 대해 인식하고 협상을 통한 문제 해결을 모색 중이었다. 카터 전 대통령 방북도 클린턴 대통령이 이미 협상의 필요성을 인식했기 때문에 성사된 것이다. 그러므로 이 시기 국면 전환의 핵심적 동인은 클린턴 대통령의 인식 전환으로 보는 것이 타당하다. 그러므로 카터 전 대통령이 한반도 긴장 완화에 상당한 기여를 했다고 말하는 것은 인정할 수 있지만 그가 한반도 전쟁을 막았다고 표현하는 것은 과도하다.

▶6월 19일

카터 전 대통령, 서울에서 방북 결과 기자회견.

카터 전 대통령은 북한이 핵활동 동결 및 핵 투명성 보장 용의, IAEA 사찰관 잔류 허용, 경수로 지원할 경우 구형 원자로 폐기, 미군 유해 발굴 허용, 남북 정상회담 동의 등의 반응을 보였다고 설명했다.

☞카터 전 대통령이 남북 정상회담을 김일성에게 제안한 것은 한국의 김영삼 대통령이 그것을 요청했기 때문이었다. 카터 전 대통령이 이 요청을 수락해서 제안을 한 것이므로 김영삼 대통령은 정상회담 개최 방안에 대해 즉각 환영 입장을 표명했다.

▶6월 24일

러시아 언론, 북한 핵무기 주요 기술 확보 보도.

러시아 이즈베스티야, 1990년 KGB 보고서 인용해 북한이 1990년에 이미 핵폭발장치 시제품을 생산했다고 보도.

▶7월 8일

김일성 주석 사망.

사망 시간은 새벽 2시쯤. 사망 사실 보도는 9일 낮 12시.

☞김일성 사망으로 북한과 한반도에 하나의 역사적 시기가 지나가고 새로운 시기가 시작되는 상황을 맞았다. 북한에서 김일성 시대는 1945년 10월 10일 북조선공산당 중앙조직위원회창립대회, 또는 창립대회가 끝난 다음날인 10월 14일 김일성을 환영하는 평양시군중대회를 계기로 시작된 것으로 보면 만 49년으로 계산할 수 있겠다.

김일성 사망은 또한 새로운 시대, 즉 김정일 시대 개막을 의미한다. 김정일 시대가 언제 시작됐는지에 대해 여러 가지 기준이 제시될 수 있지만 김일성 사망일은 김정일 단독 통치 시작이라는 점에서 가장 명확한 기준이 될 수 있을 것이다. 그 외에 김정일 시대 개막의 출발점으로 꼽히는 역사적 사건은 1974년 2월 13일 노동당 중앙위원회 제5기 제8차 전원회의에서 김정일이 김일성 주석의 후계자로 추대된 날을 첫 번째로 지목할 수 있다. 1980년 10월 10일 제6차 당대회에서 김정일이 공개적으로 주석단에 등장한 이후 국제사회에서 김정일의 존재를 알게 됐다. 1991년 12월 24일 노동당 중앙위원회 제6기 제19차 전원회의에서 김정일이 인민군 최고사령관으로 임명된 이후에는 부분적으로 김정일이 최고 지도자로서 권력을 행사하기 시작했다. 1993년 4월 9일 최고인민회의 제9기 제5차 전체회의에서 김정일이 국방위원회 위원장으로 추대된 이후에는 김일성은 상징적인 존재가 되고 김정일이 최고 지도자로서 역할과 위상을 확대한 것으로 볼 수 있다. 1997년 10월 8일 노동당 총비서로 추대된 것은 당 차원에서 최고 지도자 직위를 승계했다는 점에서 의미가 있다. 1998년

9월 5일 최고인민회의 제10기 제1차 전체회의에서 국방위원장으로 재추대된 것은 국가 차원에서 최고 지도자 직위를 재확인하면서 김일성 유훈 체제가 마감되고 김정일 체제가 공식적으로 시작됐다는 점에서 의미가 있다.

김일성과 김정일의 통치 영향력을 감안해 북한 역사를 구분하면 1945년 10월부터 1974년 2월까지는 김일성 시대, 1974년 2월부터 1991년 12월까지는 김일성·김정일 공동통치시대, 1991년 12월부터 1994년 7월까지는 김정일의 역할이 더 많아졌기 때문에 김정일·김일성 공동통치시대, 1994년 7월부터 2011년 12월까지 김정일 시대, 2011년 12월부터 김정은 시대로 볼 수 있겠다.

▶7월 8일~10일

3단계 북미 고위급 회담 개최. 제네바. 김 주석 사망으로 실질 토의 없이 휴회.

▶8월 5일~12일

3단계 북미 고위급 회담 재개. 제네바. 북미 연락사무소 설치, 경수로 지원, 폐연료봉 밀봉, 대체에너지 보장 등 4개항 합의.

▶9월 1일

중, 군사정전위원회 철수 통고.

▶9월 23일~10월 21일

3단계 북미 고위급 회담 2차 회의. 제네바.

10월 17일 협상 타결. 21일 기본합의문 체결.

▶9월 28일

북, 특별사찰 거부 입장 표명.

인민무력부 대변인, '특별사찰 통해 군사대상 개방하려는 시도는 절대 불가' 주장.

▶10월 21일

제네바 북미 기본합의문 체결.

합의문에 따르면 북한은 흑연감속로 및 관련 핵시설 동결하고 경수로 완공시 핵시설 해체 약속. 이에 대해 미국은 2003년까지 1,000KW급 경수로 2기 제공. 그 이전까지는 매년 연간 중유 50만 톤 공급 약속. 그 외에도 북미 수교 등 추진 약속.

☞북한과 미국의 합의로 제1차 북

핵 위기는 수습 단계로 이동하기 시작했다. 그렇지만 이후 전개된 상황을 보면 제네바 합의문은 상호 문제 해결을 진지하게 협의한 결과가 아니라 각각의 국내정치 조건에 맞춰 임시로 봉합한 결과물이라는 평가가 더 적절하다.

미국의 국내정치 일정에서 특기할 만한 것은 10여일 뒤로 예정된 중간 선거 일정이었다. 클린턴 대통령이 이끄는 민주당과 미 행정부는 중간선거를 앞두고 북핵 문제를 포함한 외교 현안에서 성과물을 제시할 필요가 있었다. 선거 당일까지 북핵 문제가 해결의 기미를 보이지 않는다면 외교적으로 무능한 정부라는 비난을 받게 되는 형국이었다. 그래서 미 행정부는 북한과의 협상 타결이 필요했고 그러기 때문에 거대한 자금이 투입되는 경수로 지원을 약속한 것이다. 이와 관련해 미국 협상 담당자들이 경수로 지원에 합의해준 배경 가운데 하나는 북한이 곧 붕괴될 것이라는 전망이 많았기 때문에 궁극적으로 엄청난 자금이 투입되지는 않을

북미 기본합의문 체결을 보도한 노동신문. 클린턴 미국 대통령이 김정일 위원장에게 서한을 보냈다는 소식을 머리기사로 전하고 있다. (노동신문 1994년 10월 23일자 1면)

것이라는 기대가 있었던 것으로 판단된다. 미국의 협상 대표들이 중간선거 일정에 부담을 느낀 나머지 심각한 문제가 내재된 합의문에 서명하게 된 것이다.

모순점이 내포된 합의문에 서명한 만큼 미국 정부는 책임을 감당하기 위해, 다시 말해 수조원대에 이르는 경수로 건설비 마련을 위해 한국과 일본에 자금 지원을 요청하는 등 무리수를 쓰지 않을 수 없었다. 또한 중간선거에서 승리한 공화당에서는 기본합의문이 비굴한 내용으로 이뤄졌다면서 강경한 대북정책을 사용할 것을 촉구하는 분위기가 조성됐다. 결국 클린턴 대통령은 기본합의문에 적은 것과는 달리 북한에 대한 각종

경제 지원에서 제약을 받게 됐고 결국 북한으로부터의 협력도 받지 못하고 오히려 북한이 미국을 협박할 수 있는 구실을 안겨준 셈이 됐다.

10월 21일에 기본합의문이 체결된 배경에는 북한의 국내정치 일정도 고려됐다. 북한은 미국과의 기본합의문 체결을 미국에 대한 외교협상의 승리이며 미국이 북한에 굴복한 것이라고 선전했다. 10월 21일은 김일성 주석 사망 100일이 되는 날로 북한에서는 대대적인 추모 행사가 열렸는데 그 행사 보도와 더불어 클린턴 대통령이 김정일 국방위원장에게 경수로를 지어주겠다는 약속을 지키겠다는 내용의 서한을 보내왔다는 소식도 함께 실렸다. 중간선거 일정으로 부담을 느끼는 미국 협상 대표들을 압박하면서 동시에 북한 국내정치 차원에서 김정일 위원장 지도력을 과시할 수 있는 행사 일정을 염두에 두고 합의문에 서명한 것이다.

▶10월 21일
한미, 94년 팀스피리트 훈련 취소 발표.

▶11월 1일
북, 제네바 합의에 따라 핵 활동 동결 선언.
5MW 원자로 재장전 계획 취소와 50MW, 200MW 원자로 건설 중단 발표.

▶11월 7일
한국, '핵·경협 연계' 대북 경협 축소 완화 방침 표명.

▶11월 8일
미국 중간선거 실시 결과 여당인 민주당 참패.
하원에서 공화당이 176석에서 48석을 늘려 230석. 민주당은 258석에서 204석으로 감소해 소수당으로 추락. 상원도 공화당이 43석에서 9석 늘려서 52석으로 다수당 진입. 민주당은 57석에서 9석 줄어 48석.

▶11월 12일~11월 19일
제1차 북미 사용후 연료봉 전문가회의. 평양.
☞다른 자료를 보면 회의 일정을 11월 14일부터 18일까지로 기록한 경우도 있다. 이런 사례는 방문단 실제 도착일과 공식 일정을 다르게 분류하는 경우에 자주 발생한다.

▶11월 23일~28일

IAEA 전문가 그룹 방북.
핵동결 감시 검증 절차 논의 및 영변 태천 핵동결 사실 확인.

▶11월 30일~12월 1일

제1차 북미 경수로 전문가회의. 베이징.

▶12월 1일

한국, 평시 작전통제권 회수.

▶12월 6일~12월 9일

제1차 북미 연락사무소 전문가회의. 워싱턴.

☞북미연락사무소 개설 문제는 북미 기본합의가 근거 규정이다. 워싱턴 전문가 회의에서는 영사 문제 등 기술적인 문제에 대해 합의하고 양해각서도 체결했다. 1995년 1월에는 미국 대표단이 평양을 방문해 사무소 부지를 물색했고 4월에는 유엔 주재 북한 대표부 직원들이 워싱턴을 방문해 사무소 부지를 물색했다. 1995년 8월에는 상호 임시 영사보호권 부여에 합의하고 북한에서는 평양 주재 스웨덴 대사가, 미국에서는 유엔주재 북한 대표부가 기능을 대신하는 것으로 정리했다. 9월에는 미국 대표단이 방북해 사무실 입주를 위한 건물 보수 문제 등을 협의했다. 1996년 8월과 1997년 3월, 1998년 1월과 6월에는 미국에서 북미연락사무소장에 지명된 인사들이 북한을 방문하기도 했다.

연락사무소 개설 논의가 중단된 것은 1998년 8월 31일 북한의 대포동 미사일 발사 때문이다. 그렇지만 1994년 말에 시작된 논의가 1998년 여름에도 구체적인 진전을 이루지 못한 이유로 북한의 소극적인 태도를 지목할 수도 있다. 북한이 사무소 개설에 소극적인 태도를 보인 이유로는 첫째 워싱턴 사무소 운영에 따른 비용이 과도하게 비싸다는 판단, 둘째 미국 대표부가 평양에 설치될 경우 보안 문제와 주민들에 대한 악영향 가능성을 우려했기 때문이라는 분석이 많다. 북미 연락사무소 개설 문제는 이후 2000년 10월 조명록 북한 총정치국장이 워싱턴을 방문했을 때 거론된 적이 있지만 북한에 대한 압박 정책을 전개한 부시 행정부 등장으로 더 이상 협의 대상이 되지 못했다.

▶12월 11일~12일

폴 사이먼(Paul Simon)·프랭크 머코스키(Frank H. Murkowski) 미 상원의원 방북.

김영남 부총리 겸 외교부장과 제네바 합의 이행 논의.

▶12월 28일~30일

북, 보비 홀(Bobby Hall) 준위 석방.

미국 정부 특사인 토마스 허바드 국무부 부차관보가 방북해 홀 준위 대동하고 서울로 귀환. 홀 준위는 주한미군 헬기 조종사로 12월 17일 오전 비무장지대 부근에서 임무를 수행하던 중 북한군에 의해 정찰 헬기가 격추된 뒤 13일 동안 북한에 억류돼 있었다. 홀 준위와 함께 근무했던 동료 조종사 데이비드 하일먼(David Hilemon) 준위는 격추 당시 사망했다.

1995년

▶1월 1일

김정일 위원장, 새해 맞아 다박솔 초소 방문.

☞북한은 이 날이 선군정치가 시작된 날이라고 선전하기도 한다. 다박솔 초소는 평양 부근에 위치한 제214 고사포 중대 초소 이름으로 알려져 있다. 선군정치가 처음 시작된 계기에 대해 북한은 김정일 위원장이 '근위 서울류경수 제105땅크사단'을 방문했다는 1960년 8월 25일을 내세우기도 한다. 북한에서는 또 1932년 4월 25일 김일성 주석이 안도현 소사하 토기점골 둔판에서 반일인민유격대를 창건했다면서 그날을 중시하는 경우도 있다. 북한은 유격대 창건을 거론하면서 군대를 먼저 창건하고 그에 의거해 혁명을 승리로 이끌어가는 선군혁명영도의 역사가 시작됐다고 주장한다.

선군정치란 북한 표현대로 한다면 군사선행(軍事先行) 원칙, 즉 군사 문제를 최대 국가 과제로 내세우고 군사력 강화에 선차적인 힘을 넣는 원칙을 견지함으로써 사회주의 혁명과 건설에서 나서는 모든 문제를 풀어나가며, 군대를 사회주의 혁명의 주력 기둥으로 삼아 사회주의 위업 전반을 밀고나가는 선군후로(先軍後勞) 방식의 정치다. 이것을 쉽게 고쳐본다면 군대를 전면에 내세워 국가를 운영하는 방식으로 정치, 경제, 사회, 문화 등 모든 분야에서 군대가 국가 운영의 책임과 권한, 의무를 부담하는 통치 구조가 형성된다. 기존 내각 조직이나 당 조직은 2선으로 후퇴하고 군대가 최고 지도자의 뜻을 받들어 각종 정책 수립과 집행을 담당하게 된다. 복잡다단한 국가 업무를 담당하게 된 군대를 효과적으로 지도하기 위해 계엄사령부로 볼 수 있는 국방위원회가 확대 개편됐고 국방위원장은 과거 국가 주석에 준하는 최고 지도자 직위로 격상됐다.

북핵 문제에서 선군정치 체제가 특별한 의미를 갖게 되는 것은 대외 정책에서 벼랑끝 전술이 동원될 수 있는 논리적, 현실적 근거이자 배경이기 때문이다. 선군정치 논리에 따르면 재래식 군사력에서 북한 특유의 군사 구조와 훈련 방식을 채택하면서 동시에 핵무기와 장거리 미사일 등 비대칭 전력을 확보함으로써 한미 연합군의 북한 침공 가능성을 억제할 수 있다. 선군정치는 또한 선군외교로 이어져 핵무기 개발 중단 문제를 국제사회와의 협상 수단으로 삼아 정권 안전을 보장받고 외교적 고립 상태에서 벗어나며 경제적 지원을 얻어내는 수단으로 사용하는 행태로 나타났다.

▶1월 6일
북, 경수로 공급 계약서에 한국형 명기 거부.

▶1월 15일
미, 대북 중유공급 1차 선적분 5만 톤 인도.

▶1월 20일(한국 시간으로 21일)
미, 대북 경제제재 완화조치 발표.
정보통신, 금융거래, 무역, 기타 단계적 조치 등 4개항.

☞이 발표는 의미가 있었지만 북한 입장에서는 미흡한 수준이어서 북한이 불만을 갖게 됐다. 그렇지만 중간선거에서 민주당이 패배했고 공화당은 제네바 합의에 대해 매우 비판적이었으므로 미 행정부는 대북정책과

관련해 소극적인 행보를 보일 수밖에 없었다. 클린턴 행정부는 기본합의문을 바탕으로 북한에 대해 포용정책을 사용하려는 전략을 갖고 있었으나 실제로는 공화당 입장을 고려해 강경정책을 펴야만 하는 모순적인 상황에 직면했다. 이런 상황에서 클린턴 대통령은 3년차 대통령으로서 외교문제에 대해 경험을 상당히 축적했고 유연한 외교정책을 구사할 수 있는 환경을 맞이했다. 따라서 미국의 대북정책은 그 중간선에서 결정된 것으로 평가된다. 적극적인 포용정책은 공화당의 반대로 제지를 받았지만 그렇다고 해서 그 반대로 가서 강경정책이 채택된 것은 아니었다. 클린턴 대통령의 노련한 정치 방식이 대북정책에도 적용된 것으로 해석할 수 있다.

▶1월 28일

제2차 북미 경수로 전문가회의 개최. 베를린.

▶2월 15일

북 외무성, 한국형 경수로 강요 시 북미합의 파기 위협.

▶2월 24일

북 외무성, 평화체제 수립문제 관련 담화문 발표.

새로운 평화보장체계 수립하지 않을 경우 '상응한 또 다른 조치' 경고.

▶2월 25일

한미, 1995년 팀스피리트 훈련 중단 발표.

▶2월 28일

폴란드, 중립국 감시위원회 대표단 철수.

한반도 정전 유지와 감시 기구 기능 중단.

▶3월 9일

KEDO 뉴욕에서 기구 설립하고 1차 집행위원회 개최.

뉴욕 사무소 개소식은 7월 19일.

☞KEDO(Korean Peninsula Energy Development Organization : 한반도 에너지 개발 기구)는 1994년 10월 기본합의문에서 미국이 북한에게 약속한 경수로 제공 등을 이행하기 위해 설립된 다자기구다. KEDO 임무는 경수로 건설 지원 외에 대북 중유지원, 북

한의 폐연료봉 보관 등이며 창립 회원국은 한국, 미국, 일본이었다. 회원국은 이후 늘어나서 아르헨티나, 호주, 브루나이, 캐나다, 유럽연합, 핀란드, 프랑스, 독일, 그리스, 헝가리, 인도네시아, 이탈리아, 말레이시아, 멕시코, 네덜란드, 뉴질랜드, 노르웨이, 오만, 페루, 필리핀, 싱가포르, 스위스, 태국, 영국 등이 동참했다. KEDO는 2002년 10월 미국이 북한의 고농축 우라늄 프로그램에 대한 의혹을 제기한 뒤 대북 경수로 지원과 중유제공을 중단했으며 이후 사실상 폐지됐다.

▶3월 25일~27일
북, 한국형 경수로 채택 거부.
제3차 북미 경수로 전문가회의 1차 회담. 베를린.

▶4월 10일
북한·미국 직통전화 개통. AT&T.

▶4월 12일
제3차 북미 경수로 전문가회의 2차 회담. 베를린.

▶4월 17일
제5차 NPT 평가회의에서 NPT 효력 영구화가 의결됐다.

☞NPT는 1968년 채택되고 1970년 발효됐으며 1995년에 효력이 중단되는 한시적인 국제조약이었다. 그러나 미국 등 강대국들은 NPT 체제가 지속되는 것이 더 바람직하다는 판단에 따라 NPT 효력을 영구화시키는 작업을 전개했고 그 작업을 최종적으로 마무리하는 일정이 제5차 NPT 평가회의였다. IAEA가 1992년 이후 2년여 동안 북한을 전례 없이 과도하게 압박한 배경에는 기본적으로 이라크에서의 사찰 부실 논란이 자리하고 있다. 그러나 이 평가회의 일정을 앞두고 NPT 효력 영구화 논의에 장애물이 생기는 것에 대해 우려감도 영향을 미친 것으로 분석된다.

▶4월 18일
제3차 북미 경수로 전문가회의 3차 회담. 베를린.
회의는 결론을 내리지 못하고 산회했다. 경수로 공급 계약을 결론짓기 위해 기본 합의서에서는 6개월 시한을 제시했고 그 시한은 4월 21일이었다. 북한은 원자로 재가동을 시사하면서 미국을 압박했다.

▶4월 21일

미, 고위급 회담 제안.

경수로 공급 계약 시한이 임박하자 갈루치 미국 대표는 북한에게 고위급 회담을 제안했다. 북한은 다음 날 외무성 발표를 통해 협상 지속 입장을 밝혔다.

▶5월 19일~6월 12일

북미, 한국형 경수로 도입 협상 타결.

쿠알라룸푸르에서 열린 준고위급 협상에서 경수로 협상이 타결됐다. 한국형 경수로를 도입한다는 미국 입장과 이것을 수용할 수 없다는 북한 입장이 절충된 것이다. 중재안은 다음과 같다. 북한이 KEDO 측과 경수로 형식에 대해 모호하게 규정한 상태에서 공급 계약을 맺는다. 경수로 형식은 미국산으로 미국 디자인과 기술로 생산되고 있는 개선된 모델이라는 설명이 붙는다. 그 이후 KEDO는 한국형 경수로가 앞서 규정된 조건과 일치하기 때문에 채택하는 순서를 밟는다. 북한도 체면을 살릴 수 있다는 제안이었고 북한이 이것을 수용했다.

▶6월 3일~6일

빌 리처드슨(Bill Richardson) 미 하원 의원 북한 방문.

리처드슨 의원은 북한 방문 일정 이후 7일 서울에서 열린 기자회견에서 북한이 미군 유해 송환 요구에 응한다는 입장을 천명했다고 말했다.

▶6월 17일~24일

미 기술진, 폐연료봉 8천개 처리 확인.

▶6월 22일

북, 정전협정 파기 선언 계획 통보.

군사정전위원회 참모 장교 접촉에서 북한의 유영철 상좌가 "6월 25일부로 정전협정 파기를 구두로 통보한다"고 발언.

▶6월 29일

미, 북한과의 접촉 사실 확인.

미국 핵전담 대사인 갈루치 차관보는 북미 연락사무소 개설 문제와 관련해 사무소 부지 선정, 외교관 인원 조정 문제 등을 협의하기 위해 북한과의 접촉이 이뤄지고 있다고 확인.

▶8월 3일

미국에서 대북투자 세미나 개최.

▶8월 15일

제1차 경수로 부지조사단 파견. 북한 신포.

☞조사단이 신포에 처음으로 간 시기가 8월 중순으로 예상보다 6개월 이상 지연됐다. 이런 지연 현상은 미국이 2003년까지 북한에 경수로를 제공한다는 약속을 지킬 수 없다는 것을 의미한다. 이후에도 경수로 공사는 1996년 9월 발생한 강릉 무장공비 사건으로 6개월 이상 지연되는 등 장애물을 여러 번 만났다. 그 결과 2002년 여름에는 공사 진척도가 20% 정도로 예상에 크게 미치지 못했다. 이런 결과를 놓고 북한은 미국이 약속을 어겼다고 비난공세를 폈고 미국이 책임질 부분이 있지만 북한 역시 책임에서 벗어나기 어렵다.

▶8월 23일

북, UN에 수재에 따른 긴급구호 요청.

▶9월 2일

UN 수해조사단 방북.

▶9월 7일

미, 대북 수해복구 지원 발표. 미 국무부, 북한 수해가 심각한 것이 확인됐다면서 복구 지원 결정 발표. 미국의 조치는 신속했지만 지원 액수는 2만 5천 달러 규모로 매우 적었다.

▶9월 11일

제1차 KEDO · 북한 회담. 쿠알라룸푸르.

▶9월 23일

제3차 북미 연락사무소 전문가 회의.

▶10월 1일

북, 경수로 부대시설 지원 요구.

▶10월 16일

제2차 KEDO · 북한 회담. 쿠알라룸푸르.

▶10월 29일

북 기술자, 미국 핵 시설 견학.

▶10월 31일

UN 총회, 북의 핵안전조치 이행 촉구 결의안.

▶12월 15일

북, KEDO와 경수로 공급협정 체결.

1996년

▶1월 11일~13일

제1차 북미 미군유해 협상. 하와이.

미국 초청으로 하와이를 방문한 북한 대표단은 김병홍 군축평화연구소장(장관급)을 단장으로 박임수 대좌 등 7명으로 구성됐다. 이 회의에서는 유해 발굴 공동조사단 구성 문제와 유해 송환비용을 협의했으나 양측 견해 차이로 합의를 이루지는 못했다. 회의는 당초 10일 열릴 예정이었지만 미국에서 폭설이 내려 항공이 일정이 지연되면서 미국 대표단 참석이 늦어져 하루 늦게 시작됐다.

미군 유해 발굴과 송환은 1988년 베이징에서 열린 8차례의 참사관 접촉에서 진전이 시작됐다. 유해 송환은 1990년 5월 처음으로 5구가 이관됐다. 1996년 1월까지 약 2백여 구의 유해가 미국으로 넘어갔다. 1993년 8월에는 북미 간에 미군 유해 문제와 관련한 합의서가 체결돼 이를 기초로 판문점에서 공식적인 협의가 진행돼 왔다.

미국은 1993년 9월, 1992년까지 넘겨진 46구의 미군 유해에 대해 수색 및 송환 비용으로 당시 모두 89만여 달러를 지급한 것으로 알려졌다. 1995년 여름, 북한은 이를 근거로 1993년 이후 넘겨준 131구 송환 비용으로 3백 50만 달러를 요구했다. 이에 반해 미국은 26만 달러를 주겠다고 한 것으로 전해진다.

1995년 11월 초 북한은 미국이 '거액의 비용'을 변상하지 않고 있다며 미군 유해 수색·처리를 위해 구성된 전담반을 해체하겠다고 경고했으나 이때부터 타협점이 모색된 것으로 보인다. 아울러 미국은 보상비용의 상한조정을 대가로 북한이 기피해온 유해 수색작업을 위한 현지 합동조사단의 구성을 요구했을 것으로 관측되고 있다.

회의가 결렬된 뒤 뉴욕타임스는 15일자 신문에서 결렬 사유는 공동조사단 구성 시기였으며 비용과 관련해서는 북한이 400만 달러, 미국은 100만 달러를 제시했다고 전했다.

▶1월 30일
IAEA 대변인, 북한 주요 핵시설 사찰 거부 언급.

▶2월 2일
미 정부, 2백만 달러 상당의 대북 식량지원 계획 발표.
미국의 대북 식량지원은 북한의 식량난이 심각해짐에 따라 이뤄진 것이며 특히 한국 정부의 반대 의사 표명에도 불구하고 강행.

▶2월 15일.
한미, 96년 팀스피리트 훈련 중단 발표.

▶2월 22일
북 외무성 대변인 담화에서 평화협정 체결 주장.
그동안 주장해왔던 정전협정 대신 잠정적으로 대미 평화협정 체결 주장. 공동 군사 기구 설치 및 이를 위한 북미 협상 제의.

▶4월 5일
북, 비무장지대 무효화 선언과 판문점 내 무력시위 감행.
4월 5일에 박격포와 대전차화기 등 중화기를 보유한 무장병력 130여명, 6일에는 260여명, 4월 7일에는 230여명을 판문점 공동경비구역에 투입, 포진지 구축 등 작업 진행.

☞북한의 특이한 행동은 당시 1주일 앞으로 다가온 한국 총선 일정을 겨냥해 불안한 분위기를 조성하려는 움직임으로 해석. 북한의 무력시위는 북한이 한국의 대선이나 총선을 겨냥해 자행했다고 알려진 몇 가지 사안 중에서 가장 두드러진 사례로 지목된다.

북한이 선거에 개입해서 원했던 결과가 무엇인지는 명확하지 않다. 당시 김대중 총재가 이끌던 새정치 국민회의가 개헌 저지선 100석을 유권자들에게 호소하며 총력전을 펼쳤지만 79석을 획득하는데 그쳤다. 100석이 개헌 저지선인 이유는 당시 국회의원 정수가 299명이었고, 헌법 개정 정족수는 재적의원의 3분의 2, 즉 200석이었으므로 국민회의가 100석을 받으면 여당과 여당 동조세력을 모두 모아도 199석으로 헌법 개정은 불가능하다는 차원이었다. 북한은 당시 김대중 총재를 상대적으로 선호하는 것으로 알려져 있었는데 판문점 시위 등으로 촉발된 안보 불안도 국민회의의 저조한 성적의 배경이 된 것으로 분석됐기 때문에 북한의 행태는 매우 모순적인 것이었다.

▶4월 11일

제15대 총선거 실시.

선거 결과 여당인 신한국당이 139석으로 제1당 위치를 유지했다. 새정치국민회의는 79석으로 부족하지만 김대중 총재의 정치권 복귀에 필요한 명분을 세운 것으로 볼 수 있어서 완전히 실패한 선거는 아니었다. 김종필 총재가 이끄는 자유민주연합이 50석으로 약진했다. 정통 야당의 맥을 이어가겠다고 자임한 통합민주당은 15석으로 주요 정당 위상을 상실했다.

▶4월 16일

한미 정상, 4자회담 공동제의.

김영삼 대통령과 클린턴 대통령이 제주 정상회담 후 기자회견에서 남북미중 4자회담 구상을 추진하기로 합의하고 북한과 미국에 동참 제의.

☞4자회담은 한반도에 항구적인 평화 체제를 구축하기 위해 한국과 북한, 미국, 중국이 참가한 평화 협상이다. 한국과 미국의 공동 제안 이

후 설명회 등의 절차를 거쳐 1997년 12월 제네바에서 제1차 회담이 열렸고 1999년 제6차 회담까지 열렸다. 4자회담은 북한이 일방적으로 주장하던 평화체제 논의가 한국과 미국, 중국도 참가한 가운데 진행된 공식 협상 대상이 됐다는 점에서 획기적인 의미를 담고 있다. 또 남과 북, 그리고 미국 중심으로 진행됐던 평화체제 구축 관련 논의가 중국을 포함시키는 형태로 변형됐다는 점에서 새로운 구도를 보여준 계기가 됐다.

4자회담은 한국과 미국이 각각 국내정치 맥락 속에서 보여주기 차원으로 시작됐다는 평가가 많았고 실제로 구체적인 성과를 거두지 못한 채 종결됐다. 중국의 경우는 이 시기까지만 해도 다자회담에 참석하는 문제에 대해 매우 소극적이었다. 실제로 4자회담이 제의된 이후 협상 기간 내내 매우 소극적인 태도를 보여서 협상 진전을 기대하지 않았다는 점을 감추지 않았다. 다만 평화체제 구축과 관련해 4개국이 자국의 입장과 전략을 제시함으로써 서로의 견해가 공론화됐다는 점에 대해서는 의미를 부여할 수 있다. 향후 진지한 평화체제 구축 협상이 벌어질 경우 의미 있는 기초자료를 제공할 수 있기 때문이다.

4자회담은 2003년에 시작된 6자회담에도 실질적인 시사점을 제공하지 못했다. 그 이유는 4자회담이 평화체제 구축 논의에 초점을 맞춘 반면에 6자회담은 북핵 문제의 평화적 해결이라는 현안 중심의 협상이었기 때문이다. 다만 2005년 9월 합의된 9·19 공동성명 제4조에 보면 "직접 관련 당사국들은 적절한 별도 포럼에서 한반도의 항구적 평화체제에 관한 협상을 가질 것"이라고 규정하고 있다. 만약 이 조항이 현실화돼서 한반도 평화체제 구축에 관한 소규모 협상이 진행된다면 4자회담 경험이 유용하게 사용될 수도 있겠다.

▶4월 17일
미일, 신안보 공동선언 발표.
일본이 주변지역에서 만일의 사태가 발생하면 미군과 공동으로 군사작전에 나서는 것을 사실상 허용하는 내용.

☞ 미일 동맹은 1952년 체결되고 1960년 수정된 미일 안전보장조약이 근간이다. 주요 내용은 일본 방위는 미군에 의존하고 미군이 일본에 주둔한다는 것이다. 그러나 미군이 일본 주둔비용에 부담을 느끼면서 일본의 비용 분담 확대를 요구하고 일본의 군사적 활동 영역 확대를 권고하는 상황이 전개됐다. 이런 분위기에 편승해서 미국 클린턴 대통령과 일본 하시모토 류타로(橋本龍太郎) 총리가 신안보공동선언 즉 미일 안전보장공동선언을 채택하고 기존 안보조약을 재확인하면서 미일방위협력을 위한 지침(가이드라인) 수정에 합의한 것이다. 수정된 지침은 일본이 미군과 공동으로 군사작전에 나서는 것을 '사실상' 허용하는 내용으로 일본의 소위 보통국가화 계획이 진일보한 사례가 된다. 이 선언을 계기로 일본은 미일동맹의 일방적인 수혜자 지위에서 미국과 쌍무적인 협력자 지위를 향상시키는 질적 차원의 변화를 만들어냈다.

▶4월 19일
북미 뉴욕 접촉.

북, 북미 고위급 회담 및 특사 파견 요구.

▶4월 20일~21일
북미 1차 미사일 협상. 베를린.

미국 수석대표는 로버트 아인혼(Robert Einhorn) 국무부 부차관보, 북한 수석대표는 외교부 리형철 미주국장. 합의 없이 일정 마무리. 아인혼 대표는 회담 이후 유익한 회담이었다고 평가. 리형철 대표는 진지한 회담이었다고 긍정적 평가. 협상에서 북한은 대북식량지원과 탄도미사일 수출 중단을 교환할 것을 제의한 것으로 알려져 있다.

☞ 북한과 미국의 미사일 협상 개최는 북미관계에서 새로운 국면이 열렸음을 의미한다. 이 시점까지 북한과 미국은 핵문제 협상에 주력했고 미군 유해 발굴 문제와 북미 연락사무소 개설 문제 등을 주제로 협의를 벌인 바 있다. 미사일 문제를 주제로 북미 협상이 열린 것은 미국이 이 문제를 심각한 의제로 간주했다는 것을 의미하는 것이다. 실상 미사일 문제는 핵문제와 직접적으로 연

결된 문제이고 핵문제의 일부로 간주할 수 있다. 미사일 능력이 없다면 핵무기는 무용지물이기 때문에 위협 수단이 될 수 없다. 따라서 북한이 핵무기를 만들어 미국을 협박하려면 반드시 핵무기를 탑재할 수 있는 장거리 미사일이나 미국의 군사기지가 있는 오키나와, 괌을 타격할 수 있는 중거리 미사일을 보유해야 한다. 북한이 장거리로켓 개발에 국가적 역량을 집중하는 것이 바로 이런 배경 때문이다. 북한이 대륙간 탄도탄 제조 기술을 확보하거나 미사일 탑재가 가능한 핵탄두 제조 기술을 확보한다면 질적 차원의 변화가 발생하면서 미국에 대한 협박이 형식적으로는 가능하게 된다.

▶4월 27일

북, 폐연료봉 8천개 밀봉작업(canning) 개시.

미 국무부, 5월 1일 봉인 착수 확인.

▶5월 1일

일, 북한과 수교 협상과 4자회담 연계 발언.

☞일본의 이케다 유키히코(池田行彦) 외무장관이 북일 국교정상화 교섭과 관련해 4자회담이 진행된 이후 교섭이 시작될 수 있다고 언급했다. 이것은 북한으로 하여금 4자회담에 나오도록 견인하려는 행보로 한국과 미국을 지원하는 의미가 있다. 이로 인해 북한은 불만을 표명했다. 일본은 4자회담에 포함되지 않은 것에 대해 불만이 컸으나 부분적으로 한국과 미국에 협조한 경우도 있었다.

이에 반해 2003년 시작된 6자회담에서 일본은 정규 회원국으로 참여했으나 회담 기간 내내 납치자 문제에 과도하게 집중했다. 이에 따라 북핵문제의 평화적 해결이라는 6자회담 본연의 목적을 달성하는데 있어서 훼방꾼이라는 지적을 받기도 했다. 일본이 동북아 다자회담에 다시 참여하려면 관련국 신뢰를 얻기 위해 많은 노력을 전개해야 할 것으로 관측된다.

▶5월 4일~5월 9일(한국 시간 5월 10일 오전에 협상 결과 발표).

제2차 북미 미군 유해 송환 회담. 뉴욕.

유해 발굴과 송환 절차 등에 대해 합의. 미 국방부는 특히 유해 발굴과 송환에 필요한 경비 명목으로 북한에 200만 달러를 지불하는 것에도 동의했다.

▶5월 7일

북 외무성, 4자회담 취지 설명 요구.

☞4자회담은 정전체제를 항구적인 평화체제로 변경시키는 문제를 논의하자는 것으로 한국과 미국이 북한과 중국에 제안한 형식을 띠고 있다. 이에 대해 북한은 부정적인 태도를 보였지만 거부하지는 않았다. 그래서 4자회담 취지 설명회라고 하는 모호한 성격의 행사가 열리게 되고 1997년 12월 1차 회담이 열리기 전까지 예비회담이 여러 차례 열리는 특이한 기록을 갖게 된다.

▶5월 24일

미, 북한·이란에 대해 MTCR 제재 조치.

북한이 이란에 미사일 판매한 사실 관련. 6월 12일 연방 관보에 제재 내용 공시.

☞MTCR은 Missile Technology Control Regime, 즉 미사일 기술 통제 체제를 의미하는 용어로 1987년 미사일 기술 확산 방지를 위해 미국 주도로 성립됐고 30여개 나라가 가입돼 있는 국제조약이다.

▶5월 26일~28일

빌 리처드슨 미 하원의원, 방북.

클린턴 대통령 대리인 자격으로 방북. 북한 수해 상황과 식량난 파악이 목적.

▶6월 10일~14일

북미 미군 유해 송환 실무접촉. 평양.

미국 대표단은 평양에 8일 도착했다. 미 국방부는 14일 결과 발표에서 1996년 7월과 9월 공동발굴조사를 하기로 합의했다고 밝혔다. 이에 앞서 미국은 5월 9일 합의에 따라 5월 20일 북한에 200만 달러를 지급했다.

▶6월 12일

미, 620만 달러 상당의 대북 식량지원 발표.

▶7월 10일(한국 시간 7월 11일)

KEDO·북, 3개 의정서 공식 서명.

특권면제 및 영사보호, 통신, 통행 분야.

▶ 7월 11일~27일

제1차 미군 유해 공동 발굴 작업 실시.
1996년 9월 제2차 발굴 작업은 북한 잠수정 침투사건으로 취소.

▶ 7월 25일

북 인민군 판문점 대표부 담화.
북미 잠정협정 협의를 위한 북미 장성급 회담 개최 및 이를 위한 실무협의 개시 제의.

▶ 8월 24일

한국계 미국인 에반 칼 헌지커(Evan Carl Hunziker), 북한 불법 입국 후 억류.
☞ 헌지커는 중국 단둥에서 신의주 방향으로 압록강을 헤엄을 쳐 건너갔다. 헌지커는 한국전쟁 이후 북한에 의해 체포, 억류된 최초의 미국인으로 기록됐다.

▶ 9월 10일

UN 총회, CTBT 채택.
CTBT는 Comprehensive Test Ban Treaty, 즉 포괄적 핵실험 금지 조약이다. 조약문에 따르면 원자로 보유국 등 관련 국가 서명과 비준이 있어야만 효력이 발생한다. 그러나 미국과 중국 등 주요 국가들에서 비준이 이뤄지지 않고 있고 북한 등은 서명도 하지 않아서 2013년 현재 발효 대기 중인 국제조약이다.

▶ 9월 18일

북한 잠수정 동해안 침투사건 발생.
새벽 1시 30분쯤 동해안 강릉 앞바다에서 한 택시운전기사가 좌초된 잠수정을 발견하고 군과 경찰에 신고했다. 전날인 17일 오후 좌초돼 해안가로 밀려온 잠수정에는 승조원 10여명과 무장간첩 26명이 타고 있었다. 무장간첩들은 승조원들을 모두 살해하고 육지로 올라가 산악지역으로 도주했다. 군과 경찰이 소탕 작전에 나서서 11월 5일까지 49일 동안 간첩 24명을 사살하고 1명을 생포했으나 1명은 도주했다. 이 과정에서 한국군 9명이 전사하고 경찰 1명, 예비군 1명이 사망했다. 민간인 4명도 사망해서 남한의 인명피해는 15명이었다.

☞ 이 사건은 9월 중순 발발해서 11월 초에 주요 군사 작전이 마무리됐다. 상황이 모두 수습된 것은 12월 말이었다. 그 사이에 경수로 사업은

중단되고 남북관계나 북미관계도 모두 경색국면으로 들어섰다. 미국은 대통령 선거 기간으로 들어섰기 때문에 재선을 노리는 클린턴 대통령 입장에서는 외교정책에서 특별한 상황이 발생하지 않는다면 현상 유지를 선호할 수밖에 없는 시기였다. 클린턴 대통령은 한국 정부 입장을 존중하면서 북한과의 관계 개선을 적극적으로 추진하지도 않고 과도하게 압박하지도 않으면서 현상유지를 추구했다.

▶9월 20일
IAEA, 북한의 과거 핵 운용 공개 촉구. 북한은 9월 23일 IAEA와의 실무회담에서 이 요구를 거부했다.

▶10월 15일
유엔 안보리, 잠수정 침투사건 관련 의장성명 채택.

▶10월 29일
유엔 총회, IAEA 안전조치협정 이행 촉구 대북결의 채택.

▶11월 5일
미국 대통령 선거 실시.

클린턴 대통령, 재선 성공. 클린턴 대통령은 선거인단 379명 확보. 공화당 후보였던 밥 돌(Bob Dole) 의원은 159명. 하원에서는 민주당이 198석에서 206석, 공화당이 236석에서 228석. 상원의 경우 민주당은 47석에서 45석으로 줄고 공화당은 53석에서 55석으로 증가.

☞1996년 대선 결과는 공화당이 다수당 위치를 유지했으나 내용적으로 민주당이 약진하고 공화당에 대한 지지가 다소 약화된 것으로 해석. 클린턴 대통령이 스캔들 문제로 곤란한 처지에 놓여 있었던 당시 선거 분위기를 감안하면 민주당이 선방한 것으로 평가. 이에 따라 클린턴 대통령의 국정 운영 주도권도 상대적으로 확대된 조건에서 2기 임기를 시작할 수 있었다. 이런 조건은 대북정책에도 영향을 미쳐서 북한에 대한 기존의 포용정책을 유지할 수 있는 근거가 됐다.

▶11월 25일~27일
리처드슨 의원 방북.
북, 한국계 미국인 헌지커 석방.

8월에 압록강을 건너 입북했던 헌지커는 억류 기간에 평소 갖고 있었던 우울증 증세가 악화된 것으로 알려졌다. 석방 이후 미국으로 돌아왔으나 12월 18일 숨진 채 발견됐다. 사인은 자살로 추정됐다.

▶12월 29일

북 외교부 대변인 성명, 잠수정 사건 관련 유감 표명.

경수로 관련 사업 재개.

1997년

▶2월 11일
유엔, 북에 CTBT 서명 촉구.

▶3월 5일
4자회담 공동설명회 개최. 뉴욕.

▶3월 7일
북미, 뉴욕에서 회담.
찰스 카트먼(Charles Cartman) 국무부 부차관보와 김계관 외교부 부부장 참석.

▶4월 7일
미, 북한 영공 통과료 제재 완화.
미 재무부, 북한이 4자회담 수락의사를 시사한 이후 민간항공사가 북한에 영공 통과료를 지불할 수 있도록 허용. 미국은 자국 항공기에 대해 북한 영공 통과를 금지하고 있었으므로 실질적인 의미는 없지만 형식적으로 제재 완화 조치로 인정 가능.

▶4월 26일
4자회담 공동 설명 후속협의 개최. 뉴욕.

▶5월 4일
북미 유해송환회담. 뉴욕.

▶6월 11일

북미, 2차 미사일 협상. 뉴욕.

1996년 4월 20일 베를린에서 열렸던 제1차 미사일 협상의 후속 협상. 이 협상에서 미국은 북한에 대해 미사일 수출과 생산, 개발, 배치를 포기할 것을 요구했다. 북한은 보상을 받을 경우 수출 금지는 고려한다고 밝혔지만 생산과 개발, 배치를 포기할 수는 없다고 주장.

▶7월 15일

북미, 미군 유해 공동 발굴. 운산군.

▶7월 28일

KEDO 금호 사무소 개설.

☞금호 사무소가 설치된 금호지구는 함경남도 신포시 교외 경수로 건설부지 일대를 말한다. 함흥에서 동북 방향으로 약 70km 거리에 위치하고 있으며 왼쪽에는 신포시, 동쪽에는 북청군이 자리하고 있다. 금호지구는 당초 신포시의 일부였지만 북한이 별도 행정구역으로 재편했다. 그래서 이곳이 신포라고 불리기도 하고 금호라고 불리기도 한다. KEDO는 이 시기부터 부지공사에 착수했지만 공사 일정이 상당히 많이 지연돼서 약속했던 대로 2002년에 경수로를 공급할 수 없는 상황이 됐다.

▶7월 28일

4자회담 실무접촉. 뉴욕.

▶8월 5일

제1차 4자회담 예비회담. 뉴욕.

▶8월 6일

미, MTCR 관련 대북 제재.

북한 용각산무역회사, 조선부강무역회사에 대해 이란에 미사일 기술 제공 혐의로 제재.

▶8월 19일

금호지구 경수로 부지공사 착공.

▶8월 23일

제2차 북미 미군 유해 공동 발굴.

▶8월 26일

북한 장승길 대사 형제 망명.

장승길 이집트 주재 북한 대사와 그의 형 장승호 프랑스 주재 북한 총대표부 참사관 겸 무역대표부 대표 가족이 26일 미국에 망명을 신청했다. 북한은 27일 이들을 범죄자로 규정하고 송환을 요구했다. 이들은 22일 잠적을 시작했다.

▶8월 27일

제3차 북미 미사일 협상 취소.

장승길 형제 망명 문제로 협상 일정이 전격 취소됐다. 북한은 장 대사 형제 송환 등을 요구했다. 미사일 협상은 1998년 10월 재개됐다.

▶9월 10일

장승길 대사 망명 관련 북미 회담. 베이징.

▶9월 16일

장승길 대사 문제로 뉴욕에서 2차 회담.

▶9월 16일

미, 북한의 노동1호 미사일 실전배치 확인.

노동 미사일은 북한이 1993년 5월 시험발사에 성공한 미사일로 북한이 최초로 자체 제작한 중거리 탄도미사일이다.

☞노동 미사일은 사거리가 최대 1,300km로 추정돼 일본의 수도인 도쿄와 주변의 주일 미군기지 타격이 가능하다는 평가를 받았다. 북한의 미사일 능력에 대해 미국이 경계해야 하는 사안이었다. 미국은 1993년 5월 이후 북한의 미사일 문제에 대해서도 핵문제 못지않게 각별한 관심을 보였다. 실제로 북한은 기술을 더욱 발전시켜서 1998년 8월에는 사거리가 2,500km 정도로 추정되는 대포동 미사일을 시험 발사했다.

▶9월 18일~19일

제2차 4자회담 예비회담. 뉴욕.

▶10월 4일

북미 제3차 미군 유해 공동 발굴.

▶10월 8일

김정일, 노동당 총비서 취임.

☞김정일 위원장은 1994년 7월, 김일성 주석 사망 이후 북한의 수령이 승계해야 하는 직위, 즉 국가주석, 노동당 총비서, 당 중앙군사위원장에 오르지 않고 단지 국방위원장, 인민군 최고사령관 직위 2개만 갖고 수령 역할을 수행했다. 그렇지만 국가주석이 공석으로 존재했고 당 총비서 자리도 존재했기 때문에 김 위원장이

김정일 국방위원장이 북한 노동당 총비서에 추대됐다는 사실을 알리는 노동신문 기사. (노동신문 1998면 10월 9일자 1면)

수령으로서 활동하기에 부족한 직위였다. 그래서 외부 세계에서는 김정일 행보를 의아하게 생각하면서 당시 북한을 강타한 경제난, 특히 식량난 책임을 정면으로 져야 하는 부담에서 벗어나기 위해 수령 자리에 오르는 것을 지연시킨다는 분석이 제기됐었다. 그러나 북한에서는 3년상 개념을 제시하면서 효성스런 자식의 입장에서 김일성 주석 3년상이 지나야 공식적인 직위 승계 절차가 이어질 것이라는 취지의 설명을 제시했다.

3년이 지난 시점인 1997년 7월에도 김정일 위원장이 주석직을 이어받을 것이라는 전망이 나왔지만 실제로는 10월에 총비서와 중앙군사위원장 자리를 승계하는데 그치고 국가주석 자리를 이어받지는 않았다. 외부에서는 국가주석직도 곧 물려받을 것으로 생각했지만 북한은 다음해인 1998년 9월 최고인민회의에서 국가주석 제도를 폐지하고 김일성을 영원한 주석으로 삼는 결정을 내렸다. 한편 북한은 이날 총비서 추대와 관련해 중앙위원회 심의 등 규정된 절차를 진행하지 않고 단지 노동당 중앙위원회와 중앙군사위원회 특별보도를 발표하는 것으로 취임 절차를 마무리했다.

▶10월 25일~11월 4일

미국 정부 북한식량실태 조사단 방북. 미국 국제개발처(United States Agency for International Aid, USAID).

▶10월 31일

미, 영변 원자로 폐연료봉 8천개 밀봉 완료 발표.

▶ 11월 22일
 제3차 4자회담 예비회담. 뉴욕.

▶ 12월 3일~12월 6일
 북미 유해 송환 회담. 뉴욕.

▶ 12월 9일~10일
 제1차 4자회담 개최. 제네바.
 ☞ 4자회담은 1953년 정전협정 체제를 항구적인 평화 체제로 변경하자는 취지로 한국과 미국이 제안하고 북한과 중국이 동참해 출범한 회의체로 1999년 8월까지 6차례에 걸쳐 회의가 개최됐다. 4자회담 참가국 입장이 너무 달랐고 협상 추동력도 뚜렷하지 않았다는 문제점을 안고 출범했다. 결국 구체적인 합의점을 도출하지 못한 채 종료됐다. 회담에 참가했던 한 관계자는 4자회담은 국내정치적 맥락에서 기획된 것으로 평화체제 수립에 대한 진지한 의지는 없었다고 혹평한 바 있다. 저음부터 성과를 거둘 수 없는 구조적인 한계점을 안고 시작된 회담이었다고 볼 수 있다.

▶ 12월 18일
 제15대 대통령 선거 실시.

야당인 새정치 국민회의 김대중 후보가 한나라당 이회창 후보 누르고 당선. 김대중 후보는 40.3% 득표, 이회창 후보는 38.7% 득표.

1998년

▶1월 15일~24일

에반스 리비어(Evans Revere) 평양 주재 미국 연락사무소 소장 내정자 방북.

▶2월 25일

김대중 제15대 대통령 취임.

▶3월 13일

북미 고위급 회담. 베를린.

▶3월 16일~20일

제2차 4자회담. 제네바.

▶4월 21일~5월 14일

북미 유해 공동 발굴. 평북 구장군.

▶5월 11일

인도, 핵실험 강행.

인도는 1962년 중국과의 국경 전쟁에서 패배하고 1964년 중국이 핵실험에 성공하는 것을 보고 핵개발을 추진해 1974년 5월 18일 1차 핵실험 실시. 이어 1998년 5월 11일과 13일 파키스탄 국경 지역에서 5차례에 걸쳐 핵실험을 강행했다.

▶5월 28일

파키스탄, 핵실험 강행.

파키스탄은 인도 핵실험에 대항하는 차원으로 지하핵실험을 실시했다.

28일과 30일 이틀 동안 6차례에 걸쳐 실시했다.

☞북한은 북미 기본합의문에 의해 핵시설이 동결돼 있는 상황이었다. 인도와 파키스탄의 핵실험은 김정일 위원장으로 하여금 핵무기 개발 의지를 자극했을 것으로 추측된다.

▶6월 8일

북미 판문점 장성급 대화 채널 구축 합의.

유엔사령부 군사정전위원회 비서장 토머스 R 라일리(Thomas R. Riley) 대령과 북한군 판문점대표부 박임수 대좌가 판문점에서 군정위 비서장급 접촉을 갖고 양측 장성급 대화를 재개하기로 최종 합의. 유엔사 발표는 9일. 1991년 3월 25일 이후 중단됐던 양측의 고위 군사채널 복원. 장성급 대화에서는 유엔사 측에서 미군 소장, 한국군 준장, 영국군 준장, 제3국군 대령 등 4개국 대표가 동등한 발언권을 행사하되 미군 소장이 대표 역할 수행.

▶6월 16일

북, 미사일 계속 개발 위협.

조선중앙통신, 미국 위협에 대항하기 위해 미사일을 계속 개발, 시험, 배치할 것이며, 미사일 판매 종료를 원한다면 대북 경제 봉쇄를 풀고 보상을 해야 할 것이라고 주장.

▶8월 17일

뉴욕 타임스, 북 금창리 지하 핵시설 의혹 제기.

신문은 미국 정보기관을 인용해 북한 영변 북동쪽 40km 지점 산악지대에서 수천 명의 북한 노동자들이 굴을 파는 등 큰 공사를 진행하는 장면과 함께 거대한 비밀 지하시설을 탐지했으며, 이 시설은 북한이 핵동결을 파기하고 핵개발을 재개하려는 노력의 일환으로 보인다고 보도. 백악관과 미국 국방부 관리들은 정보기관의 이러한 발견에 놀라움을 표시하고, 이 지하시설이 북미 기본합의를 파기하려는 행보일 가능성에 우려를 드러냈다고 보도. 미국 정보기관은 이러한 사실을 한국과 미국 행정부 관리들에게 비밀 브리핑을 통해 전달했지만 한국 관리들은 햇볕정책이 손상될 것을 우려해 이 정보를 평가절하 했다고 보도.

☞ 보도 시점을 보면 8월 21일 북한과 미국의 회담 개최 4일 전이다. 북한에 대한 강경론자의 언론 플레이 가능성이 농후하다. 미국에서는 중요한 북미 회담이 있을 때 마다 사전에 특정 세력에게 유리한 정보 사항이 유력 언론에 보도되는 일이 심심치 않게 있었다.

▶8월 20일

북, 미사일 판매 중단 용의 제시.

방북 미 하원 관계자에게 미국이 식량 100만 톤과 차관 5억 달러를 제공하면 4자회담 진전과 이란 등에 대한 탄도미사일 판매 중단 제의.

▶8월 21일~9월 5일

북미 고위급 회담. 뉴욕.

카트먼 한반도 평화회담 특사와 김계관 외교부 부상이 회담에 나와 지하 핵의혹 시설, 미사일 회남 재개 등에 대해 협의했다.

▶8월 22일

북, 노동신문 정론 형식으로 '강성대국' 논설 게재.

김정일 위원장 추대와 관련해 새로운 분위기를 조성하기 위한 작업으로 분석.

▶8월 31일

북한 대포동1호 미사일 발사.

낮 12시 7분쯤 북한 함경북도 화대군 대포동 미사일 시험기지에서 로켓 1기가 발사됐다.

로켓 1단에는 노동1호 미사일이 사용됐고 2단에는 스커드C 미사일이 결합됐다. 로켓은 동쪽 방향으로 비행했다. 추진체는 360km 떨어진 동해 공해상에 떨어졌고 탄두부는 일본 열도를 통과해 발사 4분 53초 후인 12시 12분쯤 1,550km를 비행한 뒤 일본 동쪽 해상에 떨어졌다. 로켓은 1994년 미국 첩보위성에 의해 북한이 개발 중인 것으로 확인된 최대 사거리 2,500km 신형 지대지 미사일로 추정됐다. 미국은 이 미사일을 발사 장소 이름을 따서 대포동 미사일로 불렀다.

☞ 북한은 9월 4일 해당 발사체가 인공위성 광명1호를 탑재한 우주발사체라고 주장했지만 미국 등 서방에

 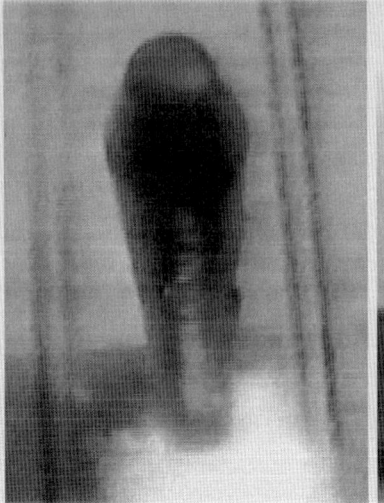 

북한이 인공위성을 우주로 쏘아 올리겠다면서 대포동 미사일로 알려진 로켓을 발사했다. (1998년 8월 31일 연합뉴스외신자료)

의해 대포동 미사일로 규정됐다. 미사일은 일본 열도를 관통해 태평양에 떨어졌지만 인공위성으로 주장한 탑재물을 우주 궤도에 올리지 못했으므로 시험은 일단 실패한 것으로 평가됐다. 정상적으로 발사됐을 경우 미사일 사거리는 2,500km로 추정됐다. 북한의 로켓 발사는 일본의 무장 강화를 촉진하는 빌미로 사용됐다는 점에서 동북아시아 군사력 균형을 뒤흔드는 효과도 가져왔다. 유엔 안보리 의장은 북한 로켓 발사에 대해 우려감을 담은 언론발표문을 발표했다. 이후 일본은 북한이 장거리로켓이나 핵실험 등 군사적 도발을 할 때 마다 보통국가 복원 절차, 즉 재무장을 강화하는 계기로 활용해 왔다.

이날 발사된 로켓은 장거리 미사일 기준인 5,500km에는 미치지 않는다. 그러나 2단 또는 3단 추진 로켓을 사용해 장거리 미사일 기술이 동원됐다는 점, 궁극적으로 사정거리 6,700km로 추정되는 대포동2호의 원형이 됐다는 점, 북한 스스로 인공위성 발사체라고 주장한 점, 그리고 일본 열도를 통과해 태평양에 도달했다는 점 등을 중시해 북한의 장거리로켓 발사 사례 가운데 첫 번째로 분류된다.

이날 발사된 물체의 호칭에 대해서 논란이 제기됐다. 북한은 자신들이 발사한 것은 인공위성을 우주궤도에 진입시키기 위한 우주발사체라고 주장했다. 이에 대해 한국이나 미국, 일본 등에서는 북한의 인공위성 발사 설명을 수용할 수 없다면서 대포동1호 미사일로 불렀다. 북한은 2006년 7월 미사일 7기를 잇따라 발사하면서 대포동 미사일도 발사한 바 있는데 이 발사체를 미사일이라고 스스로 인정한 바 있다. 그러나 2009년 4월부터는 북한이 우주발사체를 거듭 주장하면서 미사일로 부르는 것에 대해 강하게 반발했고 미국도 북한이 발사한 물체를 우주발사체로 부르기도 하는 등 북한 주장을 부분적으로 수용하는 태도를 보였다. 이런 분위기를 반영해 북한의 발사체를 장거리로켓으로 부르는 경우가 많아졌다. 그러나 북한은 2013년 1월 22일 유엔 안보리의 대북제재 결의 2087호가 채택된 이후 장거리로켓과 미사일이 미국을 겨냥한 것임을 숨기지 않는다고 밝혀서 미사일로 규정하는 것을 인정하는 태도를 보였다.

▶ 9월 5일
김정일 국방위원장 재추대.
북한 제10기 최고인민회의 제1차 전체회의, 김정일을 국방위원장으로 재추대.

☞ 북한이 국제사회를 상대로 도발적인 조치를 감행하는 시기를 보면 김정일 위원장을 위원장으로 추대하거나 재추대하는 국내 정치 행사와 밀접한 연관성을 보여준다. 이것은 반복적으로 나타나기 때문에 우연으로 보기 어렵다. 1993년 3월 8일 북한이 준전시 상태를 선포하고 3월 12일 NPT 탈퇴 서한을 제출했는데 그렇게 하고 나서 한 달 뒤인 4월 9일 김정일이 국방위원장에 처음으로 추대됐다. 2003년 1월 10일 북한은 NPT 탈퇴를 선언하면서 미국과의 대립구도를 최대한으로 높였는데 북한은 그 해 9월 김정일을 국방위원장으로 재추대했다. 2009년 4월 5일 북한이 장거리로켓을 발사했는데 4일 뒤에 위원장 재추대 행사가 있었다.

김정일 위원장 재추대 행사 외에 다른 국내정치 행사도 국제사회를 상대로 한 대형 도발 행위와 관련성이 있는 경우가 많았다. 2012년 4월 13일 북한의 장거리로켓 발사는 이틀 뒤 4월 15일 김일성 탄생 100주년 행사인 태양절 행사와 관련이 있다.

2012년 12월 12일 북한의 장거리로켓 발사는 12월 17일 김정일 국방위원장 사망 1주기 행사 5일 전이다. 2013년 2월 12일 제3차 핵실험은 2월 16일 김정일 위원장 생일 4일 전이다.

▶9월 9일

미 공화당 소속 일부 의원, 대북 지원 중단 촉구.

뉴트 깅리치(Newt Gingrich) 미 공화당 의원 등 미 하원 공화당 소속 의원들은 기자회견을 열고 북한이 북미합의를 위반했다면서 북한에 대한 식량지원과 경수로 지원 중단 촉구.

▶9월 10일

미, 대북지원 중지 결의.

미 하원 세출위원회, 다음해 대북지원예산집행을 전면중지하는 예산안 통과. 중지 이유는 북한 핵의혹 지하시설 발견과 장거리 로켓 발사.

▶10월 1일~2일.

북미, 3차 미사일 협상. 뉴욕.

미국은 북한에 대해 미사일 시험발사와 수출, 개발, 생산, 배치 중지를 요구했다. 북한은 3년 간 30억 달러를 제공하면 미사일 수출은 중지할 수 있다는 입장을 밝혔다.

▶10월 19일

미, 경수로 지원 예산 조건부 승인 결정.

미 백악관과 의회가 다음해 KEDO 지원 예산을 조건부로 승인하기로 합의.

▶10월 21일~25일

제3차 4자회담. 제네바.

▶11월 3일

미국 중간선거 실시.

하원에서 민주당은 206석에서 5석 늘려 211석이 됐고 공화당은 5석이 줄어서 223석이 됐다. 상원 선거에서는 민주당이 45석, 공화당이 55석 의석 변동이 없었다.

☞1998년 중간선거도 역시 클린턴 대통령의 스캔들이 변수로 작용했던 선거로 공화당에 매우 유리한 선거로 예측됐다. 그러나 실제로는 민주당이 소폭이지만 의석을 증가시켜서 민주당 승리로 평가를 받았다. 이에 따라 1998년 8월 북한의 대포동 미사일 발사에도 불구하고 공화당이 주

장하던 대북 강경정책이 곧바로 실시되지 않고 대북정책 조정관 임명을 통한 충격 흡수 과정을 거쳐서 대북정책 재조정이 이뤄졌다. 결과는 페리 프로세스(Perry Process) 채택이었는데 페리 프로세스는 온건한 방법과 강경한 수단을 병행하되 온건한 외교적 방법을 먼저 사용하는 방식이었으므로 온건정책이 채택된 것으로 정리될 수 있겠다.

▶11월 9일

KEDO 경수로 비용 분담 결의안 서명.

한국은 공사비 48억 달러 가운데 70%를 분담하고 일본은 10억 달러 상당의 엔화를 제공하고 미국은 잔여 3억 8천만 달러를 책임지기로 했다.

▶11월 16일~18일

북미 금창리 지하 핵의혹 시설 관련 1차 협상. 평양.

카드민 특사는 19일 서울로 돌아와 기자회견을 갖고 한미는 북한이 금창리에 건설 중인 지하시설이 핵개발과 관련이 있다고 믿을 수밖에 없는 증거(compelling evidence)를 공유하고 있다고 언급.

▶11월 23일

윌리엄 페리(William Perry) 전 국방장관, 대북정책 조정관에 임명.

미국 정부의 대북정책 조정관으로 임명된 윌리엄 페리 전 국방부 장관이 김대중 대통령을 예방하고 대북정책 조정에 대한 견해를 교환했다. (1998년 12월 7일 연합뉴스)

☞이 시기에 다수당인 공화당은 북한에 대한 강경 정책을 요구했지만 중간선거에서 민주당이 선전하면서 클린턴 대통령 입지가 개선됐다. 강경정책을 선호하는 페리 전 장관을 임명한 것은 의회 내 강경론을 수용한 것으로 볼 수 있지만 정책 재검토를 통한 합리적인 방안 마련 기회도 동시에 제공했다.

▶12월 4일~11일

북미, 금창리 2차 협상. 뉴욕/워싱턴.

합의점 찾지 못한 채 차기 협상을 평양에서 열기로 하고 산회.

▶12월 9일

북미 유해 송환 회담.

1999년

▶1월 16일~24일
  제3차 북미 금창리 회담. 제네바.
  특별한 결론을 내리지 못하고 산회.

▶1월 19일~22일
  제4차 4자회담. 제네바.
  2개 분과위 개최. 분과위 운영절차 합의.

▶2월 27일~3월 16일
  제4차 북미 금창리 회담.
  3월 16일에 사찰 협상 타결. 사찰 일정은 1999년 5월 중순에 1차 사찰, 2000년 5월에 2차 사찰, 그리고 3차 사찰은 미국이 요청할 경우 실시하는 것으로 결론을 냈다. 미국은 사찰 협조 대가로 북한에 식량 60만 톤과 감자사업 지원 약속.

▶3월 29일~30일
  제4차 북미 미사일 회담. 평양.

▶3월 31일~4월 3일
  제5차 북미 금창리 회담.

▶4월 23일
  제5차 4자회담. 제네바.
  실질적인 문제 토의 착수.

▶ 5월 18일~24일

미 금창리 1차 현장 조사.

조사단은 미 국무부 북한 담당관 조엘 위트(Joel Wit)외 14명으로 구성. 의혹시설은 거대한 복합 터널로 핵과 무관한 시설로 판명. 미국의 대북 압박 주장 추동력 상실.

▶ 5월 25일~28일.

페리 조정관 방북.

강석주 제1부상과 3회 면담하는 등 주요 사안 집중 토의.

☞페리 조정관은 임기 초에는 대북 강경론을 지지했으나 한국 정부와 긴밀한 협의 과정을 거친 뒤에는 강경책과 온건책을 병행하되 온건책을 먼저 시행하는 것이 적절하다는 기조로 보고서를 작성해 9월에 의회에 보고했다.

▶ 6월 5일

제1차 연평해전 발생.

NLL(Northern Limit Line: 북방 한계선)을 넘어온 북한 경비정을 우리 해군 함정이 밀어내는 과정에서 교전이 벌어졌다. 북한 해군이 경비정 1척 침몰 등 치명적인 타격을 입고 퇴각하면서 상황이 종료됐다. 북한에 대한 포용정책을 주장하던 김대중 대통령도 이번 사태에 대해서는 즉각적인 사과를 요구하는 등 강경한 태도를 보였다. 그렇지만 김대중 대통령은 서해 긴장 상황에도 불구하고 동해 쪽에서 진행 중이던 금강산 관광을 중단시키지 않으면서 북한에 대해 문제를 확대시키지 않고 대화와 협상을 선호한다는 입장을 시사하기 위해 노력했다. 김대중 대통령의 태도는 한편으로는 이상한 행동이라는 비난을 받기도 했지만 결과적으로 보면 노련한 대응이라는 평가를 받았다. 김대중 대통령은 서해에서의 우발적 충돌이 남북관계 발전을 저해하는 장애물로 작용할 것이라는 우려감에서 우리 해군에게 부여한 교전수칙을 일부 개정했다. 개정된 수칙 요지는 우리가 먼저 선제공격을 해서 무력 충돌 상황을 조성하지는 말라는 것이었다. 이 교전수칙 개정은 보수 진영으로부터 2002년 제2차 연평해전에서 아군의 피해를 초래한 원인이 됐다는 불만을 사게 됐다.

▶ 6월 23일

북미 고위급 회담. 베이징.

▶ 8월 4일

제6차 4자회담. 제네바.

4자회담으로는 최종 회담. 북측은 주한미군 철수 및 북미 평화협정 체결 의제화 고수. 차기회담 일자 합의 거부.

▶ 9월 2일

북, 서해 NLL 무효화 선언.

북한은 인민군 총참모부 특별보도를 통해 NLL이 무효라고 선언하고 자신들이 작성한 서해 해상경계선을 제시했다. 북한이 주장하는 경계선은 육지 해안에서 경기도와 황해도가 만나는 점을 기준으로 해서 서해 남서 방향으로 비스듬하게 직선을 그어 남과 북의 경계선을 삼고 북쪽 영역에 들어있는 백령도와 연평도 근해, 그리고 남쪽 해상으로의 조그만 직선 수로만을 예외적으로 남측 수역으로 인정한다는 내용이다. 이후 북한은 자신들이 작성한 해상경계선 북측 수역을 자신들의 영역이라고 주장하고 수시로 남측에 대한 도발의 근거라고 주장하기 시작했다.

☞ 북한 주장은 논란의 여지는 있지만 근거가 빈약하고 남한 입장에서는 수용할 수 없는 억지 주장이다. 논란의 여지가 있다고 하는 이유는 1991년 12월 13일 채택된 남북 기본합의서와 1992년 9월 17일 채택된 불가침관련 부속합의서에서 찾을 수 있다. 기본 합의서 제11조와 부속합의서 제9조, 제10조에서 남과 북은 불가침 경계선과 구역으로 1953년 7월 27일자 군사정전에 관한 협정에 규정된 군사분계선과 지금까지 쌍방이 관할하여 온 구역으로 지정했다. 이것은 남측의 입장과 일치하는 것이다. 그렇지만 양측은 부속합의서 제10조에서 남과 북의 해상불가침 경계선은 앞으로 계속 협의한다고 약속했다. 이 말은 서해 해상 경계선에 대해 논란의 여지가 있다는 점을 인정한 것이고 그래서 해상 경계선을 새로 정하는 문제에 대해 추후 협의를 진행한다는 점에 대해 상호 인정한 것이다. NLL을 서해상 경계선으

로 삼는 문제에 대해 북한이 불만을 제기했고 그것을 재조정하는 문제에 대해 남측도 필요성을 인정한 것이다. 그러므로 논란의 여지가 있다고 말할 수 있는 것이다.

그렇지만 협의에 이어 합의가 이뤄지기 전에는 남과 북이 각각 관할해온 구역, 즉 NLL을 경계선으로 한다는 점도 분명하다. 실제로 그 이후 아직까지 남과 북은 서해상의 새로운 경계선에 대해 합의한 적이 없으므로 NLL이 경계선이 돼야 하는 것이 정확한 해석이다. 물론 북한 입장에서 보면 새로운 해상 경계선에 대한 협의에 대해 남측이 제대로 응하지 않고 있다는 이유 등으로 불만을 가질 수 있다. 그렇지만 그런 절차 없이 NLL을 무효라고 일방적으로 주장하는 것은 과도한 억지라는 평가를 받을 수밖에 없다.

▶9월 7일

북미 미사일 회담. 베를린.

미사일 발사 유보와 경제제재 해제 및 식량 지원 교환 합의.

▶9월 15일

페리 조정관, 대북정책권고안, 즉 페리 프로세스 의회 보고.

보고서에 따르면 미국은 대북정책을 3단계로 추진하기로 했다. 단기적으로 북한의 미사일 발사 자제 유도와 미국의 대북제재 일부 완화. 중기적으로 북한의 핵, 미사일 개발 중단. 장기적으로 한반도 냉전 종식. 보고서에서 제시된 정책 권고안은 포괄적이고 통합된 접근 방식의 대북정책 채택, 미국 정부의 대북정책 조정을 위한 대사급 고위직 대북조정관 임명, 한일과의 고위정책 조정감독그룹 존속, 미 의회의 초당적 대북정책 추진, 북한의 도발에 의한 긴급 상황 가능성 대비 등이었다.

☞페리 조정관이 조정관으로 임명된 것은 약 10개월 전인 1998년 11월 23일의 일이다. 당시에는 북한의 장거리로켓 시험 발사로 북한에 대한 포용정책 중단과 강경정책 도입을 촉구하는 목소리가 컸다. 페리 조정관도 이런 분위기에 따라 대북 강경정책이 필요하다는 입장이었다. 그

러나 한국 정부와의 협의를 거친 결과 일방적인 강경정책보다는 포용정책과 강경정책의 병행, 그리고 포용정책을 먼저 실시하되 그것이 실패할 경우 강경정책을 사용한다는 로드맵을 제시하는 것이 효과적이라는 판단을 하게 된다. 그러한 정세 판단과 정책 검토 결과가 페리 프로세스로 나온 것이다.

☞미국은 페리 프로세스에 나온 대로 북한에 대한 포용정책을 전개하기 시작했다. 대화가 시작되고 나서 북한은 속도는 더디지만 변화 조짐을 보였다. 페리 프로세스는 다음 해 한국 정부가 남북 정상회담을 제의하고 이것이 성사되면서 상승효과를 거두기 시작했다. 김정일 위원장은 미국과의 관계 개선을 기대할 수 있게 됐고 개혁개방 정책을 도입하는 방안을 진지하게 고민하기 시작했다. 김정일 위원장은 실제로 미사일과 핵개발 프로그램을 동결하면서 개혁개방을 채택하기 위한 구체적인 행보에 나서기도 했다. 그러나 김 위원장의 결단은 다소 늦어서 북미관계 개선이 본격화

되기 이전에 미국의 정권교체가 이뤄졌고 페리 프로세스는 폐기됐다.

☞페리 전 장관은 2013년 2월 5일 서울에서 열린 한 국제 토론회에서 페리 프로세스라는 명칭에 대해 자신은 이것이 미국과 한국, 일본 3국의 조율을 거쳐 나온 것이므로 '3국 프로세스(trilateral process)'로 불러야 맞는다고 언급한 바 있다.

▶9월 17일
미, 대북 경제제재 완화 조치 발표.

▶9월 24일
북, 미사일 시험발사 모라토리엄(moratorium) 선언.

☞모라토리엄은 외국에서 빌려온 차관에 대해 일시적으로 채무상환을 연기하는 지불유예를 의미하는 경제용어로 국제정치 분야에서 미사일 발사 유예라는 의미로 사용됐다.

▶10월 1일
IAEA, 대북 핵안전협정 이행촉구. 결의안 채택.

▶10월 13일
미 상원, CTBT 비준안 부결

▶10월 23일

북한행 러시아 열차에서 방사능 검출. 북러 핵 밀거래 의혹 제기.

▶10월 28일

KEDO, 초음파 유량 측정기로 대북 중유 감시.

중유가 공급된 지역을 보면 선봉 59%, 평양 15%, 북청 15%, 청진 5%, 동평양 3%, 순천 2%, 영변 1%.

▶11월 3일

벤저민 길먼(Benjamin A. Gilman) 보고서, 고농축 우라늄 문제 제기.

길먼 의원 등 미 공화당 대북 자문그룹 보고서에서 북한의 고농축우라늄 문제 제기.

☞ 이 보고서는 발표 당시에는 별로 주목을 받지 못하다가 3년 뒤인 2002년 10월 미 부시 행정부에 의해 대대적으로 활용됐다. 길먼 보고서는 미국 정부가 북한과 관련된 정보에 대한 대응 수위와 방법을 국내정치적 상황에 따라 유연하게 결정한다는 점을 보여주는 사례가 된다. 다시 말해 동일한 정보 사안에 대해 1999년 11월, 클린턴 행정부는 무시하는 태도를 취했고, 2002년 10월 부시 행정부 1기는 북미 기본합의문을 파기하는 수준으로 강경 대응을 채택하는 빌미로 사용했다. 2007년 4월 부시 행정부 2기는 다시 해당 정보의 신뢰도를 무시하면서 북한과의 관계 개선을 추진했다. 이런 사례는 미국의 대북정책이 북한의 위협 정도에 따라 합리적으로 채택되는 것이 아니라 국내정치 상황을 고려해서 결정된다는 배경이 반영된 것이다.

▶11월 15일

북미 고위급 회담. 베를린.

북미 관계 개선 방안 협의. 구체적 합의 없이 회담 종료.

▶12월 15일

KEDO · 한국전력, 주계약 공식서명.

▶1월 22일
  북미 베를린 고위급 회담 속개.
  북미 워싱턴 차관급 고위급회담 개최 합의.

▶2월 2일
  북, 경수로 지연 이유로 제네바 합의서 파기 경고.

▶2월 15일
  경수로 본 공사 착공.

▶3월 7일~15일
  북미 고위급 회담 준비 회담. 뉴욕.
  구체적인 일정에 합의하지 못하고 산회.

▶3월 9일
  김대중 대통령, 베를린 선언 발표.
  남북 간 공식 대화 재개를 위한 경제 지원 확대 언명. 이 선언을 계기로 남과 북은 비공개 접촉의 수준을 높이고 결국 정상회담에 합의하게 된 것으로 보인다.

▶3월 15일
  북미 제1차 테러회담. 뉴욕.

▶4월 10일

남북, 정상회담 개최 합의 발표.

오전 10시 박지원 문화관광부 장관과 박재규 통일부 장관이 광화문 정부 청사에서 공동기자회견을 갖고 김정일 국방위원장 초청에 따라 6월 12일부터 14일까지 평양에서 김대중 대통령과 김정일 위원장이 정상회담을 갖기로 합의했다고 발표했다. 방북 일정은 나중에 하루 미뤄졌다. 두 장관은 쌍방이 4월 중에 절차문제 협의를 위한 준비접촉을 갖기로 했다면서 남과 북은 7.4남북공동성명에서 천명된 조국통일 3대원칙을 재확인하면서 민족의 화해와 단합, 교류와 협력, 평화와 통일을 앞당기기 위해 이같이 합의했다고 밝혔다. 북한도 오전 10시 텔레비전과 라디오 방송을 통해 남측이 발표한 내용과 같은 문안의 합의 결과를 발표했다. 다만 북한은 김정일 국방위원장 초청에 따른 일정이라고 표현하지 않고 김대중 대통령의 요청으로 열린다고 표현했다.

정상회담 합의 과정에 대해 박지원 장관은 베를린 선언 이후 북한이 남북정상회담을 개최할 수 있다는 의사를 표명해 왔다며 3월 17일 중국 상하이에서 남북 당국 간 첫 접촉을 가졌고 그 후 수차례 비공개협의를 가진 후 4월 8일 자신과 북측 송호경 아태평화위 부위원장 간에 최종합의가 이뤄졌다고 밝혔다. 박지원 장관은 정상회담을 위해 북측이 전제조건으로 경제지원등을 요구한 사항은 없다면서 북측 태도가 대단히 긍정적이고 적극적이었으며 일절 체제선전을 않는 등 과거 남북접촉과는 판이하게 달랐다고 평가했다.

☞남북 정상회담은 한반도의 군사적 긴장 상태를 해소하고 민족의 분단을 해소하는 노력에서 필요한 절차라는 점에서 획기적인 사건이고 환영도 받았고 결과적으로 심대한 성과를 거둔 것도 사실이다. 그러나 16대 총선을 불과 3일 앞두고 발표된 정상회담 합의 발표는 야당인 한나라당에게 분노를 안겨줬다. 만약 이 발표가 총선 이후에 발표됐다면 한나라당이 대북정책을 정치쟁점으로 간주하지

않았을 가능성도 있었을 것이다. 박지원 장관은 당시에 사안의 역사적 의미를 중시하고 보안 문제 등을 감안해 총선을 앞두고 발표하게 됐다고 설명했다. 그러나 김대중 대통령이나 박지원 장관은 당시에 어떠한 상황도 원만하게 처리할 수 있는 최고의 판단력과 조직력, 순발력을 보유한 최고 수준의 정치인이었다는 점에서 총선 3일 전 발표가 불가피했다는 말을 믿기 어렵다. 이 발표를 계기로 해서 야당은 노골적으로 햇볕정책을 비난하는 노선으로 들어섰고 대북정책이 정치쟁점으로 비화되면서 남남갈등 구도가 가시적으로 드러났다.

▶4월 13일

제16대 총선거 실시.

선거 결과 야당인 한나라당이 전체의석 273석 가운데 133석을 얻어서 원내 제1당의 위상을 지켰다. 여당인 새천년민주당은 115석으로 원내2당이 됐다. 공동 여당이던 자유민주연합은 17석으로 원내교섭단체 구성에 실패했다.

☞총선 직전 남북정상회담 합의 사실이 발표돼 회담을 추진한 새천년민주당에 유리할 것으로 예상됐지만 실제로는 패배했다. 이런 결과는 선거를 앞두고 무리한 분위기 전환 시도는 결코 현명한 방법이 아니고 성공할 수도 없다는 것을 다시 한 번 보여준 사례라는 점에서 의미가 있다. 필자는 1996년 1월부터 정치부 기자로서 꾸준하게 국내정치와 통일 외교 문제를 다뤄왔고 총선이나 대선을 앞두고 특정한 이벤트를 활용하겠다는 시도가 여러 차례 있었다는 것을 알고 있다. 그러나 그런 시도가 성공한 적은 거의 없었고 오히려 역효과나 부작용을 경험한다는 점에 놀라곤 했다. 중요한 선거에서 승리하기 위해 가장 좋은 방법은 민심은 천심이라는 명제를 기준으로 행동하는 것이다. 즉 민심을 제대로 읽기 위해 노력하고 민심에 부합하는 정책 대안을 마련하고 실천하기 위해 최선을 다하는 것이다.

▶4월 18일

북, 폐연료봉 밀봉 완료.

▶5월 24일~30일

북미 고위급회담 준비회담. 로마.

북미 간 새로운 차원의 협상을 시작하는 문제에 대해 공감대 형성했으나 최종 합의 도출에는 실패.

☞이 회담에서 북한은 미국을 의심하는 태도를 버리지 못하고 소극적으로 협상에 임했다. 북한이 소극적으로 나온 배경에 대해 미국으로부터 더 많은 이익을 챙기기 위해 미국 협상 대표를 압박했다는 평가도 있고 미국과의 관계 정상화가 북한 국내 정치 상황에 불안을 조성할 수 있다는 불안감 때문이라는 분석도 있다. 차기 고위급 회담 일정을 잡지 못했고 결과적으로 북미관계 개선을 위한 수순 밟기가 늦어졌다. 결국 2000년 12월 클린턴 대통령은 시간부족을 이유로 방북 구상을 취소했다. 이후 부시 행정부 등장과 더불어 북미 관계는 최악으로 치닫는다. 북한이 어떤 배경에서 미국과의 협상에 소극적으로 나왔는지 추가적으로 취재해야 할 사항이지만 결과적으로 치명적인 실수라고 평가하는 것에는 문제가 없다. 북한이 외교적으로 대단히 영민하다는 평가가 가끔씩 나오곤 하지만 가장 결정적인 상황에서 여러 차례 실책을 범했다는 점을 돌아보면 그런 평가는 단견이라는 점을 알 수 있다.

▶5월 24일~25일

미, 금창리 2차 사찰.

1차 사찰 결과와 상이점 발견하지 못함.

▶5월 29일~31일

김정일 국방위원장, 비공식 방중.

장쩌민(江澤民) 중국 국가중앙군사위원회 주석과 회담.

☞북한과 중국은 1992년 8월 24일 한국과 중국의 외교관계 수립 이후 관계가 악화돼 있었다. 북한은 중국이 사회주의 동맹국을 배신했다고 비난하고 중국은 북한이 벼랑끝 전술을 사용하는 것이 효과적이지 않다는 견해를 보이면서 대립 관계가 이어졌다. 북한은 30만 명 또는 300만 명까지 굶주림으로 사망했다고 알려진 고난의 행군 기간에도 중국에 고개를

숙이지 않았다. 북한의 태도는 1999년 9월 페리 프로세스 이후 가시적인 변화를 보였고 2000년 5월 중국 방문도 8년 동안 이어진 북중 냉각 관계를 해소하기 위한 노력이라는 점에서 의미를 부여할 수 있다. 특히 남북 정상회담을 앞두고 김정일 위원장이 중국을 방문한 것은 국가 발전에 대한 전략적 결단을 내렸음을 의미하는 것이며 그런 차원에서 중국에 대한 신뢰와 우호 친선 관계 복원을 추진하기 위한 것으로 보인다.

▶ 6월 13일~15일
제1차 남북 정상회담 개최. 평양.

남과 북의 정상이 평양에서 긴장완화 방안에 대해 의견을 교환하고 6·15 공동선언으로 명명된 합의문을 채택하고 발표했다.

☞ 남북 정상회담은 남북 분단 역사에서 획기적인 사건이다. 이 회담을 계기로 해서 남과 북은 관계개선의 역사를 만들어갈 수도 있었다. 2002년 말 까지는 그런 흐름이 존재한 것도 사실이었다. 그러나 2002년 말부터 시작된 제2차 북핵 위기가 한

반도 정세의 핵심 변수로 등장하면서 2000년 남북 정상회담 효과는 위축되기 시작했다. 2005년 말이 되면 미국의 대북 금융제재가 북한을 심각하게 자극하면서 한반도 상황은 1993년과 1994년 수준으로 악화되고 도발과 제재의 악순환이 생겨났다. 2007년과 2008년 일시적으로 한반도 정세가 개선되는 움직임이 2008년 2월 이명박 정부 출범 이후 남북관계 냉각과 더불어 한반도 정세는 또 다시 최악으로 치달았다. 한반도 정세는 2009년 4월 북한이 장거리로켓을 또 다시 발사하면서 도발과 제재의 악순환이 재발됐고 상황의 심각성은 더욱 악화됐다. 이런 흐름이 생겨난 배경을 보면 2001년 1월 출범한 미국의 조지 W. 부시 행정부가 대북 강경정책을 채택한 것이 결정적인 계기였다고 판단된다. 2002년 11월 미국이 북한에 대한 중유 지원을 중단하고 경수로 건설 사업 중단 수순에 들어가는 등의 조치로 1994년 10월 기본합의문 체제가 파기되자 북한이 아무런 제약을 받지 않고 핵무기 개발에 나서는 상황이 시작된 것이다.

분단 이후 최초로 남북 정상회담이 성사되고 공동선언도 채택됐다. 김정일 국방위원장은 나이가 많은 김대중 대통령에 대해 어려워하는 모습을 자주 보였다. 공동선언 채택 직후에도 김 대통령이 겸연쩍어 하는 김 위원장 손을 잡고 위로 들어올렸다. (2000년 6월 15일 YTN 영상)

 물론 부시 행정부 출범 이전, 조금 더 앞서서 부시 대통령 당선 이전에 북한이 좀 더 적극적으로 미국과의 관계 개선에 나섰다면 상황은 달라졌을 것이다. 예를 들어 북한이 2000년 8월 이전에 미국에 특사를 보냈다면 클린턴 미국 대통령이 9월에 북한을 방문하는 상황, 또는 10월쯤 김정일 국방위원장이 미국을 방문하는 상황도 가능했을 것이다. 나아가서 앨 고어(Al Gore) 민주당 후보가 대통령에 당선되는 상황도 전망할 수 있었을 것이다.

 물론 역사를 토론하면서 가정을 말하는 것은 어리석은 일이라고 한다. 그렇지만 평화와 번영을 함께 누리고

국제사회에서 모범국가로 존경을 받아야 할 한민족이 실제로는 참담하게 꼬여버린 운명을 맞이한 현 상황을 생각하면 참으로 원통하다는 생각을 금할 수 없다.

▶6월 19일

 미, 대폭적 대북 제재조치 완화 발표. 페리 프로세스 의거, 미사일 모라토리움에 대한 반대급부. 무역 투자 금융 서비스, 대북 송금, 항공기 운항 허용.

▶7월 10일

 북미, 5차 미사일 회담. 쿠알라룸푸르.

▶7월 19일

 북러 정상회담 개최. 평양.

 김정일 위원장은 러시아가 위성을 대리 발사해 준다면 미사일 시험 발사 계획을 재고할 용의가 있다고 말했다.

▶7월 19일~21일

 북미, 외교장관회담 예비접촉. 베를린.

▶7월 28일

 ARF 계기로 북미 외무장관 회동. 방콕. 매들린 올브라이트(Madeleine Albright) 국무장관과 백남순 북한 외무상이 1시간 15분 동안 면담했다. 올브라이트 장관은 당초 26일 백 외무상 면담 일정을 잡았으나 돌발 상황이 발생해 ARF 참가가 어려웠다. 북한은 7월 23일 공보매체를 통해 북미 외무장관 회담이 26일 열린다는 일정을 보도한 바 있다. 이것은 북한의 장관회담에 거는 기대감을 표현한 것으로 해석된다. 그러나 ARF 회기 마지막 순간에 도착해 백 외무상과 면담했다. ARF는 ASEAN Regional Forum, 즉 아세안 지역안보포럼의 줄임말이다.

▶9월 5일

김영남 최고인민회의 상임위원장, 방미 계획 포기.

김영남 상임위원장이 유엔 총회 참석차 뉴욕을 방문하기 위해 독일 프랑크푸르트에서 여객기를 갈아타는 도중 소동이 벌어졌다. 미국 항공사인 아메리칸 에어라인 직원이 신발을 벗을 것을 요구하는 등 과도하게 몸수색을 한 것이다. 김영남 상임위원장은 이를 국가수반에 대한 무례로 규정하고 북한으로 귀국해 버렸다. 뉴욕 방문 일정이 무산된 것이다. 미국 정부는 이에 대해 국무부 고위 관계자 명의로 북한 외무성에 서한을 보내 유감을 표시했다.

☞해당 직원이 무례한 행동을 한 것은 사실이지만 뉴욕 방문 취소는 현명한 처사는 아니었다. 뉴욕에서 김대중 대통령과의 오찬이 약속돼 있었고 미국 고위 당국자와의 면담도 가능했기 때문에 북미 관계 개선을 이룰 수 있는 유익한 기회를 활용하지 못한 사례가 됐다.

▶9월 27일~10월 2일

북미 3차 테러회담 개최. 뉴욕.

북, 미국에 김정일 위원장 특사로 조명록 국방위 제1부위원장 미국 파견 제의.

▶10월 6일

국제 테러리즘에 관한 북미 공동성명. 테러 불용 공동 천명.

▶10월 9일~12일

북한 국방위원회 제1부위원장 조명록 차수, 김정일 위원장 특사로 방미.

▶10월 12일

북미 공동 코뮈니케 채택.

북한 조명록 총정치국장이 미국을 방문한 계기에 북한과 미국이 적대관계 청산에 대해 합의하는 내용의 공식 문서를 채택했다. 주요 내용을 보면 적대관계 종식 선언, 평화보장체제 수립, 경제·무역 전문가 상호 교환, 기본합의문 준수, 미사일 시험발사 유예, 테러 반대, 유해발굴 등 인도적 사업 지속 추진, 미국 대통령 방북을 위한 미 국무장관 방북 등이다. 북미 공동 코뮈니케 채택은 북한 입장에서 보면 북미 기본합의문 체결과 더불어 냉전 종식 이후 최대 외교 성과 가운데 하나라고 할 수 있다. 그러나 클린턴 대통령 방북이 성사되지 않아 절반의 성과로 그쳤고 결국 부시 행정부 등장으로 공동 코뮈니케는 무효화됐다.

☞ 북미 공동 코뮈니케 채택은 북한과 미국의 외교 관계에서 가장 중요한 순간이라고 평가할 수 있고 북한과 미국이 앞으로 관계 개선을 하게 된다면 상호 협의와 절충의 기준점으로 볼 수 있다. 코뮈니케는 북한이 원하는 내용을 대부분 담고 있고 미국도 북한에 제시할 수 있는 방안을 대부분 열거했다. 다만 북한은 제2차 북핵 위기 이후 장거리로켓 기술과 핵무기 개발에 상당히 접근했고 그 세월 동안 국제사회에서의 고립이 지속됐던 만큼 그에 상응하는 규모의 보상 또는 대가 확충을 원할 것으로 예상된다.

▶10월 23일~25일

올브라이트 미 국무장관, 방북.

클린턴 대통령 방북 적절성 검토 등이 목적. 올브라이트 장관은 김정일 위원장이 총명했다는 김대중 대통령의 판단에 동의한다면서 자신감이 있어 보였다고 평가했다.

▶11월 1일~3일

제6차 북미 전문가 미사일 회담. 쿠알라룸푸르.

▶11월 7일

미국 대통령 선거 실시.

공화당 후보 조지 W. 부시 후보가 선거인단 271석, 앨 고어 민주당 후보가 266석을 확보했으나 플로리다주 재검표 문제가 발생해 당선인 발표가 지연됐다. 결국 12월 12일 미 연방 대법원이 당선인을 발표하는 방식으로 문제를 해결했다. 대법원은 5대 4 의견 차이로 부시 대통령 당선을 결정했다. 하원 선거에서는 민주당이 211석에서 1석을 늘려 212석이 됐고 공화당은 223석에서 2석을 잃어서 221석이 됐다. 상원의 경우는 민주당이 4석을 늘려서 50석이 되고 공화당이 4석을 잃어서 50석이 됐다.

☞ 이 선거는 내용적으로는 민주당이 우세했지만 선거인단 확보를 기준으로 대통령 당선을 결정하는 미국 선거 규정에 따라 공화당이 권력을 차지하는 것으로 결론이 내려졌다. 이러한 결론은 클린턴 민주당 행정부가 추진해왔던 대북 포용정책 중단을 의미하는 것이다. 이로써 북한과의 관계 개선을 위한 미국의 노력은 정지되고 북한에 대한 압박을 통해 북한을 변화시킬 수 있다는 신념을 가진 미국의 외교 전문가들이 조지 W. 부시 대통령에게 정책을 자문하는 상황이 시작됐다.

▶12월 12일

미 대법원, 대통령 선거에서 부시 후보가 승리했다고 판정.

▶12월 28일

클린턴, 북한 방문 계획 취소 발표. 기자들에게 북한 방문을 추진하지 않겠다면서 취소 사유로 시간 부족을 들었다.

☞ 북한은 미국과의 관계 개선을 위해 10년 이상 시행착오를 경험하면서 노력한 끝에 북미 정상회담 기회를 맞았으나 회담 성사 직전에 무산됐다. 이후 북미관계는 최악으로 치달았다. 북미 기본합의문이 파기됐고 북한은 그것을 빌미로 핵무기와 미사일을 확보하면서 벼랑끝 전술에 매달리면 미국은 유엔 안보리를 통해 북한을 제재하는 악순환 구도가 형성됐다. 북한은 불량국가 행보를 통해 정권을 생존시키는 소득도 거뒀지만 10년 이상의 추가적인 고립과 김정일 위원장 조기 사망이라는 대가를 치렀다.

한편 클린턴 대통령은 자신이 북한을 방문하기 어렵다는 점을 인식하게 되자 김정일 국방위원장이 미국을 방문하는 방안을 북한에 제안했다고 한다. 이런 구상에 대해 김대중 대통령도 알고 있었고 북한과의 대화 채널을 통해 김정일 위원장의 미국 방문을 권유했지만 김정일 위원장은 결국 가지 않았다. 이후 북한은 외교적 고립과 경제난에서 벗어나지 못한 채 불량국가 행보를 이어가고 있고 더불어 한반도 역사도 화해와 협력이 아니라 대결과 갈등이 중심이 되는 구도로 변경됐다.

2001년

▶1월 15일~20일
김정일 국방위원장, 비공식 중국 방문.

▶1월 17일
콜린 파월(Colin Powell) 국무장관 내정자, 대북정책 재검토 예고.
인준청문회에서 대북정책 재검토 예고하면서 상호주의 강조.

▶1월 20일(한국 시간 21일 오전 1시 30분)
조지 W. 부시 제43대 미 대통령 취임.

▶2월 21일
북 외무성, 부시 행정부 대북 강경책에 핵·미사일 합의 파기 경고.

▶3월 3일
북 외무성, 제네바 합의 이행관련 미국에 전력손실 대안 요구.

▶3월 7일
부시 미 대통령, '회의적' 발언.
부시 대통령은 김대중 대통령과 워싱턴 정상회담을 마친 뒤 열린 기자회견에서 김정일 위원장에 대해 회의감이 든다고 공개적으로 험담.
☞부시 대통령 발언은 김대중 대통령이 2000년 6월 김 위원장을 만나고

돌아와 대화가 가능한 사람이라고 평가한 것, 올브라이트 국무장관이 김 위원장과 만나고 와서 김 대통령 말에 동의한 것을 정면으로 부정한 것이다.

부시 대통령은 대선 기간에 미국 민주당 정권이 김대중 대통령과 협력해 북한 문제를 전향적으로 해결하기 위해 적극적인 외교 행보를 보이는 것을 보고 불쾌감을 가진 것으로 알려져 있었다. 그러므로 부시 대통령은 김대중 대통령과 김 대통령이 추진하던 햇볕정책에 대해서도 부정적인 인상을 갖고 있었다는 평가가 많다. 부시 대통령은 또 탈북자나 미국 내 북한인권 운동가들을 만나 정치범 수용소 등에 대한 설명을 청취하면서 김정일 위원장과 북한을 혐오하게 됐다는 분석이 많다.

부시 대통령 발언은 김 대통령이 추진하던 햇볕정책에 사실상의 조종을 울린 셈이 됐다. 햇볕정책은 미국의 협력이 없을 경우 북한의 무력 협박에 남측이 굴복해 속절없이 퍼주기만 하는 잘못된 정책이라는 비난을 받기 쉬운 취약성을 갖고 있었다. 즉 한국이 북한에 대한 경제적 지원과 협력을 하는 동안 미국이 북한과의 협상을 통해 장거리로켓과 핵무기 개발 프로그램을 억제하는 등 정치·군사적 상황 개선을 병행하는 역할을 진행하는 구상이었기 때문이다. 부시 대통령 취임 이후 한국은 북한에 경제적 지원과 사회 문화 차원의 협력을 진행했지만 미국은 북한에 대한 압박 정책을 전개해 햇볕정책은 성과를 거둘 수 없는 조건에 봉착했다. 2002년 11월 미국의 대북중유지원 중단으로 한국과 미국의 정책 공조를 지탱해오던 북미 기본합의문 체제도 붕괴됐다. 햇볕정책은 노무현 정부에서 부분적으로 추진됐지만 보수 진영으로부터 굴욕적인 퍼주기 정책이라는 비난 대상으로 전락했다.

▶5월 12일
  미, 북한에 식량 10만 톤 지원 결정.

▶5월 14일
  유럽연합, 북한과 수교 결정.

  ☞미국의 부시 행정부가 대북 포용정책에 대해 부정적인 입장을 갖고 있었지만 김대중 대통령은 부시

대통령을 설득해 화해와 협력 정책을 지지하도록 할 수 있다고 믿었던 것으로 보인다. 한국 정부는 부시 대통령의 부정적인 시선에도 불구하고 국제사회가 북한과의 관계를 확대하는 것에 대해 지지하고 권고했다. 유럽연합의 북한 수교도 한국 정부의 지지와 성원이 배경이 됐다.

▶5월 16일

북, 경수로 건설 지연 보상 요구하면서 원자로 재가동 경고.

▶6월 6일

부시 대통령, 대북정책 재검토 마치고 북한과의 대화 재개 공식 선언.

☞부시 대통령이 북한과의 대화를 승인했지만 이미 부시 행정부 고위 관리들은 북한에 대한 강경정책을 전개한다는 입장을 갖고 있었다. 부시 대통령의 대화 승인 결정은 한국 정부의 적극적인 설득에 대한 최소한의 반응으로 해석할 수 있다. 이후 미 행정부는 북한과의 대화를 시도했지만 형식적인 절차에 그쳤을 뿐 내용적으로 관계 개선 의지는 보이지 않았다.

▶6월 13일

북미 뉴욕채널 재가동.

잭 프리처드(Charles "Jack" Pritchard) 미국 대북협상 특사가 북미 양자대화 문제를 논의하기 위해 김계관 부상에게 보내는 메시지를 유엔 대표부 리형철 대사에게 전달.

▶6월 18일

북, 미국의 대화 제의에 유의 표명.

☞이때까지도 북한은 부시 행정부의 보수적 입장에 대해 정확하게 이해하지 못한 것으로 보인다. 북한은 미국과의 관계 개선은 물론 개혁과 개방에 대한 총체적인 국가 전략 재조정 작업을 지속하는 흐름을 보였다. 북한은 미국의 대화 제의 이후 북러 정상회담, 북중 정상회담, 9·11 테러 이후에는 테러 반대 성명 발표, 경제관리개선조치 준비, 북일 정상회담 등 획기적인 외교 일정을 전개했다. 그러나 결국 부시 대통령의 대북 강경정책 의지는 제2차 북핵 위기를 겪으면서 제한적인 개혁개방을 추진한 김정일 위원장의 국가 발전과 개혁개방 구상을 무력화시켰다.

▶8월 4일

김정일 위원장, 로켓 발사 유예 지속 언급.

푸틴(Vladimir Vladimirovich Putin) 러시아 대통령과 정상회담에서 발사 유예가 2003년까지 지속된다고 언급.

▶9월 4일

북중 정상회담 개최. 평양.

북한은 하나의 중국 정책을 지지했고 중국은 남북관계 개선을 위한 북한의 노력에 지지를 표명했다.

▶9월 11일

9·11테러 사건 발생.

☞이 사건은 미국 정치와 사회 구도를 완전히 뒤바꾸는 충격적인 사건으로 부시 행정부로 하여금 새로운 임기를 시작하는 것과 유사한 효과를 만들어냈다. 이 사태 이후 수년 동안 미국 국민들은 부시 대통령에게 미국이 더 안전해질 수 있도록 모든 조치를 취할 것을 요구했고 그런 요구를 바탕으로 이른바 예방적 선제공격 이론이 힘을 얻었다.

미국은 실제로 이라크에 대해 예방적 선제공격 개념에 근거해 침공을

미국에서 초대형 테러가 벌어졌다. 이 사태를 계기로 조지 W. 시 미국 대통령은 북한을 포함한 불량국가들에 대해 노골적인 박정책을 전개했다. (2001년 9월 11일 연합뉴스외신자료)

단행했다. 그러나 결국 이라크에서 대량살상무기는 발견되지 않았다. 예방적 선제공격 개념은 그 자체로 논란의 여지가 있지만 대량살상무기가 없었기 때문에 미국은 국제사회에서 지도력에 심각한 훼손을 입게 됐다. 2002년 10월 제2차 북핵 위기 발생 배경도 그런 분위기의 연장선에서 파악할 수 있다.

▶10월 3일

김정일 위원장, 경제관리개선에 관한 지침 하달.

김 위원장은 당, 국가, 경제기관 책임자들에게 "사회주의경제관리를 개선하고 완성하는데서 틀어쥐고 나가야 할 종자는 사회주의원칙을 확고히 지키면서 가장 큰 실리를 얻을 수 있는 경제관리방법을 해결하는 것"이라는 지침을 내렸다. 김정일 위원장의 지침은 즉시 알려진 것이 아니고 수년 뒤에 비공식적 정보 유통 과정에서 알려졌다.

☞김정일 위원장 지침은 북한의 개혁개방 정책 추진으로 구체화됐다. 2002년 7월, 7·1경제관리개선조치가 나왔고 2003년 3월 시장 인정, 2003년 9월 박봉주 내각총리 등용 등이 10월 3일 지침이 반영된 사례라고 볼 수 있다. 김 위원장의 개혁개방 정책은 그러나 미국의 압박정책에 밀려 성과를 거두지 못하고 2005년 말 이후 폐기되는 수순을 밟았다. 박봉주 총리는 실각되고 시장은 통제되기 시작했다. 북한은 2005년 9월 대북 금융제재 사안인 BDA사태가 발생한 것에 대항하기 위해 2006년 7월 미사일 다량 발사, 10월 제1차 핵실험 등 국제사회를 상대로 벼랑끝 전술을 사용하는 등 불량국가 행보를 재개했다.

▶10월 16일

부시 대통령, 북한에 대해 전쟁 상황 악용은 오판 언급.

대량살상무기 확산 중단 촉구.

▶11월 12일

북, 2개의 반테러협약 서명.

북한도 9·11사태의 심각성을 이해했다는 표시다.

▶11월 19일

미, 북한이 이라크에 무기 제공 가능성 거론.

존 볼턴(John R. Bolton) 미 국무부 군축 및 국제안보담당 차관보, 북한이 이라크에 무기 제공 가능성 거론. 9·11 테러 사건이 궁극적으로 북한에 대해서도 치명적인 악재로 작용할 것이라는 점을 강하게 시사한 순간이다. 이후 부시 행정부의 이른바 네오콘(neo-con) 세력들은 아프간과 이라크 공격에 국가 역량을 총동원했고 북한 문제는 뒤로 미뤄놓았지만 북한에 대해 강경한 정책을 전개하겠다는 의지는 더욱 확고해졌다.

▶11월 26일

부시 대통령, 북한에 대량살상무기 사찰 투명하게 받을 것 촉구.

▶12월 14일

유엔 총회에서 북한에 대해 핵사찰 수용을 촉구하는 결의안 채택.

2002년

▶1월 29일(한국 시간 30일)
부시 대통령, 국정연설에서 북한을 '악의 축(axis of evil)'으로 지목.

▶2월 1일
북, 부시 대통령 발언은 사실상 선전포고라고 비난 성명.

▶2월 20일
부시 대통령, 북한 침공 의사 없다고 확인.
부시 대통령은 한국 방문 계기 기자회견에서 북한 침공 의사 없다고 천명. 그러나 김정일 위원장이 주민을 굶주리게 한다면서 험담도 멈추지 않았다.

▶2월 22일
북, 부시 대통령 발언 비난.

▶3월 9일
미, 북한에 핵선제사용 가능성 천명.
국방부 NPR 즉 핵 태세 검토 보고서에서 핵 선제사용 가능 대상 7개국에 북한 포함. 7개국은 중국·러시아·이라크·이란·북한·리비아·시리아.

▶3월 13일
북, NPR에 반발하고 미국과 모든 합의

재검토 주장.

☞북한은 그러나 같은 날 북미 뉴욕 채널을 통해 대화 유지 입장을 확인했다. 프리처드 특사와 마이클 그린(Michael Green) 국장, 박길연 대사 참석.

▶3월 19일

부시 대통령, 북한의 제네바 기본 합의 이행에 대한 인증 유보.

☞1994년 제네바 합의에 따라 미국이 대북 중유공급을 하면서 미 의회는 북한이 합의를 이행하는지에 대해 미국 대통령이 인증하는 절차를 만들어놓았다. 부시 대통령은 이 부분에 대해 인증하지 않겠다는 입장을 표명한 것이다. 부시 대통령 입장은 공식으로 밝힌 것이 아니고 익명의 관계자 발언으로 처리됐다.

▶4월 3일

북, 중단됐던 KEDO와의 협상재개 용의 표명.

▶4월 3일~6일

임동원 대통령 특보, 김대중 대통령 특사 자격으로 북한 방문.

김정일 위원장에게 미국과 대화 권고.

☞북한도 부시 행정부의 강경한 행보에 당황하고 있었지만 유연하게 해결할 수 있는 대안은 없었던 것으로 보인다. 이런 시점에서 김대중 대통령이 파견한 임동원 특사가 북한에게 미국과의 대화를 권고한 것은 북한으로 보면 탈출구를 얻은 셈이었다. 북한이 당시 엄중한 상황을 이해하고 미국에게 대화를 요청했고 미국도 사전에 한국 정부의 설득을 접한 바 있으므로 대화 요청을 받아들였다.

▶4월 11일

북, 북미 회담 재개 희망 표명.

▶4월 30일

미, 북한과의 대화 계획 발표.

미 백악관이 성명을 내고 북한과의 대화 계획을 밝혔다. 백악관은 북한이 미국과 대화할 준비가 돼 있다는 입장을 표명해 왔다면서 며칠 이내에 시기와 기타 구체적인 사항을 결정할 것이라고 말했다. 이후 북미는 실무접촉을 통해 7월 10일 대화 일정에 합의했다.

☞ 미국의 입장 변화는 4월 3일 임동원 특사가 김정일 위원장을 만나 미국 고위 관리의 북한 방문을 통해 교착된 국면을 풀 것을 제의한 것이 발단이 됐다고 볼 수 있다.

▶ 5월 11일~14일

박근혜 당시 무소속 의원이 북한을 방문했다.

박근혜 의원은 방북 기간 중 김정일 국방위원장과 면담하고 돌아와 8개 항에 합의했다고 밝혔다. 합의 내용은 금강산 댐 붕괴 위기론 관련 남북 공동 조사, 동해선 육로 연결을 전제로 한 이산가족면회소 설치, 6·25 국군 포로 생사확인, 북한 축구 대표팀의 서울 방문, 시베리아 철도 연결을 위한 협의 기구 참여 등이다.

☞ 박 의원은 2002년 2월 한나라당을 탈당해 무소속이었고 북한을 방문한 시점에는 한국미래연합 창당 준비위원장이었다. 박 의원은 유럽코리아 재단 이사를 겸하고 있었으며 북한 방문은 유럽코리아 재단의 장자끄 그로하(Jean-Jaques Grauhas)

2002년 당시 무소속 국회의원이던 박근혜 대통령이 북한을 방문해 김정일 국방위원장과 회담하고 8개항의 협력사업을 추진하기로 합의했다. (2002년 5월 13일 YTN영상)

수석 이사장이 기획한 행사였다. 북한 초청 주체는 북한 민족화해협의회였다. 당초 유럽코리아 재단은 재단 소속 어린이 축구팀과 북측 어린이 축구팀과의 친선 경기 개최 문제 등을 논의할 것이라고 예고한 바 있다. 박 의원은 북한에 들어갈 때는 베이징을 거쳐 들어갔지만 나올 때는 판문점 육로를 이용했다. 북한은 박근혜 의원을 최고 수준으로 예우하는 태도를 보였다.

▶ 5월 23일

부시 대통령 '피그미' 발언.

부시 대통령이 김정일 국방위원장을 '피그미'로 불렀다고 미국의 주간 잡지 뉴스위크지가 보도했다. 잡지는 부시 대통령이 16일 국회의원들을 만난 자리에서 그렇게 불렀고

'저녁 밥상에서 투정 부리는 아이'라고 말했다고 보도했다. 이 보도가 나오자 북한은 부시를 '악의 두목'이라며 비난했다.

▶ 6월 27일

북미 뉴욕 접촉.

프리처드 특사가 7월 10일 북미회담을 제의했고 북한도 수용했다.

☞당시 신문을 보면 에드워드 동(Edward Dong) 미 국무부 한국과장이 27일 뉴욕에서 북한 관계자를 면담한 것으로 돼 있다. 그렇지만 프리처드 대사는 자신이 쓴 책에서 6월 말에 박길연 대사와 만나 7월 10일 북미회담 문제를 협의했다고 기술하고 있다.

▶ 6월 29일

제2차 연평해전 발발.

☞북한 경비정 NLL 월선 문제로 남과 북의 해군이 대치하던 끝에 포격이 동원된 교전이 발생했다. 이 사건으로 한국 해군 장병 6명이 숨지고 고속정 1척이 침몰했다. 북한도 장병 30여명이 사망한 것으로 추정되는 등 치명적인 타격을 입었고 피해 규모로 보면 남측이 이겼지만 아군의 인명 피해 발생과 고속정 침몰에 대해 국민적 우려가 적지 않았다.

1차 연평해전 이후 교전수칙을 아군에 불리하게 변경하는 바람에 아군의 피해가 컸다는 불만이 제기되면서 김대중 대통령을 비롯한 햇볕정책 지지 세력이 어려움에 직면했다. 다만 북한이 사건 당일 핫라인을 통해 우발적 사고라면서 유감을 표명했고 재발 방지도 언급하는 등 수습 노력을 보여줬다. 이후 7월 25일 북한은 정세현 통일부 장관에게 보내는 통지문에서 유감을 공식으로 표명함으로써 사건 자체는 수습되는 절차를 밟아나갔다. 북한 고위 관리는 도발 배경을 묻는 한국 고위 관리의 질문에 대해 '접시가 깨진 것'이라고 답변했다고 한다. 김정일 위원장 의도와 무관하게 사태가 발생했거나 또는 예상하지 않은 방향으로 사태가 증폭됐다는 의미로 볼 수 있다. 그러나 이후 북한이 치러야 했던 대가는 상상을 초월할 정도로 컸다.

무엇보다도 미국 정부가 제임스 켈리(James Kelly) 미 국무부 차관보의 7월 10일 북한 방문 계획이 일단 연기됐다. 켈리 차관보가 북한을 방문한 것은 이후 10월이었는데 이 시기에 미국은 이미 북한과의 관계 개선에 대해서는 의사가 없었고 오히려 우라늄 농축 프로그램을 빌미로 북한에 대한 압박을 전개하는 정책을 구사하기 시작했다. 만약 7월에 북미 회담이 이뤄졌다면 우라늄 농축 문제는 의제가 되지 않았거나 중요하게 다뤄지지 않았을 가능성도 있었다. 그러므로 연평해전이 발발하지 않았다면 제2차 북핵 위기도 발생하지 않았을 것이라고 추측하는 것도 무리는 아닐 것이다.

▶ 7월 1일
북, 경제관리개선조치 시행.

북한은 사회주의 계획경제 테두리 안에서 실리보장의 원칙을 수용해 경제관리에 대한 일련의 개선작업을 통해 경제발전을 가속화하려는 구상을 구체적으로 정책에 반영했다. 이것은 한때 실리사회주의라는 말로 해석되기도 했다. 조선신보가 7월 26일 보도한 내용을 참고하면 변경된 정책은 크게 세 가지로 구분될 수 있다. 첫째 각종 물품의 가격을 정상화하고 임금도 현실에 기반을 두어서 책정한다는 것이다. 이것은 획기적인 조치였는데 예를 들어 쌀값이 550배 인상됐고 임금은 20배 전후가 인상됐다. 둘째, 공장과 기업소에 대해 독립채산제를 실시한다. 셋째, 많은 일을 하고 많이 번 사람에게 많이 배분하고 적게 번 사람에게 적게 배분한다는 사회주의 분배 원칙을 적용한다. 한편 경제관리개선 조치에도 불구하고 무료의무교육제, 무상치료제, 사회보험제와 정휴양제, 영예군인우대제 등 사회적 시책들은 유지시킨다.

☞ 북한의 7·1조치는 획기적인 경제 개혁 조치였지만 북한이 공식으로 발표하지 않아서 당시에는 외부 세계에 알려지지 않았다. 그렇지만 이 조치는 김정일 위원장이 개혁개방에 대해 적극적인 입장을 가졌다는 것을 보여주는 사례라는 점에서 매우 중요한 사건이다. 김 위원장이 개혁개방에 대한 결단을 내린 것은 1999년 9월 시작된 미국의 페리 프로세스와 1998년 2월 집권 이후 대

북 포용정책을 전개해온 김대중 대통령의 햇볕정책의 성과를 보여주는 것이기도 하다. 북한은 미국과 한국의 설득을 받고 제한적인 요소는 있었지만 전략적 결단을 내렸고 북한이 정상국가로 이동하기 위한 구체적인 방안을 실천하기 시작했다. 경제관리개선조치와 시장 인정, 박봉주 총리 기용과 같이 국내 정치 차원의 조치는 물론, 중국과의 관계 복원, 일본과의 관계 복원 노력 등은 김정일 위원장이 구상한 국가 발전 구상에 포함돼 있는 구체적인 조치 가운데 대표적인 사례가 될 것이다.

그러나 7·1조치는 북한이 당시 국제 정세에 대해 얼마나 오판을 했는지를 보여주는 사례라는 점에서 북한 내부에서도 재평가 대상이다. 당시 부시 대통령과 그의 네오콘 참모들의 대북 강경정책 의지에 대해 전혀 이해하지 못했다는 증거가 될 수 있다. 미 부시 행정부의 의지에 대해 정확하게 이해했다면 유럽연합이나 중국, 러시아, 일본 등과 관계를 개선하는 데 사활을 걸었을 것이다. 그러나 북한은 중국, 러시아, 일본과의 관계 개선노력에서도 소극적인 태도를 보였고 유럽연합에 대해서는 구체적인 성과를 만들어내지 못했다. 북한은 결국 미국의 네오콘 세력에 의해 고립되는 구도에서 벗어나지 못했다.

▶7월 25일

북, 서해교전 유감 표명.

북한이 제2차 연평해전과 관련해 '유감'이라는 입장을 밝혔다.

▶7월 26일

북한, 미국의 특사 방북 제의에 적극 수용 입장 표명.

☞북한의 태도에 대해 미국은 긍정적인 사태 발전이라는 논평을 냈다. 그러나 미국은 이 시기에 이미 내부적으로는 북미대화가 이뤄지면 HEU (Highly Enriched Uranium, 고농축 우라늄 프로그램) 문제를 따진다는 구상을 구체화하고 있었다.

▶7월 31일

ARF 계기로 북미 외무장관 비공식 회동. 브루나이.

백남순 외상과 파월 국무장관이 만났다. 이 회동에서는 특히 파월 장관이 HEU 문제를 제기한다는 입장을 언급한 것으로 알려져 있어서 북한이 마치 전혀 몰랐던 것처럼 행동했던 2002년 10월 3일 상황에 의문이 제기된다.

▶8월 7일

북한 금호 지구 경수로 현장 타설식.

☞콘크리트 타설이란 경수로 공사 단계 중에서 지하 구조물에 시멘트 콘트리트를 부어넣는 작업이다. 타설식까지 개최한 것은 다소 생뚱맞은 기획이었다. 이 행사는 부시 행정부 출범을 계기로 벼랑끝 전술로 되돌아가려는 북한을 달래고 동시에 미 행정부 내 대북정책 강경파를 견제하기 위해 협상파들이 마련한 정치적 선전 행사 성격이 강했다.

▶8월 29일

존 볼턴 미 국무부 차관, 북한 비난.

볼턴 차관은 북한이 "대량살상무기로 이빨까지 무장한 악의 정권"이라고 비난했다.

☞볼턴 차관의 감정 섞인 대북 비난 발언은 이 시기에 이미 미 행정부 내 강경파가 HEU 문제를 활용해 북미 기본합의문을 파기할 의사가 있었던 것으로 추정할 수 있는 근거가 된다. 볼턴 차관은 2001년 5월 차관에 취임할 때부터 이미 제네바 합의는 흠결로 가득 찼다면서 파기돼야 한다고 말한 바 있다.

▶8월 31일

북, 미국의 핵사찰 수용 요구 거부.

▶9월 16일

럼스펠드 미 국방장관, '북, 이미 핵무기 보유' 주장.

▶9월 17일

북일 정상회담 개최. 평양.

고이즈미 준이치로(小泉純一郎) 일본 총리가 전격적으로 평양을 방문했다. 김정일 위원장은 일본인 납치자 문제에 대해 일부 사실을 시인했다. 그러나 김 위원장의 고백 외교는 고이즈미 총리 귀국 이후 부작용이 과도하게 커지면서 결과적으로 대실패 사례가 됐다.

☞고이즈미 일본 총리의 북한 방문이 한반도 사태에 악영향을 끼쳤다는 해석도 있다. 전기한대로 북한은 개

혁개방에 대한 전략적 결단을 내리고 주변국과의 외교관계를 정상화하는 수순을 밟고 있었다. 일본도 그 중에 하나였는데 고이즈미 총리는 이에 대해 긍정적인 입장을 보이고 있었다. 그렇지만 미국의 네오콘 세력은 북한에 대한 압박정책을 전개하고 있었기 때문에 고이즈미 총리의 북한 방문에 대해 부정적인 입장을 가졌다. 그리고 고이즈미 총리의 북한 방문을 계기로 북일 관계개선이 진행되는 것을 막기 위해 북한의 고농축우라늄 프로그램 문제를 과도하게 제기하면서 압박 분위기를 고조시켰다는 해석이다. 이것은 증거가 부족하지만 미국 관리들의 전후 행보를 보면 가능성이 높은 시나리오라는 점에서 향후 취재 대상 가운데 하나다.

▶ 9월 24일

북, 신의주 특구 계획 발표.

제한적인 개혁과 개방에 나선 김정일 위원장의 또 다른 과감한 조치였다. 그러나 신의주 특구 장관으로 임명된 양빈(楊斌)이 10월 4일 중국 공안 당국에 의해 부패 혐의로 체포되면서 특구 사업은 물거품이 됐다. 이런 일이 발생한 배경에는 특구 사업에 대한 중국의 부정적 판단이 깔려 있다는 분석이 많았다.

▶ 10월 3일~5일

켈리 차관보, 북한 방문.

강석주 외무성 제1부상 등과 회담. 강석주 제1부상은 4일 오후 고농축 우라늄 프로그램 문제와 관련한 켈리 차관보의 추궁을 받고 "핵무기는 물론 그것보다 더한 것도 가지게 되어 있다"고 말했다. 미국 대표단은 북한이 고농축 우라늄 프로그램 존재를 시인한 것으로 해석했다.

☞ 제2차 북핵 위기가 발생하게 된 계기가 됐다. 이 때 강석주 제1부상이 끝까지 고농축 우라늄 프로그램 존재를 부정했다면 한반도 정세가 이렇게 악화되지는 않았을지 모른다. 북한에 대해 과도하게 압박정책을 펼친 미국도 한반도 정세 악화에 책임이 있지만 북한의 무모한 대응은 북한은 물론 한반도 전체에 부정적인 영향을 미친 것으로 평가할 수 있다.

▶10월 7일

북한 외무성 대변인, 미국 특사가 "압력적이고 오만하게 나왔다"고 비난.

▶10월 16일(한국 시간 10월 17일 오전 9시쯤)

미 국무부, 고농축 우라늄 핵프로그램 존재를 북한이 시인했다고 발표.

"북한은 HEU 보유를 시인했으며 제네바 합의가 파기된 것으로 간주했다."

☞제2차 북핵 위기가 시작됐음을 알리는 첫 번째 공개적인 계기였다. 실질적으로 문제가 발생한 순간은 10월 4일 켈리 차관보와 강석주 제1부상의 면담 자리였다. 미국 정부가 약 2주일 동안 북한의 언급에 대해 공표하지 않았다가 갑자기 발표한 이유는 미국의 한 일간지가 해당 사안을 알아내고 단독으로 보도하려는 움직임이 포착돼 정부가 먼저 발표하는 것이 적절한 보도를 유도하는 방법이라고 판단했다는 것이다. 그러나 해당 기자에게 정보를 전해준 사람이 누구였는지를 짐작해 보면 네오콘 세력일 것이라는 추측이 가능하고 제2차 북핵 위기가 극적으로 불거진 상황은 결국 미국 강경파의 의도가 반영된 것으로 이해된다.

▶10월 19일

남북 장관급 회담 개최. 평양.

제2차 북핵 위기 상황이 조성된 이후 켈리 미 국무 차관보가 정세현 통일부 장관을 예방했다. 이에 앞서 정 장관은 북한이 우라늄 프로그램을 시인했다는 미국 판단에 오류가 있다는 주장을 제기했다. (2002년 11월 11일 연합뉴스)

북한의 고농축 우라늄 프로그램 문제가 공론화된 가운데 정세현 통일부 장관이 장관급 회담 참석을 위해 평양을 방문했다. 정세현 장관은 21일 김영남 최고인민회의 상임위원장과 만난 자리에서 핵개발 프로그램에 대해 항의하고 경위를 따져 물었다. 정세현 장관은 서울로 돌아와서 북한이 핵개발 프로그램 존재를 시인했다는 미국의 주장은 의사전달 과정에서 오해가 있다고 말해 미국이 문제를 고의적으로 부풀린 것으로 이해한다는 인식을 보였다. 이후 한국 외교부는 정세현 통일부 장관 발언은 정부 입장이 아니라면서 폄하하는 외교부 대변인 논평을 발표해 황당한 상황이 연출되기도 했다.

▶10월 20일

미, 제네바 합의 무효화 언급.

파월 미 국무장관, NBC와 회견 중 북의 비밀 핵개발 계획으로 제네바 합의가 무효화됐다는 입장 표명.

▶10월 22일

북 조선중앙통신, 미국의 압력이 계속될 경우 보다 강력한 대응 조치 경고.

▶10월 25일

북, HEU의혹 사실 무근 주장.

북 외무성 대변인 담화. HEU의혹에 대해 사실무근이라고 주장하면서 미국의 선 핵개발 계획 포기 요구 거부. 갈등 상황 해소 대안으로 불가침 조약 체결 제의. 한편 같은 날 중국의 장쩌민 주석은 미국을 방문하면서 부시 대통령의 텍사스 크로포드 목장에서 체류했다. 장 주석은 부시 대통령과의 회동 중에서 한반도 비핵화 주장을 강조했다.

▶10월 26일

부시 대통령, 북핵 문제 평화적 해결 원칙에 동의.

멕시코 로스카보스에서 열린 APEC 정상회의 계기로 한미일 정상회담이 열렸다. 회담에서 세 정상은 북한의 비핵화 의무 준수 촉구와 북핵 문제의 평화적 해결 원칙 등을 담은 발표문을 채택했다.

☞김대중 대통령은 부시 대통령에게 대화를 통한 평화적 해결 원칙을 제의했으나 부시 대통령은 '평화적'에만 동의하고 '대화를 통한'에는 동의하지 않았다.

▶10월 29일

미 국방 및 국무장관, 대북지원을 통한 북핵 해결 방식 배제 표명.

▶11월 2일~5일

도널드 그레그(Donald Gregg) 전 주한 미국 대사 북한 방문.

그레그 대사는 북한이 북핵 문제 해결을 위한 동시적 조치를 신뢰하는 듯한 언명을 했다고 전했지만 북핵 문제를 둘러싼 대결 구도를 돌이킬 수는 없었다.

▶11월 5일
미국 중간선거 실시.
하원에서 민주당은 212석에서 7석 감소하고 공화당은 8석이 증가. 상원은 민주당 2석 상실로 49석. 공화당은 2석 증가해서 51석. 공화당 승리.
☞2001년 9·11 테러 사건 이후 미국에서 테러와의 전쟁이 시작됐다. 공화당 승리는 사실상 예정된 현상이었다.

▶11월 8일
한미일 대북 중유제공 중단방침 합의.
도쿄 TCOG(Trilateral Coordination and Oversight Group, 한미일 3자 대북정책 조정 감독 그룹) 회의.

▶11월 13일
미, 대북 중유지원 중단 계획 발표.
미 국가안보회의 개최. 부시 대통령은 11월분 대북 중유는 예정대로 지원하되 12월부터 대북중유지원 중단 발표.

▶11월 14일
KEDO 집행위원회 개최.
HEU 프로그램 해제를 위한 구체적이고 신빙성 있는 행동이 있을 때 까지 대북중유지원은 12월 선적분부터 중단 발표.
☞북한에 대한 중유공급 지원 중단은 북미 기본합의문 체제를 파기하는 행위였다. 미국은 북한이 고농축 우라늄 프로그램 존재를 시인했으니 만큼 북한이 먼저 기본합의문을 위반했다면서 책임은 북한에게 있다고 주장했다. 그러나 북한의 고농축 우라늄 프로그램에 대해서는 논란의 여지가 있었다. 설사 그런 사실이 있다고 하더라도 기본합의문 체제를 파기한 이후 북한이 무제한으로 핵무기를 제조하는 상황을 만드는 것은 또 다른 문제였다. 그러나 미국은 그런 부작용에 대한 대책도 없이 북미 기본합의문 체제를 파기시켰고 북한은 이후 핵개발 프로그램을 재가동함으로써 2006년 10월에는 핵실험을 감행하는 상황에 이르렀다.

북핵 문제는 북한이 지속적으로 상황을 악화시킨 것으로 알려져 있고 실제로 북한이 정책적 판단 오류 사례는 매우 많다. 그러나 미국의 대북 정책 실패가 상황을 악화시킨 경우도 적지 않았다. 2002년 11월 14일의 대북 중유지원 중단이 대표적인 정책 실패 사례라고 지목할 수 있다. 한국인으로서 안타까운 일은 정책 실패는 미국에서 나온다고 해도 상황이 악화되는 현상은 한반도와 남북관계에서 발생한다는 것이다. 한번 상황이 악화되면 남과 북은 문제의 원인이 어디에 있었는지 따지지 않고 상호 대결에 전념하면서 추가적으로 상황을 악화시키는 조치를 반복해왔다. 이와 달리 미국은 한반도 관련 정책 실패에도 불구하고 미국이 당하는 손실은 거의 발생하지 않는다는 점은 비극적인 요소라고 할 수 있다.

▶11월 15일

후진타오(胡錦濤) 중국 공산당 총서기 선출.

▶11월 15일

부시 대통령, 대북 성명에서 북한 핵폐기 촉구.

▶11월 21일

미 CIA 보고서 공개.

'북은 이미 1~2개의 핵무기를 보유하고 있으며, 추가 제조에 필요한 플루토늄을 확보하고 있어서, 2003년까지 7~8개의 핵무기 보유도 가능하다'고 추정.

☞미국이 북한의 군사적 위협에 대해 강조하는 발표를 하는 것은 두 가지 또는 세 가지 상황으로 분류될 수 있다. 하나는 북한에 대한 압박정책을 전개할 때 북한에 대한 부정적인 여론을 일으키기 위한 것이다. 다른 하나는 정반대로 북한과의 대화가 필요할 때 조속한 대화의 필요성을 각인시키기 위한 작업으로 이뤄지는 것이다. 세 번째 상황은 특정한 정치적 의도가 없는 경우다. 이 시기에 CIA 정보 판단 공개는 북한에 대한 압박정책을 효율적으로 전개하기 위해 제기된 것으로 해석할 수 있겠다.

▶11월 21일

북, 중유공급이 중단되면 1994년 기본합의문 파기 경고.

▶11월 28일

IAEA 이사회, 북의 핵개발 포기 요구 성명 채택. 빈.

▶12월 2일

중러, 북한에 비핵화 촉구.

푸틴 러시아 대통령과 장쩌민 중국 주석, 공동선언에서 북한에 비핵화 촉구하면서 동시에 미국에도 북한과의 관계 정상화 촉구.

▶12월 10일

스페인과 미 해군이 인도양에서 북한 선박 검색.

예멘행 스커드 미사일 부품과 고성능 폭발물 압류. 검색 전 마지막 기항지는 중국.

▶12월 12일

북, 핵시설 재가동 선언.

북 외무성 대변인 담화. 핵 활동 동결 해제 및 핵 시설 재가동 선언. 이와 더불어 북한은 IAEA에 핵 동결 시설 봉인과 감시 카메라 제거 요구하는 서한을 제출.

☞제2차 북핵 위기 전개 과정에서 중요한 사건이다. 북한은 이날부터 영변 핵시설을 재가동해 전속력으로 핵무기 개발에 나섰다. 북한은 결국 2006년 10월 핵실험을 통해 핵무기 기술을 보유하고 있음을 대내외적으로 과시했다. 이로써 북핵 문제는 심각하게 뒤틀렸고 해결하기가 훨씬 더 어려운 국면으로 진입했다.

미국의 부시 행정부가 북한에 대해 자유롭게 핵무기 개발에 나서는 상황을 유도한 것은 어떤 배경인지 이해하기 어렵다. 북한에 대한 제재를 통해 북한을 굴복시킬 수 있다고 상상했는지도 모른다. 그러나 그것이 사실이라면 남북이 분단돼 있고 중국이 북한의 후원국가로 존재하는 지정학적 요소를 전혀 이해하지 못한 무지의 소치라고 볼 수 있다. 물론 초강대국 미국의 입장에서 한반도 정책 실패는 소소한 사례로 볼 수 있고 전혀 다른 의미에서 정상적인 정책 수행으로 볼 수 있다. 그러나 군사적 긴장감이 고조되고 분단 해소 가능성이 훨씬 더 멀어진 한반도에서 살아가야 하는 한국인 입장에서 보면 서글픈 상황이 아닐 수 없다.

▶12월 19일

제17대 대통령 선거 실시.

여당인 새천년 민주당 노무현 후보가 한나라당 이회창 후보를 누르고 당선. 노무현 후보 득표율은 48.9%, 이회창 후보는 46.6%.

▶12월 21일

북, 원자로 봉인과 감시카메라 등 제거.

▶12월 23일

북, 재처리시설 감시 장치도 제거.

도널드 럼즈펠드 미 국방 장관은 이라크와 북한에서 동시 전쟁 수행 가능하다면서 북한 압박 발언.

▶12월 24일

북, 핵시설 봉인 제거 완료하고 감시 체계 무력화.

▶12월 26일

IAEA, 북한이 핵 연료봉 1,000개를 새롭게 원자로에 장전했다고 발표.

▶12월 27일

북, IAEA 사찰단원 추방 통보.

사찰단원 2명은 31일 오전 평양을 떠나 오전 11시 베이징 공항에 도착했다.

▶12월 29일

미, 대북 맞춤형 봉쇄 정책 돌입 선언.

▶12월 29일

북, NPT 탈퇴 가능성 시사.

▶12월 31일

부시 대통령, 외교적 방법으로 북핵 문제 해결 천명.

2003년

▶1월 6일

IAEA, 북한에 HEU 해명 및 핵 동결 원상회복 촉구 결의안 만장일치 채택.

▶1월 6일~7일

한미일, 북한에 핵프로그램 폐기 촉구. 한미일 대북정책조정그룹(TCOG: Trilateral Coordination and Oversight Group) 회의. 북한에 핵무기 개발계획 폐기 촉구 공동성명 발표.

▶1월 10일

북, 정부 성명으로 NPT 탈퇴 선언. IAEA 안전조치협정 폐기 선언. 핵무기 개발의사 불보유 천명.

☞북한의 선언은 전 세계적인 파장을 만들어냈다. 제2차 북핵 위기가 정점으로 치닫는 분위기가 연출됐다. 한국은 국가안전보장회의 상임위원회를 소집하고 북한의 NPT 탈퇴를 철회할 것을 촉구했다. 부시 미국 대통령은 장쩌민 중국 주석에게 전화를 걸어 심각한 우려를 표명했다. 일본과 러시아는 북한의 NPT 탈퇴 철회를 촉구하는 내용의 공동성명을 발표했다.

▶1월 11일

북미 비공식 접촉.

한성렬 주 유엔 북한 대표부 차석 대사와 빌 리처드슨 뉴멕시코주 주지사의 면담. 한성렬 대사는 북핵 문제를 대화로 해결할 용의를 피력했다. 두 사람의 회동은 그러나 리처드슨 주지사의 미국 국내정치 영향력의 한계로 큰 주목을 받지 못했다. 같은 날 북한 최진수 주중 대사는 미사일 시험 발사 재개 입장을 표명해 호전성을 보였다.

▶1월 12일

노동신문 사설, 어떠한 경제제재도 선전포고로 간주 경고.

▶1월 13일

한국, 북핵 문제 해결 3원칙 제시. 노무현 대통령 당선인, 제임스 켈리 차관보 면담. 북핵 불인정과 평화적 해결, 한국 주도의 3원칙 제시.

▶1월 14일

부시 대통령, 핵 포기하면 북에 경제 지원 표명.

파월 미 국무장관은 장관은 월스트리트 저널과의 인터뷰에서 기존 협상과 다른 새로운 합의(new agreement) 가능 언급. 북한은 기만적 대화 유포 중단 촉구.

▶1월 17일

미, 북한과 포괄적 협약 가능 언급. 미 리처드 아미티지 국무부 부장관, 모든 대량살상무기 폐기와 북한 안보 보장을 교환하는 포괄적 협약(comprehensive pact)도 가능 언급. 또한 불가침 조약 체결은 비현실적이며 평화적 의도에 대한 서면 보증이나 서한은 가능 표명.

▶1월 25일

북, 북미 직접회담 촉구.

▶1월 27일~29일

임동원 청와대 통일외교안보 특보, 대통령 특사 자격으로 북한 방문.

김영남 최고인민회의 상임위원장과 북핵 문제 논의. 김대중 대통령 친서 전달. 어떠한 핵무기 개발 시도도 반대한다는 입장 전달. 핵무기 개발 포기 및 핵동결 원상복귀 선언 요구.

☞이 일정에서 특기할 만한 것은 김정일 위원장이 임동원 수석을 만나주지 않았다는 점이다. 임 수석은

남북관계 정책에서 김대중 대통령의 분신 역할을 수행하고 있었기 때문에 김 위원장이 김 대통령을 신뢰하지 못하거나 영향력에 한계가 있다는 인식을 시사한 것이다. 또한 임수석 방문에는 노무현 대통령 당선인의 대북정책을 보좌해온 이종석 세종연구소 연구위원도 포함돼 있었기 때문에 한국의 새 정부에 대해 냉정한 태도를 보인 것이다.

▶1월 28일
부시, '무법정권(outlaw regime)' 발언.
부시 대통령, 국정연설에서 북한 등 3개 국가는 '무법정권'이며 북한의 핵 위협에 굴복하지 않겠다고 언급. 북한은 외무성 대변인 담화를 통해 HEU 의혹을 부인했다. 대변인은 켈리 특사 방문 당시 오만한 HEU 시인 요구 때문에 부인할 필요조차 느끼지 않았다고 해명. 이후 북한은 HEU 계획을 시인한 일이 없다고 주장했다.

▶2월 4일
아미티지 국무부 부장관, 북한과 일대일 대화 가능 언급.
미 워싱턴 상원 외교위원회가 개최한 북핵 청문회에서 아미티지 국무부 부장관은 다자간 협의의 틀 속에서 직접 일대일 대화 가능하다고 언급해 파장이 일었다.
☞아미티지 부장관은 비교적 단호한 정책을 선호하는 경향이 있었지만 부시 행정부 내에서는 오히려 비둘기파에 속했다. 파월 장관과 마찬가지로 딕 체니(Dick Cheney) 부통령이나 럼즈펠드 국방장관 등의 강경 정책 목소리에 눌려서 영향력을 발휘하지 못했다.

▶2월 5일
북 외무성, 동결됐던 핵 시설 가동 재개 및 운영 정상화 발표.

▶2월 6일
파월 장관, 군사적 선택 가능성 경고.
대북 침공의사는 없지만 어떠한 군사적 선택도 배제되지 않고 있다고 경고. 이에 대해 북한 외무성 리병갑 부국장은 미군 증파 결정은 북한의 선제공격 불러올 수 있다고 언급.

▶2월 7일
부시 대통령, 북한에 군사적 행동도 고려 언급.

▶2월 24일

북, 동해에서 지대함 미사일 발사.

▶2월 28일

뉴욕타임스, 미 국방부 관리 인용해 북한에 전술핵무기 사용 방안 검토 보도.

▶3월 1일

미, B-52 폭격기 12대와 B-1 폭격기 12대를 괌에 증파하기로 결정.

▶3월 2일

북 미그기 4대, 미 정찰기에 15미터 접근 위협 비행.

미국은 도발로 간주하고 공식 항의.

▶3월 3일

부시 대통령, 마지막 선택은 군사행동이라고 위협.

미 일간지 볼티모어 선과의 회견 중에 외교적 노력으로 북핵 문제가 풀리지 않으면 마지막 선택은 군사행동이라고 언급.

▶3월 5일

럼즈펠드 장관, 주한 미군을 북한의 장사정포 사정권 밖으로 재배치.

▶3월 8일~9일

중, 북한에 3자회담 제의.

중국 첸지첸 부총리가 방북해 미국과 북한, 중국이 참여하는 3자회담 개최 제의.

▶3월 10일

북, 동해상에서 지대함 미사일 2차 시험 발사.

☞북한의 미사일 시험 발사 이후 중국이 10일부터 3일 동안 북한으로 향하는 석유 공급선을 단절했다는 소문이 비상한 관심을 끌었다. 사실 여부 확인은 미진한 상태다.

▶3월 12일

제임스 켈리 미 국무차관보, 북한의 HEU 공정 완료 임박 언급.

미 상원 청문회 도중 북의 고농축 우라늄 생산은 몇 년이 아니라 몇 개월 이내에 현실화될 수 있다고 언급.

▶3월 15일

후진타오 중국 국가 주석 선출.

▶3월 19일

이라크 전쟁 발발.

▶3월 24일

미, 미사일 관련 북한 창광신용회사 및 파키스탄 칸 연구소에 제재.

▶3월 25일

중 외교부 대변인, UN 대북 제재 반대 입장 표명.

UN 대북 제재에는 찬성할 수 없으며 중국이 주재하는 북미 당사국 회담으로 문제를 해결할 수 있을 것이라고 언급.

▶3월 31일

북, 플루토늄 재처리 착수 통보.

한성렬 유엔 주재 북한 대표부 차석대사는 잭 프리처드 미 국무부 특사와 면담 중에 플루토늄 재처리 과정이 이미 시작됐다고 언급.

▶4월 6일

북, 핵무기 개발 추진 시사.

북 외무성 대변인 성명. 이라크 사례 교훈은 군사적 억제력이 전쟁을 예방한다는 것이라며 핵무기 개발 추진 노골적 시사.

▶4월 10일

북한의 NPT 탈퇴 발효.

▶4월 12일

북 외무성, 대화 형식에 구애받지 않을 것이라며 다자회담 수용 시사.

▶4월 12일

카이로에서 북한행 알루미늄 튜브 압류.

북한을 행선지로 선적된 약 22톤의 알루미늄 튜브. 우라늄 농축에 사용되는 원심분리기 제조에 필요한 부품으로 사용 가능.

▶4월 13일

부시, 북의 다자간 대화 수용에 "북한에서 좋은 진전" 언급.

▶4월 16일

유엔 인권위원회, 북한 비난.

북한의 체계적이며 광범위한 그리고 엄중한 인권 위반과 북한 시민에 대한 고문 및 기타 잔혹한, 비인간적 또는 모멸적 처우에 대한 비난 결의안 채택. 한국은 기권.

▶4월 17일

노무현 정부, 대북송금사건 특별검사 수사 착수.

특별검사는 송두환 검사. 의혹은

산업은행의 현대상선 대출금 2억 달러가 남북정상회담 뒷거래에 사용됐다는 의혹과 이익치 전 현대증권 회장이 별도로 5억 5천만 달러를 송금했다는 의혹, 현대전자 스코틀랜드공장 매각대금 1억 5천만 달러 송금 의혹 등 3가지.

☞ 이 사건은 노무현 정부가 북한에 대해 김대중 정부와 달리 상호주의에 입각해 정책을 전개할 것이며 국제사회의 보편적 원칙에 의거해 행동할 것을 요구하는 메시지로 해석됐다.

이후 북한은 노무현 정부와 협력하려 하지 않았다. 결국 미국이 북한에 대한 압박 정책을 지속하는 가운데 남북 관계마저 상당한 수준으로 악화되면서 북핵 문제는 통제 범위를 크게 벗어나는 현상이 발생했다. 어느 대통령이든 취임 초기에는 단호한 태도로 불의에 저항하는 모습을 선호하는 현상이 있는데 노무현 대통령도 예외는 아니었다.

▶4월 18일

북, 폐연료봉 재처리 완료 임박 선언.

북 외무성 대변인, 조선중앙통신 기자에 답변. "8천여 개의 폐연료봉에 대한 재처리 작업까지 마지막 단계에서 성과적으로 진행", "핵문제의 해결과 관련한 본질적인 문제들은 조-미 쌍방 사이에 논의"

▶4월 23일~25일

북·미·중, 북핵 3자회담 개최. 베이징.

북, 일괄타결방안 제시. 북, 미국 대표인 켈리 차관보와의 비공식 회동 시 핵무기 이미 보유 및 폐기 불가 입장 통보.

▶4월 30일

미, 북한을 테러지원국으로 재지정.

북한과 더불어 테러지원국으로 지정받은 나라는 쿠바·이란·이라크·리비아·수단·시리아 등 모두 7개국. 미국의 테러지원국 재지정은 연례적인 조치로 특별히 이들 7개 나라에 대한 압박의 의미를 부여할 필요는 없었다.

▶5월 5일

뉴욕 타임스, 북핵 관련 정책 목표가 핵물질 확산 방지로 변경됐다고 보도.

북핵 관련 미국의 정책목표가 핵보유 저지에서 핵물질 수출 저지로 전환됐다고 보도. 보도가 나온 뒤 미국 정부는 공식 부인했지만 이후 행보를 보면 미국은 북한에 대한 공격적 무시(hawkish neglect) 입장을 지속했으므로 보도 내용은 맞는 것으로 평가된다.

☞2013년 2월 12일 북한의 제3차 핵실험이 감행되고 난 뒤에도 한국 언론에서는 미국의 북핵 문제 목표가 비핵화가 아니라 비확산으로 변경된 것으로 추정된다는 해설 보도가 잇따라 제기됐다. 상기 뉴욕 타임스 보도와 이후 미국의 행보를 보면 미국은 사실 2003년 이후 북한의 비핵화를 목표로 한 것이 아니라는 판단을 할 수 있다. 그런 정황이 포착된 것이 만 10년 전의 일인데도 미국의 정책 목표가 비확산으로 추정된다고 말하는 것은 시대착오적 현상이라고 하겠다. 사실 미국의 정책 목표가 북한 비핵화냐 비확산이냐를 따지는 것은 사안의 본질을 이해하지 못하고 있음을 보여주는 것이다. 한반도와 동북아시아에 대한 미국의 최고 정책 목표는 한미동맹과 미일동맹을 견고하게 유지함으로써 미국의 우월적 개입이 보장된 조건에서 지역의 안정과 질서를 유지하는 것이다. 북한의 핵무장은 이런 정책 목표를 훼손할 수 있으므로 비핵화를 위해 노력은 해야 하고 실제로 비핵화를 위해 일단 노력은 하지만 근본적인 목표 즉 미국의 영향력을 유지하는데 있어서 비핵화인가 아니면 비확산인가를 놓고 심각한 고민을 할 필요는 없다. 그러므로 미국에 있어서 비핵화와 비확산이 결정적으로 다른 사안이 아니라 거의 유사한 개념인 것이다. 이런 태도는 비핵화 자체를 용납할 수 없다는 한국의 입장에서는 당황스런 대목이라고 할 수 있다. 한국과 미국은 한 나라가 아니므로 국가이익이 반드시 일치하는 것이 아니라는 점에 대해서는 주의할 필요가 있다.

▶5월 12일

북 조선중앙통신, 미국이 남북 비핵화 공동선언 무력화 주장.

▶5월 14일(한국 시간으로 5월 15일 오전)

한미 정상, 북한에 대해 추가적 조치 언급.

한미 정상회담 공동성명에서 한반도에서 평화와 안정에 대한 위협이 증대될 경우 추가적 조치 검토. 북한을 압박하기 위한 문구로 더욱 강경한 문구가 거론됐지만 노무현 대통령 우려감 표명으로 완화된 표현.

▶5월 17일

럼즈펠드 국방장관, 미군 감축 가능성 언급.

☞럼즈펠드 장관이 미군 감축 가능성을 언급한 것은 두 가지 요소가 겹친 것으로 해석된다. 첫째 미국은 이 당시에 전 세계에 파견된 미군의 유연성을 확대하는 정책을 추진하고 있었기 때문에 그런 차원에서 한국에 고정배치된 병력 가운데 일부를 유연한 배치가 가능한 부대로 전환하려는 구상을 갖고 있었다. 둘째는 노무현 대통령이 한미관계가 좀 더 대등한 관계가 돼야 한다면서 미국을 불쾌하게 만드는 언사를 자주 제기했는데 미국 내 네오콘 세력은 노무현 대통령의 태도가 동맹 정신에 어긋나고 동맹국에 대한 예의를 어긴 것으로 보고 불만을 표명한 것이다.

이 시기에 미국에서는 한국 정부에 대한 불만을 상당한 수준으로 키운 것이 사실이었다. 그러나 노무현 대통령의 미국에 대한 도발적 언사가 긍정적인 결과를 가져온 것도 있었다. 한국의 달라진 위상에 대해 미국 관리나 연구자들이 생각하는 계기를 마련한 것이다. 결국 한미동맹 관계는 한 단계 성숙한 수준으로 이동하게 됐다. 노무현 정부 이후 이명박 정부에서 한미동맹관계는 최고의 수준을 보였는데 이런 성공적인 동맹관계 진행에는 한국에 대한 미국 정책 담당자들의 달라진 인식도 영향을 미쳤다. 물론 원만한 수단을 통해 관계를 재조정하면 좋았을 것이고 그래서 노무현 정부의 외교정책에 문제가 있었다는 평가는 일리가 있다고 본다.

▶5월 23일

미일 정상회담, "북한 위기 고조 때는 강경조치."

☞미국이 북한을 압박하기 위한 문구로 부시 대통령이 1주일 전 노무현 대통령 반대로 자제했던 표현을 결국 사용한 셈.

▶5월 24일

북, 다자회담 참가 조건 제시.

북 외무성 담화, "먼저 북미 회담을 계속해 미국이 제기하는 다자회담도 할 수 있다."고 언급. 6자회담 수용의 전제조건으로 제시한 것이다.

▶5월 27일

파월 장관, 북한의 양자회담 제의 거부.

▶5월 31일

미, PSI 추진 선언.

부시 대통령이 대량살상무기 확산방지구상(PSI:Proliferation Security Initiative) 추진 선언. PSI는 외형적으로는 국제사회의 보편적 주제를 다루는 국가 협력 구상으로 홍보됐지만 실제로는 북한을 겨냥한 압박조치였다. 볼턴 미 국무 차관도 북한이 주요 견제 대상이라는 점을 언급한 바 있다.

▶6월 4일

미, CVID 원칙 제시.

볼턴 차관, 북한이 만약 완전하고 검증가능하며 번복이 불가능한 방식(CVID: Complete, Verifiable, Irreversible Dismantlement)으로 핵무기 개발을 종료할 경우 북측의 담대한 제안에 대한 논의 가능성도 재검토할 수 있을 것이라고 피력했다. 볼턴 차관이 언급한 CVID는 이후 미국이 3년 이상 견지한 협상 원칙으로 북한에 대해 전적인 굴복을 요구한 것이었다. 북한이 받아들일 수 없는 조건을 제시하면서 북한을 압박하는 것이 미국 강경파의 구상이었다. 북한은 이후 6자회담이 열리자 예상대로 CVID 원칙에 대해 강력하게 반발했고 미국의 경직된 태도는 협상 진전을 가로막는 원인이 됐다.

▶6월 12일

PSI 참여 11개국, 마드리드에서 첫 번째 회의 개최.

▶6월 12일~13일

한미일 대북정책그룹(TCOG) 회의 개최. 하와이.

▶ 6월 15일

대북송금특검, 수사 결과 발표.

현대 대북송금 의혹을 수사해온 송두환 특검이 수사 착수 70일 만에 수사 결과를 발표했다. 발표에 따르면 현대 대북송금액은 모두 5억 달러로 이 돈이 남북 정상회담과 연계성이 있다는 결론이 나왔다. 2000년 4월 8일 박지원 전 장관이 북한과 남북정상회담 개최를 최종합의하면서 5억 달러 송금을 약속했다. 이 가운데 현대가 현물 5천만 달러를 포함해 4억 달러를 송금하고 1억 달러는 정부가 조달해 송금하기로 약속했다. 현대가 4억 달러를 송금한 이유는 7대 경협사업권의 대가였고 정부의 송금 명분은 대북지원이었다.

한편 정부는 자금 1억 달러를 마련하지 못해 현대 측에 도움을 요청했다. 이에 따라 현대상선은 산업은행으로부터 4천억 원을 대출받아 정부에 제공했다. 현대상선은 정상회담 직전인 2000년 6월 9일 대출금 4천억 원 가운데 2,235억 원을 국정원 도움을 받아 환전한 뒤 그 가운데 2억 달러를 마카오의 중국은행 북한 계좌로 송금했다. 같은 날 현대건설은 1억 5천만 달러, 현대전자는 1억 달러를 각각 송금했다. 현대상선은 대출금 가운데 남은 1,765억 원 가운데 1천억 원으로 건설 기업어음을 매입했고 건설은 이 돈을 대북송금에 사용해서 결국 4천억 원 대부분이 대북송금에 사용된 것으로 드러났다. 특검팀은 정상회담 전에 송금이 이뤄진 점과 정부의 적극적인 개입 정황 등을 볼 때 송금은 정상회담 대가 성격인 것으로 보인다고 밝혔다. 특검팀은 이 같은 대북송금에 대해 김대중 전 대통령과 알고 있었다는 진술을 확보했지만 위법행위에 개입한 정황을 파악하지 못해 조사하지는 않았다고 설명했다.

☞ 대북송금 수사 결과 발표는 대북정책에서도 투명성과 국민 합의의 중요성을 강조하는 계기가 됐다는 점에서 의미가 적지 않다. 그러나 남북관계는 이로 인해 심각한 손실이 발생했다. 일반적으로 국가 통치 행위를 하는데 있어서 투명성을 높이는 것과 남북관계 개선을 위해 북한에 경제협

력 자금을 지원하는 행위가 상호 용납되는 새로운 방식의 접근이 요구된다는 것을 보여준 교훈이었다.

▶6월 17일

미, 대북 식량 지원 유보.

▶6월 18일

북 외무성 대변인, "자위적 핵 억제력을 강화하는 데 더욱 박차."

▶6월 30일

북미 뉴욕 접촉.

북, 재처리 완료. 플루토늄 무기화 언급.

▶7월 1일

뉴욕 타임스, 새로운 미사일 개발 단지 탐지 보도.

미 CIA가 아시아 동맹국에 미 정찰위성이 북한 영덕동에 핵탄두 미사일 탑재 기술 개발 단지를 탐지했다는 내용을 통고했다고 보도.

▶7월 3일

미, 유엔 안보리 '북핵 폐기 촉구' 의장 성명 추진,

중·러 반대로 무산.

▶7월 12일~15일

중국 다이빙궈(戴秉國) 외교부 부부장 방북.

다자회담 참가 설득 노력.

▶7월 21일

미 의회, KEDO 지원 금지법 통과.

▶7월 23일

북, 한·미·일·중·러에 다자회담 수용 의사 통보.

▶7월 29일

미, 북핵 대응을 위해 다층적 국제 협의 구상 언급.

볼턴 차관이 북핵 문제 협의를 위해 중국과 한국을 순방하면서 북핵 대응 3궤도, 즉 다자회담, 유엔 안보리, PSI 협의를 구상하고 있다고 언급.

▶8월 1일

부시 대통령이 김정일 위원장을 지칭하면서 'Mr.' 존칭을 사용.

▶8월 1일

조선신보가 북 외무성 대변인 담화를 인용해 북이 6자회담 참가 용의 있다고 보도.

▶ 8월 4일

북 외무성, 6자회담 개최 발표. 6자회담 틀 내에서 북미 쌍무회담 제안.

▶ 8월 4일

정몽헌 현대아산 회장 투신자살.

대북송금 문제로 재판을 받고 있던 현대아산 정몽헌 회장이 이 날 새벽 5시 40분쯤 서울시 계동 현대사옥 앞 잔디밭에서 숨진 채로 발견됐다. 정 회장은 재판과 관련해 관련자들의 처벌 가능성을 최소화하기 위해 투신자살한 것으로 추정됐다.

☞대북송금 사건은 2002년 9월 25일 금융감독위원회에 대한 국정감사에서 엄낙용 전 산업은행 총재가 현대상선의 4,900억 원 대북지원 과정에 당시 정권의 실세가 개입됐다고 밝혀 대통령 선거를 앞두고 파장을 일으켰다. 이후 한나라당이 남북 정상회담관련 대북비밀송금 의혹사건 진상규명을 위한 특별검사 임명에 관한 법률안을 2003년 2월 4일 국회에 제출했고 법률안은 26일 국회에서 통과됐다.

3월 14일 노무현 대통령은 국회 결정을 받아들여 특별검사법을 공포하고 4월 17일 송두환 특별검사를 중심으로 구성된 특검팀은 본격 수사에 착수했다. 특검팀은 5월 30일 정몽헌 회장을 소환해 밤샘조사를 벌여 대북송금의 남북정상회담 대가성과 추가 송금 여부 등을 집중추궁하고 출국금지 조치를 취했다. 이런 와중에서도 정 회장은 금강산 관광 재개와 개성공단 착공식 논의를 위해 6월 10일부터 3박 4일간 북한을 방문하기도 했다. 6월 25일 특검팀은 70일 간의 수사를 마무리하고 외국환거래법, 남북교류협력에 관한 법, 증권거래법 등의 위반 혐의로 정 회장을 불구속 기소했다.

한편 특검 수사과정에서 정 회장이 박지원 전 장관에게 150억 원을 건넸다는 사실이 드러나면서 비자금 조성에 대한 의혹이 별도의 사안으로 제기됐다. 이에 대해 정치권이 제기한 특검 연장법안이 대통령에 의해 거부되자 7월 22일 대검찰청 중앙수사부가 현대비자금 150억 사건에 대해 수사에 착수했다. 비자금 사건

수사에도 불구하고 수사 착수 다음 날인 23일 정 회장은 김윤규 사장 등 임직원 19명과 함께 북한을 방문해 금강산 관광 재개를 위한 도로구간을 점검했다. 8월 1일에는 대북송금 3차 공판에 출석해 지난 2000년 남북정상회담 예비접촉 과정에서 150억 원을 돈세탁한 것으로 알려져 있는 김영완씨와 회동 여부를 두고 법정에서 특검팀과 논쟁을 벌였다.

정몽헌 회장의 투신자살로 노무현 대통령 정부의 대북 관계 개선 의지는 북한으로부터 의심을 받았고 남북관계 냉각 구도는 더욱 악화됐다. 노무현 대통령은 김대중 대통령의 햇볕정책을 계승한다는 입장을 내세웠지만 실제로는 대북송금 문제와 미국의 부시 대통령 행정부의 대북 강경정책이 겹쳐 한반도 안보 정세는 악화일로를 걸었다. 남북관계 개선은 2005년 6월 당시 정동영 통일부 장관이 북한을 방문해 대북송전 200만 킬로와트를 약속한 것을 계기로 다소 호전되기 시작했다. 이러한 분위기 반전은 2005년 9월 9·19공동성명으로 이어졌지만 거의 동시에 착수된 BDA 대북 금융 제재가 작동하면서 북미관계는 최악의 상태로 치닫고 남북관계 개선도 사실상 중단되는 운명을 맞았다.

▶8월 7일

파월 장관, 대북 서면 안전보장 언급.
북한 제외 6자 회담 참가국들이 북한에 대해 서면 안전보장 제공 가능 언급.

▶8월 7일~8일

왕이(王毅) 중국 외교부 제1부부장 방북.
6자회담 일정 합의.

▶8월 12일

남·북·러, 6자회담 관련 고위급 회담. 모스크바.

▶8월 13일~14일

6자회담 관련 한·미·일 3자 협의. 워싱턴.

▶8월 27일~29일

제1차 6자회담 개최. 베이징 댜오위타이.
미국은 북핵 CVID 방식 해결 촉구

하며 강경한 태도 유지. 북한은 미국의 외교관계 인정 및 안전 보장, 사찰 전 경제 지원 등을 요구하며 핵실험 가능성 협박. 회담이 끝난 뒤 회담 의장을 맡았던 왕이 중국 외교부 부부장은 9월 1일 미국이 북핵 문제 해결의 최대 걸림돌이라고 비난. 회담에 참가했던 북한 수석대표 김영일은 베이징 공항을 떠나면서 기자들에게 이런 백해무익한 회담은 필요 없다면서 불쾌감 표명.

제1차 6자회담이 열렸다. 6자회담 가동으로 북핵 문제는 남북과 미·중·일·러가 참가하는 다국간 현안으로 변경됐다. (2003년 8월 27일 연합뉴스)

☞제1차 6자회담 개최로 북핵 문제는 이제 북미 양자 간 현안이 아니라 6개국 현안으로 변경됐다. 한국은 1991년 이후 1993년 초 까지 북핵 문제의 주도적 당사국이었다가 북미 양자대화가 시작되면서 제3자 지위로 밀려났었다. 6자회담으로 회담 참가국 지위를 얻었지만 미국이나 중국에 비해 영향력이 부족했고 일본이나 러시아에 비해 더 많은 발언권이 있는 것도 아니었다. 그러므로 우리 민족과 국가의 운명을 스스로 해결한다는 입장에서 본다면 여전히 안타까운 상황이 지속되는 것으로 볼 수 있다. 6자회담은 2008년 말 수석대표 회동이 한 차례 열린 이후 개점휴업 상태에 놓여 있는데 그 동안 북한은 누구의 통제도 받지 않는 조건에서 핵무기 기술을 지속적으로 발전시키면서 문제를 악화시키고 있고 한국의 국가이익도 그만큼 훼손되고 있다.

▶9월 3일
북, 김정일 국방위원장 재추대.

북, 제11기 최고인민회의 제1차 전체회의 열고 김정일 국방위원장 재추대. 최고인민회의에서는 또 핵 억지력 강화 관련 법안들이 처리됐다.

☞북한은 김정일 위원장 재추대 일정을 앞두고 대내외적인 긴장을 고조

시키는 습성을 보여 왔다. 그렇지만 2003년 9월 재추대 직전에는 그런 조치가 없었다. 그것은 2002년 말 이후 2003년 초까지 이미 충분하게 긴장국면을 관리해 왔기 때문인 것으로 해석된다. 또 하나 주목할 점은 김 위원장은 부시 행정부의 대북 강경정책 흐름과 제2차 북핵 위기의 엄중성이 존재하는데도 불구하고 이 시기까지 개혁개방 정책이 성공할 가능성이 있다고 기대했던 것으로 보인다.

▶ 9월 5일

파월 장관, 대북 안전보장 방안 검토 발언.

북한이 핵폐기 의지를 보이면 안전보장 방안을 검토한다고 발언.

▶ 10월 2일

북 외무성 대변인 담화, 핵무기 개발 착수 시사.

"폐연료봉 재처리 완료, 플루토늄을 핵 억제력 강화 방향에서 용도 변경"

▶ 10월 7일

북, 비핵화 회담에서 일본 제외 주장.

외무성 대변인은 일본의 납치자 문제 제기를 이유로 핵문제 회담에서 일본 제외 주장.

▶ 10월 10일

파월 장관, 대북 안전보장 다자간 공개 문서화 언급.

▶ 10월 20일

부시, 다자간 대북 안전보장 문제 협의.

방콕 APEC 정상회담에서 노무현 대통령과 부시 대통령은 북한이 핵무기 개발 프로그램을 철폐하는 대가로 다자 간 안전보장을 북한에 제공하는 문제에 관해 환담.

▶ 10월 20일

북, 지대함 미사일 발사.

북한 조선중앙통신은 HEU 시인 주장 부인하고 미국에 대해 북미 기본합의문을 파기했다면서 규탄하는 내용의 고발장 발표.

▶ 10월 29일~31일

김정일, 6자회담 재개 동의.

우방궈(吳邦國) 중국 전국인민대표회의 상무위원장 북한 방문. 김정일 위원장은 일본을 포함한 6자회담 재개에 원칙적으로 동의. 이와 관련해 조선중앙통신은 북한은 동시행동의 원칙 하에서만 6자회담에 참여할 것이라고 언급.

▶10월 30일

미, 북한의 핵프로그램 선 폐기 거듭 주장.

미 국무부 대변인, 동시성(simultaneity)은 국무부에서 사용하지 않았던 용어라며 안전보장 이전 핵무기 프로그램의 선 폐기 거듭 주장.

▶11월 3일

KEDO, 비공식 집행이사회에서 경수로 공사 1년 중단.

▶11월 6일

부시 대통령, 북한이 압제의 전초기지라고 비난.

▶11월 6일

북, 핵 억지력 보유 주장.

리영호 주영 대사, 로이터 통신과 회견 중 북이 이미 핵 억지력 보유했다고 주장.

▶11월 9일

다이빙궈 중국 외교부 상무 부부장, 방한.

▶11월 21일

KEDO, 경수로 한시 중단 공식 발표. 뉴욕.

▶12월 8일

뉴욕 타임스, 한미일의 대북 안전보장 방안 보도.

한미일 3국이 북한이 검증 가능한 방식으로 핵시설을 해제할 경우 안전보장을 제공하는 일련의 조율된 조치(coordinated steps)를 요구하는 공동 제안을 기안했다고 보도. 중국은 경제 지원 항목 결여를 이유로 거부.

▶12월 9일

부시, 북한의 행동 대 행동 제안 거부.

원자바오(溫家寶)중국 총리가 미국을 방문해 부시 대통령과 면담했다. 부시 대통령, 북의 핵동결 대 대북지원 행동 조치 제안 거부. 이에 앞서 북한 외무성 대변인은 2차 6자회담 기본 입장 발표. 미국의 서면안전담보 수용 불가. 북의 일괄타결안 동시행동 원칙 제의.

▶12월 12일

체니 미 부통령, "부시 대통령은 악과

협상하지 않고 그들을 패배시킬 것"이라고 발언.

▶12월 19일

리비아, 핵프로그램 폐기 선언.

무아마르 가다피 리비아 최고 지도자가 미국과의 협상에 따라 핵개발 프로그램 폐기 등을 선언했다. 미국은 이후 리비아 방식을 북한에 적용하기 위해 노력했다.

☞리비아 사례는 이후 몇 년 동안 미국이 북한에 대해 그대로 따라할 것을 요구한 모범 사례로 활용됐다. 그러나 2011년 10월 20일, 가다피 지도자가 아랍의 봄 시위 결과 살해당하자 전형적인 반박사례가 됐다. 북한은 가다피의 죽음은 안전보장에 대한 대책이 없이 자위적 군사 수단을 포기했기 때문이라며 그런 일을 되풀이할 수 없다는 입장을 갖고 있다.

▶12월 24일

미, 북에 식량 6만 톤 추가 지원.

2004년

▶1월 6일~10일

북, 핵 억지력 실물 과시.

북한이 미국의 저명한 핵물리학자인 지그프리드 헤커(Siegfried S. Hecker) 박사와 잭 프리처드 전 미 국무부 북한 특사를 포함한 미국 민간 방북단에게 이른바 핵 억지력 실물이라며 플루토늄 금속을 공개했다.

▶1월 8일

미, 6자회담 재개 필요성 제시.

조지프 디트라니(Joseph R. DeTrani) 미 신임 북한 특사가 박길연 유엔주재 북한 대표와 면담 중 6자회담 재개 필요성을 강조했다.

▶1월 17일~20일

김정일, 6자회담 개최 동의.

왕자루이(王家瑞) 중국 공산당 대외연락부장 방북. 김정일 위원장 "차기 6자회담 개최 동의. 미국 입장 확인 필요"

▶1월 21일~22일

한·미·일 3자 정책 협의회에서 2차 6자회담 전략 조율.

▶ 1월 23일

북미 뉴욕접촉.

2월 초 6자회담 개최, 회담 시 북미 직접협상 참가 용의.

▶ 2월 1일

A. Q. 칸 박사 고백 파문.

파키스탄 핵폭탄의 아버지라 불리는 과학자 압둘 카디르 칸(Abdul Qadeer Khan) 박사가 북한과 이란, 리비아에 우라늄 농축 기술을 이전했다고 고백. 파키스탄 정부 관계자는 칸 박사 등 5명의 인사가 북한과 이란, 리비아 등을 위해 활동하는 단체에 핵무기 제조기술을 유출시켰음을 자백했다고 언급. 핵기술이 유출된 것은 지난 1986년부터 1993년 사이.

이와 관련해 황장엽 전 북한 노동당 비서도 2월 8일 도쿄신문과의 인터뷰에서 북한이 1996년부터 농축 우라늄을 이용한 핵무기 개발을 추진해 왔다고 주장. 신문에 따르면 황장엽 전 비서는 전병호 군수 공업 담당 비서가 지난 1996년 파키스탄을 방문해 협정을 맺으면서 농축 우라늄 핵무기 개발이 시작됐다고 언급.

당시 전병호 비서는 파키스탄 출장을 다녀온 뒤 플루토늄이 아닌 농축 우라늄으로 핵무기를 만들 수 있게 됐다고 황 씨에게 언급.

▶ 2월 3일

북, 6자회담 참가 발표.

▶ 2월 21일

북, 칸 박사 고백 보도 부인.

조선중앙통신, 파키스탄 전문가가 1990년대 후반 10번 넘게 방북해 우라늄 농축에 기반한 핵무기 개발 기술을 도와주었다는 뉴욕 타임스 보도는 잘못된 정보라고 비판.

▶ 2월 24일

6자회담 남북 수석대표 회담 개최. 베이징.

▶ 2월 25일~28일

제2차 6자회담 개최. 베이징.

회담 정례화, 실무그룹 구성 합의. 공동성명 도출 실패. 의장성명 채택. 핵문제 평화적 해결 의지 표명.

☞ 이 시기에도 북한은 미국의 적극적인 협상 호응을 기대했지만 미국은 북한의 열망을 철저하게 외면

했다. 미국 수석대표인 켈리 차관보는 회담 기간 내내 기자들에게 회담 진행 상황에 대해 말을 하지 않았다.

▶3월 10일

북한 외무성 대변인 담화, 평화적 핵 이용권 주장.

▶3월 23일~25일

김정일, 6자회담 지속 의지 확인.

리자오싱(李肇星) 중국 외교부장 방북. 김정일 위원장 면담. 6자회담 지속 의지 확인.

▶4월 15일

제17대 총선거 실시.

선거결과 여당인 열린우리당이 152석을 확보해, 12대 국회의 임기가 끝난 이래 16년 만에 여대야소 국회 탄생. 야당인 한나라당은 121석으로 패배했다. 민주노동당이 10석을 얻어 한국 국회 사상 처음으로 진보정당이 원내에 진출했다. 한편 16대 국회에서 제2당이던 새천년민주당은 9석, 제4당이던 자유민주연합은 4석으로 정당으로서의 존립 기반을 상실했다.

☞열린우리당이 승리한 배경에는 3월 12일 한나라당 중심의 대통령 탄핵안 가결에 대한 반동의 의미가 컸다. 총선 결과에 따라 집권 여당의 국정장악력이 높아졌고 이런 국내정치 상황은 대북정책에도 영향을 미쳤다. 노무현 대통령은 이 시기까지 보수 야당의 압박을 받고 대북정책에서 포용정책을 제대로 전개하지 못했지만 이후 남북관계 개선에 대한 관심을 갖기 시작했다.

▶4월 15일

제60차 유엔 인권위원회 북한 인권 결의안 통과.

▶4월 18일~22일

김정일 위원장 비공개 방중.

김 위원장은 18일 평양을 출발해 19일 오전 10시 반쯤 베이징에 도착했다. 방중 기간 중 후진타오 주석과 첫 정상회담.

한편 김 위원장이 방중 일정 마치고 평양으로 돌아가던 22일 오후 2시 룡천역 폭발 사건 발생. 갑자기 폭발이 일어나 주변 반경 1km 주변을 거의 폐허로 만들었고 사망자 161명,

부상자 1,300여명이 발생했다. 김 위원장은 룡천역을 당일 새벽 5시에 통과했으므로 신체적 위협은 없었지만 이 사건과 연관성에 의심을 품는 사람이 많았다. 북한은 이 사건이 한국에서 파견한 특수 요원의 소행으로 간주한 것으로 알려졌다. 그러나 공식적으로는 질산암모늄 비료를 적재한 화차들과 유조차들을 연결하던 작업을 진행하던 중 작업자 부주의로 인해 전기선에 접촉해 폭발사고가 발생했다는 설명을 제시했다.

▶4월 30일

부시 대통령, 대북 직접대화 거부 의사 표명.

▶5월 12일

북, 주한미군 철수 전까지 핵 억지력 보유 주장.

한성렬 유엔 주재 북한 대표부 부대표는 USA TODAY 회견 중 한반도에 군대를 주둔시킨 모든 국가가 평화조약에 서명할 때까지 북한은 핵 억지력을 보유할 것 천명.

▶5월 12일~15일

제3차 6자회담 실무그룹회의. 베이징.

6월말 내 3자회담 개최 및 실무그룹 추가 개최 노력 합의. 북한은 한반도 비핵화에 대한 총체적 목표와 첫 단계로서 핵 시설의 동결에 임할 수 있음을 분명히 한다는 입장 표명.

▶5월 22일

제2차 북일 정상회담 개최. 평양.

고이즈미 일본 총리, 북한 방문. 김정일 위원장은 부시와 대화하고 싶다면서 "조선반도 비핵화가 최종 목표이며 핵 개발을 동결하면 검증이 뒤따를 것"이라고 말했다.

▶5월 22일

뉴욕 타임스, 6불화 우라늄 리비아 수출 보도.

북한이 리비아에 6불화 우라늄 약 2톤을 수출했다는 내용. 이 기사는 결국 오보로 확인됐다고 한국 정부 고위 당국자가 말한 바 있다.

▶5월 29일

북, 6불화 우라늄 관련 보도는 조작된 것이라고 주장.

▶6월 8일

중, 우라늄 프로그램 관련 증거 부족 불평.

저우원중(周文重) 중국 외교부 부부장, 뉴욕타임스 회견에서 우라늄 프로그램에 대해 아는 바 없으며 미국도 설득력이 있는 증거를 제시하지 못하고 있다는 의견 피력.

▶6월 18일

한국 정부, 이라크 파병 계획 발표.

규모 3,000명. 한국 정부 발표는 북핵 문제와 관련해 미국이 북한에 대해 유화적인 태도를 취하도록 유도하기 위한 조치였다는 해석이 있음.

▶6월 21일

한국인 김선일씨가 이라크에서 참혹하게 피살.

알 자지라(Aljazeera) 방송을 통해 새벽 2시쯤 보도됐다.

☞이 시간은 이라크 파병 계획 발표 직후가 되고 제3차 베이징 6자회담 본회담 개최를 이틀 앞둔 시점이었다. 세 가지 사건이 미묘한 형태로 얽혀져 있다는 점에 유의할 필요가 있다.

▶6월 23일~26일

제3차 6자회담 개최. 베이징.

미국은 이 회담에서 처음으로 북핵 문제 해결을 위한 일괄타결방안을 밝혔다. 북한도 미국 제안에 대해 긍정적 언급을 하기도 했다. 그러나 최종적인 합의가 이뤄지지는 않았다.

▶7월 2일

북미 외교장관 접촉.

파월 미 국무 장관, 백남순 외무상과 ARF에서 접촉.

▶7월 9일

미, 리비아식 해결 주장.

콘돌리자 라이스(Condoleeza Rice) 미 국가안보보좌관, 방한. "북 핵 폐기하면 놀랄 만한 대가 있을 것"이라며 리비아식 해결 언급.

▶7월 21일

볼턴, 미 대통령 선거 전 북핵 문제 해결 희망 언급.

볼턴 미 국무 차관 방한 계기 발언. 미국의 잇따른 온건한 태도는 대통령 선거를 의식한 전략으로 보인다. 부시 대통령이 북한 문제에 대해 외교적 해결 노력을 하지 않았다는 민주당 비판에 대해 반박할 수 있는 근거를 마련하기 위한 행보로 분석된다.

▶7월 24일

북 외무성 대변인, 리비아식 해결 제안 거부.

3차 6자회담에서 미국이 제안한 일괄타결안에 대해 "전향이라는 보자기로 감싼 리비아식 선 핵 포기 방식일 뿐"이라며 "더 이상 논의할 일고의 가치도 없다"고 언급.

▶8월 6일~15일

리근 북한 외무성 미국국 부국장 방미.

▶8월 7일

북, 미국과 일본의 PSI 연합 해상훈련 맹비난.

▶8월 18일

부시 대통령은 위스콘신주 유세에서 김정일 위원장을 '폭군'이라고 지칭.

▶8월 23일

북, '폭군' 발언 비난.

외무성 성명에서 부시는 히틀러보다도 더 악질이며 살인자, 저능아라고 주장.

▶8월 23일

중국 우다웨이(武大偉) 외교부 부부장, 동북공정 문제로 방한.

☞동북공정 문제는 학술 차원의 문제로 치부됐으나 2004년 8월 5일 중국 외교부가 외교부 홈페이지에서 고구려 역사를 삭제하면서 정부 차원의 외교 현안으로 변경됐다. 이 사안은 한국의 민족주의 감정을 촉발시켜 한중 관계를 심대하게 훼손할 수 있는 사안이었으나 긴밀한 외교 협상을 통해 사태 악화를 방지한 사례로 꼽힌다. 양측은 고구려사 문제를 정치쟁점화시키지 않고 중국 정부가 개입하지 않는다는 등의 조치에 합의하는 방법으로 문제를 수습했다. 합의 이후 외교통상부 박준우 동북아시아 국장은 비밀리에 동북3성을 방문해 중국의 합의사항 이행을 점검할 정도로 동북공정 문제는 양국 간 민감한 현안이었다.

동북공정 파문이 원만하게 수습됨에 따라 북핵 문제 해결과 관련한 한국과 중국의 협력 분위기가 한층 높아졌고 6자회담에서 한국의 외교적 활동 공간이 확대되는 계기가 됐다.

▶ 9월 8일

남한 핵문제 등장.

한국 과학자들이 과거 규정을 어기고 핵물질 추출 실험을 했고 이 사실을 신고하지 않은 것에 대해 IAEA가 우려하고 있다는 점이 알려졌다. 한국 정부 고위 당국자는 한국 측 잘못이 있었다고 시인했다. IAEA가 문제삼은 항목은 6가지. 2000년 1~2월 우라늄 0.2g 분리 실험, 1982년 4월~5월 플루토늄 0.08g 관련 실험, 금속우라늄 150kg 생산 미신고, 생산시설 3곳 미신고, 금속 우라늄 150kg→134kg 변동 미신고, 플루토늄 실험 당시 핵연료봉 재처리 여부 표기 실수 등이 포함.

IAEA는 12월 말까지 한국에 조사단을 4차례 파견해 현장 조사를 실시한 뒤 한국 정부 설명과 다른 특이사항이 없다고 보고 유엔 안보리 회부 등의 조치를 하지 않기로 결성.

▶ 9월 11일

북 외무성 대변인, 남한 핵문제 관련 6자회담 연계 시사.

▶ 9월 19일

후진타오 중국 공산당 중앙군사위원장 선출.

▶ 9월 27일

북, 핵무기화 주장.

북 외무성 최수헌 부상, 유엔 총회 기조연설에서 "미국 공격을 억제하기 위해 폐연료봉 8천 개를 재처리해 무기화" 주장.

▶ 9월 28일

미국 상원, '북한 인권법안' 채택.

북한이 6자회담 참가를 지연하는 빌미로 사용됐다.

▶ 9월 30일

미중, 6자회담 조속 개최 합의.

파월 미 국무장관 리자오싱 중국 외교부장, 6자회담 조속 개최 합의. 워싱턴.

▶ 10월 4일

미 상하원, '북한 인권법안' 만장일치 채택.

북 외무성 대변인, 다음날 인권법안 통과는 전쟁선포 행위라고 비난.

▶10월 22일

북, 6자회담 참가 3대 조건 제시.

외무성 대변인은 조선중앙통신 기자에 답하는 형식으로 북한을 적대하지 않고 '동결 대 보상'에 참가할 준비가 돼 있으며 남한 핵문제를 우선 논의할 준비가 돼 있는지 여부 등의 조건을 내세웠다.

▶11월 2일

미국 대통령 선거.

부시 대통령이 민주당 존 케리(John Kerry) 상원의원과 대결해 선거인단 기준 286대 251로 승리. 하원에서도 공화당이 의석 3석 추가해서 232석. 상원에서 4석 추가해서 55석으로 승리. 민주당은 하원에서 204석에서 2석 줄어 202석, 상원에서 4석 줄어 45석. 미국에서는 이라크 안정화 정책에서 심각한 부작용이 노출되고 있었지만 9·11테러와 알 카에다 전쟁 국면이 지속되고 있다는 분위기가 매우 강했기 때문에 부시 대통령이 승리했다.

▶11월 2일

노무현 대통령, 북한에 대한 강경정책 반대 발언.

LA 세계문제위원회 연설 중, 북에 대한 강경정책은 엄중한 결과를 초래한다고 경고.

☞노무현 대통령 발언은 미국 방문 기간에 제기된 것으로 부시 대통령과 미 행정부 강경파 참모들을 겨냥한 발언이었다. 노 대통령 발언은 포용정책에 대한 의지를 다시 한 번 강조하는 효과를 거뒀을 것으로 생각되지만 미국 강경파 견해를 바꾸지는 못했고 노 대통령에 대한 반감을 초래하는 부작용을 낳았다.

▶11월 26일

KEDO, 집행이사회 열어서 북한 경수로 건설 중단 1년 추가 연장.

▶11월 30일~12월 3일

북미 뉴욕 접촉.

▶12월 4일

북, 외무성 대변인 성명.

미국의 차기 행정부 대북 정책 수립을 지켜본 뒤 대응하겠다고 천명.

▶12월 5일

노무현 대통령, 미국에 대한 불만 거듭 표명.

프랑스 파리 교민 간담회에서 한국이나 중국, 그리고 다른 국가들이 가지고 있는 북의 정권교체 이견으로 인해 북핵 문제 풀기 어렵다고 발언.

▶12월 13일

미, 평화체제 전환 가능성 언급.

제임스 켈리 미 국무 차관보, 언론 인터뷰에서 북한이 모든 핵무기 개발 프로그램을 폐기한다면 현행의 한반도 정전협정 체계를 다자간 평화조약 체제로 전환할 수도 있을 것이라고 언급.

▶12월 17일~18일

노무현 대통령, 일본에 대해 대북 제재 유예 권고.

한일 정상회담에서 고이즈미 총리에게 대북제재 조치 결정 유예 권고.

2005년

▶1월 8일~11일

미 하원 국제관계위원회 민주당 간사 톰 랜토스(Tom Lantos) 하원의원 일행 방북.

▶1월 11일~14일

커트 웰던(Curt Weldon) 등 미 하원 대표단 방북.

미 하원 의원 6명. 북힌은 6자회담 재개 시사.

▶1월 18일

라이스, '폭정의 전초기지' 발언.

라이스 미 국무장관 내정자, 상원 인준청문회에서 북한을 '폭정의 전초기지'로 거명. 이란과 북한, 쿠바 등 6개국.

▶1월 20일

부시 대통령 행정부 2기 출범. '자유 확산과 폭정의 종식' 강조.

▶2월 2일

미 주요 언론, 6불화 우라늄 문제 또 보도.

북한의 6불화 우라늄 2톤 수출 의혹 또 다시 보도됐다. 농축우라늄 제조 직전 단계의 물질. 이 기사와 관련해 마이클 그린(Michael Green) 국장이 2일과 3일 한국을 방문했다.

☞한국 정부의 한 당국자는 이 보도가 사실이 아니라고 확인한 바 있다. 사실이 아닌 기사가 미국에서 재탕으로 보도된 것은 미국 내 대북 강경정책 지지 세력이 북한에 대한 강경정책의 정당성을 부각시키기 위해 언론을 활용한 결과로 보인다.

▶2월 10일

북 외무성 성명. 핵무기 보유 선언. 6자회담 무기한 중단 공식 선언. 미국의 '대북 적대시' 정책에 따른 핵자위력 보유 필요성 주장. 이에 대해 미국은 고립이 심화될 뿐이라며 비난.

▶2월 19일~22일

김정일, 6자회담 참가 가능성 시사. 김정일 위원장, 북한을 방문한 왕자루이 중국 공산당 대외연락부장에게 '6자회담 조건 되면 회담 탁에 나갈 것'이라고 언급.

▶2월 19일

미일, 북핵 문제 유엔 안보리 상정 언급.

외교 국방 장관 공동 기자회견에서 북핵 해결 안 되면 유엔 안보리에 상정 언급.

▶3월 2일

북, 장문의 외무성 비망록 발표. 부시 정부가 성의를 보이고 행동해 6자회담이 개최될 수 있는 조건과 명분을 마련할 경우 언제든지 6자회담에 나간다는 입장 표명.

▶3월 2일

IAEA, 북핵 문제에 대한 의장 결론문 채택.

NPT와 6자회담 복귀 촉구.

▶3월 2일~4일

우다웨이 중국 외교부 부부장 방한.

▶3월 4일

크리스토퍼 힐(Christopher R. Hill) 6자회담 수석대표 등장.

미 백악관이 1월에 사임한 제임스 켈리 미 국무 동아태 담당 차관보 후임으로 크리스토퍼 힐 주한 미국 대사를 지명했다고 발표했다.

☞힐 대사는 2004년 8월 12일 주한 미국 대사로 부임한 지 약 7개월 만

에 워싱턴 본부의 차관보로 이동했다. 주한 미국 대사를 7개월 만에 교체하는 것은 이례적인 상황이다. 라이스 신임 국무장관이 북핵 문제를 해결하겠다는 의지를 갖고 그 과제를 수행할 일꾼으로 당시 최고의 협상가로 알려진 힐 대사를 부른 것으로 알려졌다. 힐 대사 등장으로 북핵 문제와 6자회담 전개에 질적인 변화가 생겼다. 힐 대사는 개인적으로 성취와 과시 욕구가 상당히 크고 자신의 협상 능력에 대한 자부심도 대단한 인물이다. 또 부시 대통령과 라이스 국무장관의 신임도 상당히 큰 편이기 때문에 전임 켈리 차관보와 달리 적극적인 태도를 보였다. 힐 대사는 결국 2005년 9월 9·19 공동성명을 이끌어내는 협상력을 발휘했고 2006년 10월 북한의 핵실험 이후에는 북한과의 양자협상을 주도해 2·13 합의를 이끌어내기도 했다. 힐 대사가 아니었다면 9·19공동성명은 나오기 어려웠을 것이다.

힐 대사는 그러나 2008년 2월 한국의 이명박 대통령 취임 이후 한국이 북한에 대한 강경정책으로 돌아

크리스토퍼 힐 미 국무부 동아태 담당 차관보. 당대 최고의 협상가라는 명성에 걸맞게 9·19공동성명 등 성과를 보여주기도 했지만 한국과 미국, 북한의 국내정치에서 발생한 구조적인 제약을 뛰어넘지는 못했다. (2008년 12월 8일 YTN영상)

서고 2008년 말까지 북한이 핵검증 문제에 대해 비협조적으로 나오고 2009년 초 미국 오바마 행정부가 한국의 대북 강경정책에 동조하는 입장을 취한 이후 지지 기반과 협상 추동력을 상실했다. 힐 대사는 지지 기반을 한 번 상실한 이후에는 다양한 세력으로부터 비난공세를 받고 최고 협상가로서 명성을 유지하는데 실패했다.

▶3월 16일

북, '폭정의 전초기지' 발언 철회 요구.

외무성 대변인이 조선중앙통신 기자 질문에 답변하는 형식.

▶3월 19일

라이스, 북한을 '주권국가'로 호칭.

한국을 방문한 라이스 미 국무장

관이 북한을 '주권국가'라고 호칭. 전날 일본에서도 주권국가라고 호칭한 이후 이틀째 연속으로 사용했기 때문에 북한에 대한 의도적 유화 제스처로 볼 수 있다.

▶3월 22일~27일
박봉주 북한 총리 방중.
회담 중지도 투쟁이지만 회담 참가도 투쟁이라며 우회적으로 대화 참가 의지 피력.

▶3월 31일
북 외무성, 군축회담 주장.
북한이 핵보유국이 된 이상 6자회담은 군축회담이 되어야 한다고 주장.

▶4월 25일
북 외무성, 유엔 안보리 회부 또는 UN 제재를 선전포고로 간주할 것이라고 엄포.

▶4월 29일
부시 대통령, 김정일 위원장을 '폭군, 위험한 인물'로 지칭.

▶4월 30일
북, 부시 대통령을 '불망나니에 도덕적 미숙아'라고 비난.

▶5월 11일
북 외무성 대변인 성명, "폐연료봉 8,000개 인출 작업 완료."

▶5월 12일
라이스 장관, 북한이 제네바 합의를 어겼다고 비난.

▶5월 13일
북, 뉴욕 실무 접촉에서 북미 직접대화 가능성 시사.

▶5월 14일
북, 라이스 장관이 '무식하거나 철면피'라고 비난.

▶5월 31일
부시, 백악관 기자회견에서 'Mr. 김정일' 표현 사용.

▶6월 6일
북미, 북핵 관련 실무접촉.

▶6월 10일
한미 정상, 회담에서 한반도에서 핵무기 완전 제거가 공동 목표확인.

▶6월 14일~17일
정동영 통일부 장관, 북한 방문해 김정일 위원장 면담.

17일에 면담 성사. 한반도 비핵화 원칙적 존중 의사 확인하고 대북송전 구상 제안.

☞정동영 장관은 당초 6·15공동선언 기념행사 참석 차원에서 북한을 방문했다. 정 장관은 2004년 7월 1일 취임했으나 취임 직후에 문제가 된 김일성 주석 10주기 행사 참석을 위한 민간 대표단 북한 방문 신청을 불허해 북한으로부터 모멸적인 비난을 받았다. 북한은 정 장관에 대해 북한 땅을 한 치도 밟지 못할 것이라고 경고했다.

정 장관은 북한의 비난공세에도 불구하고 남북 관계 개선에서 가시적인 역할을 하기 위해 지속적으로 노력했지만 성과를 거두지 못하다가 2005년 6월 6·15공동선언 행사를 계기로 북한 방문을 추진했다. 북한 방문은 성사됐지만 김정일 위원장 면담 등 공식적 차원의 영접을 받는다는 사전 약속이 없는 상태로 북한을 방문했다. 남측 통일부 장관으로서 체면을 구길 가능성이 많지만 대북 송전 200만 KW 약속 등으로 관계 개선 의사를 강하게 표명했다. 결국 현장에 가서 김정일 위원장은 정 장관 면담에 동의했다. 보수 진영에서는 이 면담을 비굴했다고 비난했지만 진보 진영에서는 남북관계 개선을 위해 포용적인 태도를 보여준 것이라며 반박했다.

▶6월 18일

북, 원자로 재가동.

▶6월 29일

미, 북한 기업 제재 추가.

"대량살상무기 확산 혐의로 북한 기업의 미국 내 활동 자산 동결." 미국 내 자산 동결된 회사는 3개로 조선광업개발무역회사, 단천상업은행, 조선연봉총회사.

▶6월 30일

북미 접촉.

리근 미국국 부국장과 디트라니 특사. 힐 차관보는 이 접촉을 활용해 북측과 전화 통화를 갖고 문제 해결에 대한 강한 의지가 있음을 알렸다.

▶7월 9일

북미, 6자회담 재개 합의.

힐 차관보, 베이징에서 김계관 부상과 접촉. 7월 25일쯤 4차 6자회담 개최 합의 발표.

▶ 7월 12일~13일
라이스 장관, 방한.
한국의 대북 전력 지원은 6자회담에 도움이라며 긍정 평가.

▶ 7월 13일
김정일, 한반도 비핵화 노력 언급.
김정일 위원장, 특사로 북한을 방문한 탕자쉬안(唐家旋) 중국 국무위원 면담. "한반도 비핵화 실현을 위해 북한이 노력할 것."

▶ 7월 25일
북미 양자회담 성사.
힐 대표와 김계관 대표.

▶ 7월 26일~8월 7일
제4차 6자회담 1단계 회의 개최. 베이징.
이 회담을 전후로 해서 미국은 고농축 우라늄, HEU라는 표현을 우라늄 농축 프로그램, UEP(Uraium Enrichment Program)라는 표현으로 변경했다. 고농축으로 단정 짓는 표현에 비해 협상하기가 편리하다. 미국이 신축성을 보인 것이다. 6자회담에서는 북미 양자회담을 다양한 형태로 잇따라 진행. 그러나 최종 결론을 내지 못하고 6자회담은 휴회.

▶ 8월 11일
정동영 통일부 장관, "평화적 핵 이용은 북한의 권리" 언급.

☞ 노무현 대통령 정부는 취임 초기 대북송금 특검을 승인하는 등 대북정책에서 상호주의와 투명성 제고 등을 중시했다. 그러나 한반도 안보상황이 지속적으로 악화되는 상황을 목도하면서 남북관계 개선이 한반도 평화와 번영에 핵심적인 사안으로 보고 남북관계 개선에 총력을 기울이는 방향으로 태도를 변경했다. 이 과정에서 북한 주장에 동조하는 듯한 언행도 제기했다. 이런 행보는 단기적으로 남북관계 개선에 도움이 됐지만 장기적으로 부작용도 초래했다. 임기 초기에 북한에 대해 필요 이상으로 단호한 정책을 편 것과 더불어 아쉬운 대목이다. 임기 중반 이후 북한에 대해 필요 이상으로 포용

적인 태도를 보인 것도 북한에 대한 메시지 관리에서 오산이 있었고 국내정치적으로도 보수 진영의 비난을 부르는 등 부작용이 발생했다.

▶8월 13일~15일

테드 터너(Ted Turner) CNN 사장 방북.

▶8월 14일~18일

콘스탄틴 풀리코프스키(Konstantin Pulikovsky) 러시아 극동대표부 대표 방북.

▶8월 15일~18일

칼 레빈(Carl Levin) 미 민주당 상원의원 일행 방북.

▶8월 15일

한미 연례 연합군사훈련인 을지 포커스 훈련이 9월 2일까지 진행됐다.

▶8월 19일

미, 제이 레프코위츠(Jay Lefkowitz) 북한 인권특사 임명.

인권특사 임명은 북한이 반대하는 것으로 6자회담 일정이 9월로 연기되는 빌미가 됐다.

▶8월 26일

북, WFP 등 국제기구에 북에 대한 인도적 원조 중단 요구.

북한의 요구에 앞서 북한 원조를 담당하는 국제기구들은 북한에 대해 감시 체계의 투명성을 제고할 것을 지속적으로 요구했다. 북한은 이에 대해 내정 간섭 등을 이유로 반대했다가 결국 원조 중단을 요구하는 상황에 이르렀다.

▶8월 29일

북한 외무성 대변인 4차 6자회담 2단계 회의 재개 관련 입장 발표.

▶8월 30일~9월 3일

미 민주당 하원의원 톰 랜토스 의원 등 방북.

조속한 6자회담 복귀 촉구.

▶9월 7일

월스트리트 저널, 마카오의 델타 아시아 은행(BDA : Banco Delta Asia, Macau) 제재 보도.

북한의 불법자금 거래와 관련해 델타 은행 조사 중이라고 보도. 신문은 미국이 북한의 불법 자금 네트워

크와 연계된 것으로 보이는 아시아계 은행들에 대해 조사하고 있다고 보도했다. 조사 대상은 중국은행과 마카오에 근거를 둔 방코 델타 아시아. 신문은 마카오에 진출한 북한 조광무역이 마카오의 두 은행과 거래하면서 돈세탁과 위조달러 배포를 관장해왔다는 것이 미국 측 판단이라면서 워싱턴은 북한이 조광무역을 통해 핵프로그램에 필요한 부품도 공급받고 있는 것으로 보고 있다고 보도. 미국은 지난 3년 동안 북한의 밀수 네트워크를 추적해오면서 상당한 성과를 냈으나 관련자 검거 등을 보류해오다 위장한 수사관들에게 휴대형 지대공 미사일을 판매하려는 북한 측 기도가 포착됨에 따라 관련자 약 100명을 체포하는 등 본격적인 척결에 착수했다고 보도. 마카오 은행들은 1994년 미 재무부 비밀경찰과 미연방수사국 등이 마카오를 거점으로 한 북한의 위조달러 배포를 적발한 이후 집중감시를 받아온 것으로 알려졌다.

☞월스트리트 보도는 이후 BDA문제라고 알려진 사건을 처음으로 보도한 사례라는 점에서 의미가 크다. BDA문제는 9월 15일 미 재무부 보도자료에서 처음으로 공식 확인된 것으로 알려져 있다. 그렇지만 실제로는 북한은 9월 7일 BDA문제와 관련한 월스트리트 보도에 따라 심각한 영향이 있을 것으로 예상을 했어야 마땅했다. 그런데도 불구하고 북한은 9월 19일 6자회담 공동성명에 서명했고 11월 6자회담에 참가하기도 했다. 이것은 북한 외교 담당자들이 BDA 사건의 실체와 여파에 대해 정확하게 이해하지 못했다는 것을 반증하는 것이다.

▶9월 13일~19일

제4차 6자회담 2단계 회의 개최.

마지막 날 9·19공동성명을 채택했다.

☞9·19공동성명은 북핵 문제를 획기적으로 변환시킬 수 있는 대규모 거래였다. 단순히 북핵 문제만이 아니라 북한이 요구하는 평화협정 체결 문제와 동북아 다자안보기구 문제까지 잠재적으로 거론하고 있다. 9월 성명이 잘 이행이 됐다면 북핵 문제는 획기적으로 풀려가는 수순이 진행

됐을 가능성이 있었다. 그러나 BDA 사태가 동시에 진행되면서 9월 합의는 즉각적으로 휴지조각과 다를 바 없는 신세로 전락했다. 또한 북한은 9월 합의 발표를 하고 난 다음날 경수로를 먼저 제공하지 않으면 비핵화는 없다고 으름장을 놓으면서 미국이나 한국의 협상 대표들을 당황하게 만들었다.

결과적으로 9월 합의는 다음해 7월 북한의 미사일 다량 발사, 10월의 핵무기 실험 등을 거쳐 최악의 파국을 맞은 뒤에야 2007년 2월 2·13 합의를 통해 계기를 이어갔지만 한국과 미국의 정권교체, 그리고 북한의 지도부 재편이 겹치면서 사문화되는 수순을 밟았다.

▶ 9월 15일

BDA 문제 발생.

미 재무부, 마카오 소재 방코 델타 아시아를 돈세탁 주요 우려기관으로 지정 공시하고 보도자료 배포. BDA 문제가 발생한 시점이 9·19공동성명 채택 시점보다 앞서 있다는 점이 특이하다. 북한이 금융제재 문제를

BDA사태는 북한에 결정적인 고통을 안겨줬다는 점에서 대북 제재 역사에서 성공 사례지만 이후 북한의 극단적 반발로 미국은 BDA 관련 모든 압박 조치를 취소하는 수모를 겪었다. (2007년 3월 15일 연합뉴스)

갖고 강력하게 반발하기 시작한 것은 12월 이후의 일이다. 그렇게 보면 미국이 9·19합의를 한 이후에 북한에 대한 제재에 착수한 것으로 생각이 되지만 실제로는 재무부 대북제재 행보가 4일 앞서서 시행됐고 월스트리트저널 보도를 기준으로 삼으면 12일 전 일이다. 그런데도 북한이 6자회담에서 미국과의 합의에 서명한 것은 납득이 되지 않는 일이다.

이런 모순적인 상황이 발생한 배경에는 북한의 비밀주의에 있는 것으로 추측된다. 방코 델타 아시아에는 북한 계좌가 52개가 있었던 것으로 알려지고 있고 이 계좌의 관리는 각각 서로 다른 기관들이 담당한 것으로 보인다. 그러므로 6자회담에 나왔던

김계관 부상은 계좌 규모와 내용, 그리고 미 재무부 조치의 파장 등에 대해 이해하지 못한 것으로 보인다.

▶9월 20일

북 외무성 대변인 담화, 경수로 즉시 제공 요구.

공동성명에 천명된 대로 미국이 신뢰 조성의 기초로 경수로 제공 즉시 NPT, IAEA 복귀 언급. 힐 대표는 북한에게 뒤통수를 맞은 것으로 평가받으면서 미국 내 입지가 줄었다.

▶10월 17일~20일

빌 리처드슨 뉴멕시코 주지사 방북. 북한, 영변 핵시설 공개.

▶10월 18일

북, 미국의 대북 제재 해제 촉구.

북 외무성 대변인, "미국의 대북 제재 실시를 선전포고로 간주할 것이며 미국이 적대행위에 계속 매달린다면 자위적 조치를 취할 수밖에 없다"고 언급.

▶10월 18일

리빈(李濱) 중국 북핵대사, 방북. 5차 6자회담 개최 합의 도출.

▶10월 21일

미국, 북한 기업 추가 제재.

해성무역, 조선광성무역, 조선부강무역 등 북한 8개 기업 대량살상무기 확산 개입 의혹으로 자산 동결. 행정명령 13382호가 근거.

▶10월 24일

북, 11월 초 6자회담 참가 발표.

북한 외무성 대변인 기자회견. 6자회담 참가 의사 표명. BDA문제가 진행 중인데도 북한이 6자회담 참가 입장을 밝힌 것은 이상한 대응이다. 북한은 미국의 책임을 따지고 계산하기 위해 복귀한다고 주장했지만 납득하기는 어렵다.

▶11월 6일

부시, 김정일 위원장을 또 '폭군'으로 호칭.

부시 미국 대통령이 김정일 북한 국방위원장을 폭군으로 불렀다고 일본 요미우리 신문은 브라질발로 보도. 브라질을 방문 중인 부시 대통령은 6일 청년 기업가들과 만난 자리에서 일본은 북한의 폭군과 대처함에 있어서 미국의 동맹국이라고 말했다고 신문은 보도.

▶11월 9일~11일.

제5차 6자회담 제1단계 회의. 베이징.

북한이 BDA 문제와 8개 북한 기업 제재 문제에 항의하면서 성과 없이 종료.

▶11월 15일

미, 북한의 선 핵프로그램 포기 요구.

스티븐 해들리(Stephen Hadley) 미 백악관 국가안보보좌관 강경 발언. "미국은 북한이 핵프로그램을 포기하기 전에 대북 경제 지원을 하지 않는다는 정책을 고수할 것."

▶11월 17일

유엔 총회, 대북 인권 결의안 채택.

▶11월 21일~22일

KEDO, 경수로 사업 종료 및 청산절차 개시 합의.

▶12월 7일

미, 북한을 범죄국가로 지칭.

알렉산더 버시바우(Alexander Vershbow) 주한 미 대사, 북한을 '범죄국가(Criminal Regime)'로 지칭. "북한 정권은 80년대부터 본격적으로 위조 달러를 불법적으로 사용하고 있으며 마약을 생산, 외교관들을 통해 내다팔고 있는 범죄정권"

▶12월 11일

북, 6자회담 무기한 연기 선언.

미국의 금융 제재와 범죄 국가 발언 이유로 6자회담 무기한 연기 선언.

▶12월 17일

유엔총회, '북한 인권 상황에 대한 결의안' 가결

▶12월 20일

힐 미 국무부 차관보 "북한의 달러 위조는 분명한 사실"

▶12월 31일

북, "미국이야말로 세계 최대의 범죄국가"라고 비난.

2006년

▶1월 5일

라이스 장관, "북한 위조지폐 대응은 조지 부시 대통령의 뜻."

▶1월 8일

KEDO 현장 인력 전원 철수로 대북 경수로 사업 종료.

▶1월 10일~18일

김정일 위원장, 철도 이용해 중국 선전 등 방문.

김정일 위원장은 이번 중국 방문에서는 광저우와 선전까지 여행했다. 10일 새벽 단둥을 통과해 중국에 들어섰고 13일에 광둥, 15일에 선전을 방문했다. 17일에는 베이징에 도착해 후진타오 주석의 열렬한 환대를 받았다.

☞ 김 위원장 중국 방문 일정에서는 특히 김 위원장 열차의 쾌적한 진행을 위해 중국 곳곳에서 엄청난 규모의 열차 통제가 있어서 중국인들이 매우 불편해 했다고 한다. 후진타오 주석이 김정일 위원장 설득을 위해 엄청난 노력을 기울였음을 추측할 수 있다.

▶1월 18일

북·미·중 6자회담 수석대표 베이징 회동.

북, 금융제재 해제 요구. 미, 기존 입장 고수.

▶1월 25일

노무현 대통령, 미국과의 견해 차이 불만 언급.

미국의 대북 압박 및 체제 붕괴 노력 지속될 경우 한미 이견 발생 언급.

▶1월 31일

부시, 북한 비난 발언 지속.

부시 대통령, 국정연설에서 북한을 포함한 5개국을 '부자유 국가'로 지칭.

▶2월 2일

미, 북한 핵보유 유사 인정 발언.

미국의 존 네그로폰테(John Negroponte) 국가정보국장, 상원 정보위원회 청문회에 참석해 북한이 핵보유를 주장하고 있는데 이는 사실인 듯 하다고(probably true) 증언.

☞미국의 고위 당국자들이 북한의 핵역량과 관련해 핵무기 보유국으로 인정하는 듯한 발언을 하기 시작했

다는 점에서 의미가 있다. 유사 발언 중에 가장 주목할 만한 발언은 2013년 1월 31일 척 헤이글(Chuck Hagel) 미 국방장관 지명자가 상원 인준 청문회 언급이다. 헤이글 지명자는 "이란도 미국의 중요한 위협이지만 북한은 위협 수준을 넘어선 상태로, 실질적인 핵 파워(real nuclear power)이며 예측이 매우 불가능"하다고 언급했다.

이에 앞서 2008년 2월 5일, 리언 패네타(Leon Panetta) 미 중앙정보국 국장 지명자가 북한의 2006년 핵실험을 핵무기 폭발로 표현. 미 국방부 산하 합동군 사령부는 2008년 12월 9일 한 보고서에서 북한을 핵보유국으로 분류. 로버트 게이츠(Robert M. Gates) 국방장관은 2008년 12월 12일 북한이 여러 개의 핵폭탄을 제조했다고 언급. 이런 사례는 북한의 핵보유국 지위 여부에 대한 미국 입장이 2006년 이후 모호한 상태에 있음을 보여주는 것이다.

▶2월 16일

방코 델타 아시아, 대북거래 중단 선언.

▶2월 28일

백남순 북 외무상, 대북제재가 계속 되는 한 6자회담 재개는 불가능 주장.

▶3월 7일

북미, 불법금융 문제 실무접촉. 뉴욕.

북한은 위폐문제 해결을 위한 정보교류와 합동협의기구 설치 제안. 미국은 "불법행위는 협상대상이 아니라"면서 거부. 리근 부국장과 캐스린 스티븐스(Kathleen Stephens) 미 국무부 부차관보 면담이 있었음. 이 일정은 BDA 문제에 관한 미국 내 제도 및 규정 등 브리핑을 해 주고 북한의 전향적 대응을 촉구하는 기회.

▶3월 8일

북한이 함흥 지역에서 단거리 미사일 2기를 발사했다고 일본 TBS 보도.

미 태평양 사령관은 발사된 미사일이 2기가 아니라 3기라고 언급.

▶3월 10일

부시 대통령이 북한을 '악의 축'이라고 또 다시 언급.

▶3월 20일

미, 북한 관련 기업 자산 동결.

▶3월 30일

미, '코하스AG' 자산 동결.

스위스 공업물자 공급 회사인 코하스AG에 대해 북한의 대량살상무기 지원 혐의로 미국 내 자산 동결.

▶4월 10일

북미 수석대표 양자회동 불발.

일본에서 동북아 다자 협력 대화 NEACD(North East Asia Cooperation Dialogue)가 열렸다. 한국 정부 주선으로 6자회담 수석대표가 모두 참석했으나 힐 대표는 김계관 부상과의 회동을 거절했다.

▶4월 30일

미국 법원, 한국 국적 탈북자에게 정치적 망명 최초 승인.

▶5월 31일

KEDO, 경수로 사업 공식 종료.

"제네바 합의 파기는 북한 책임"이라고 주장. 10년 6개월 동안 진행된 경수로 사업에 15억 6,200만 달러 투입.

▶6월 1일

북 외무성, 적대정책 지속 시 초강경

대응 불가피 주장.

힐 차관보 초청. 미국은 힐 차관보 초청 거부.

▶6월 19일

라이스 장관, 북한에 미사일 모라토리엄 준수 촉구.

▶6월 22일

체니 미 부통령, "북한 미사일 외교적 해결."

▶7월 5일(미국 시간으로 7월 4일)

북한, 탄도 미사일 7기 발사.

발사된 미사일은 대포동2호 미사일 1발을 포함해 모두 7기. 새벽 3시 30분에 노동 미사일 추정 1기 발사. 발사 장소는 강원도 안변 깃대령 기지. 새벽 4시 노동 미사일 추정 1기 발사. 새벽 5시 대포동2호 추정 미사일 1기 발사. 발사 장소는 함경북도 화대군 무수단리. 7시 10분, 7시 30분, 8시 20분에 노동 또는 스커드 미사일 3기 발사. 오후 5시 22분 7번째 미사일 발사. 대포동2호 미사일은 발사 40초 만에 동해로 추락해 실패한 것으로 관측. 나머지는 일본과 러시아 근해에 추락. 북한은 자위적 국방력 강화 차원의 군사훈련으로 6자회담과 무관하다고 주장. 미국은 유엔 안보리 긴급 소집으로 대응. 북한은 이날 발사한 장거리 로켓에 대해서는 미사일이 아니라고 주장하지 않았다. 반면 1998년 8월, 2009년 4월, 2012년 4월, 2012년 12월에 발사한 장거리 로켓은 인공위성 운반체라고 강력하게 주장하고 있다.

☞북한의 미사일 발사는 미국 시간으로 7월 4일 이뤄졌다는 점에도 주의할 필요가 있다. 미국의 독립 기념일을 골라서 도발 행위를 한 것으로 이는 방코 델타 아시아 문제와 관련해 미국에 대한 불만을 표명하고 미국의 제재 해제를 압박하기 위한 도발로 보는 것이 적절하다. 북한 도발에 대해 미국이 무시하는 태도를 보이자 10월 9일 핵실험을 감행했다. 미국은 북한 핵실험 이후에 북한과의 대화에 돌입했지만 문제는 풀기가 어려워진 상황이었다. 결국 미국의 대북 금융 제재는 제재 시행 당시에는 호평을 받았지만 1년이 지난 시

점에서 보면 무책임하고 비생산적인 조치로 자승자박의 결과를 가져왔다는 혹평을 면하기 어렵다.

▶ 7월 6일

북한 외무성 대변인, 다른 형태의 보다 강경한 물리적 행동조치 경고.

▶ 7월 15일

유엔 안보리, 결의 1695호 만장일치 채택.

북한 미사일 발사 규탄. 탄도 미사일 기술 이용한 모든 발사 행위 금지 규정. 모든 회원국에 북한의 대량살상무기 프로그램 지원 금지 요구. 북한에 재정지원 금지 요구. 북한의 전제조건 없는 6자회담 복귀와 핵개발 프로그램 포기 결정.

☞ 위에 적은 대로 유엔 안보리 결의 1695호는 북한에 대해 탄도 미사일 기술을 이용한 발사를 금지했다는 점에서 중차대한 의미를 지닌다. 이 결의에 의해 북한의 평화적 우주개발 권리는 국제법적으로 금지되는 상황이 발생한 것이다. 북한은 유엔 안보리 결의를 배격하고 장거리로켓을 지속적으로 발사했지만 발사할 때 마다 유엔 결의 위반이 확인되고 제재 범위와 강도가 높아지면서 북한의 고립 해소가 어렵게 되는 족쇄가 됐다.

국제사회 입장에서도 북한에 대한 제재는 북한의 초강경 맞대응을 불러 한반도와 주변 지역의 군사적 불안을 야기하고 궁극적으로 유엔 안보리 결의의 권위를 추락시키는 요소가 됐다. 따라서 북한의 미사일 발사는 북한에도 자승자박이 됐지만 유엔 안보리 결의 1695호 역시 문제 해결이 아니라 문제를 악화시키고 확대시키는 요소로 작용했을 뿐이다. 이런 사례를 통해 배우는 교훈은 북한과 같은 세력을 제재할 경우에는 제재를 받아들이는 것이 그렇지 않은 것보다 상대적으로 유리하다고 인식할 수 있는 조치를 제시해야 한다는 것이다. 이것은 제재를 거부하는 것이 그렇지 않은 것보다 불리하다는 것을 인식시키는 것과는 다른 종류의 접근법이고 두 가지를 모두 적용하는 것이 적절한 방법이라고 하겠다. 향후 유사 상황에서 효과적인 대응의 필요성을 제기해주는 반면교사라는 점에서 의미가 있다.

▶ 7월 19일

북, 남북 사업 중단 선언.

7월 5일 미사일 발사 이후 한국의 쌀·비료 지원 중단에 대해 이산가족 상봉, 8·15화상 상봉, 금강산 면회소 건설 등 모든 남북 사업 중단 선언.

▶ 7월 25일

미 상원, 북한 비확산법안 통과.

미사일과 핵무기 등 대량살상무기 제조 및 보유 관련 물품, 서비스 및 기술 등을 북에 이전하거나 북으로부터 구입한 업체 및 개인에 대한 광범위한 제재권을 미국 대통령에 부여. 하원 통과 시기는 9월 30일이다.

▶ 8월 10일

부시 대통령, 북한은 도둑정치(kleptocracy)의 극치를 보여준다고 주장.

▶ 8월 12일

힐 차관보, 북한의 핵실험 가능성 언급.

▶ 8월 17일

미 ABC 방송, 북한 지하 핵실험 징후 보도.

북한의 장비 이동 등 지하 핵실험 준비 징후 보도. 미국은 북한이 핵실험을 한다면 주변 국가에 위협을 일깨워 주는 것이라고 경고.

▶ 8월 21일

부시 대통령, 후진타오 주석과 전화 통화 하면서 북한 핵실험 중단 촉구.

▶ 8월 26일

북, 핵실험 강행 시사.

외무성 대변인 담화. "부시 행정부가 금융제재 확대를 통한 압력도수를 더욱 높이고 있는 조건에서 우리는 자기의 사상과 제도, 자주권과 존엄을 지키기 위해 필요한 모든 대응조치들을 다 강구해 나갈 것." 부시 행정부가 중간선거용으로 자신들에 대한 강경책을 전환하지 않고 있다는 인식 표출.

▶ 9월 6일

뉴욕타임스 사설, 부시 행정부 대북 정책 성과 부족 비판.

▶9월 9일

세계 24개 금융기관 대북거래 중단.

▶9월 13일

미, 유엔 전 회원국에 초강경 대북 제재 조치 동참 공문.

▶9월 14일

한미 정상회담. 워싱턴.

6자회담 재개 및 9·19공동성명 이행을 위한 공동의 포괄적인 접근방안 합의.

▶9월 17일

북, 6자회담 복귀 없다고 공표.

김영남 상임위원장, 비동맹운동 정상회의에서 "미국이 대북한 제재를 계속하는 한 6자회담 복귀는 없다"고 언급.

▶9월 21일

미, 힐 차관보 방북 허용 시사.

버시바우 주한 미 대사, "북한이 6자회담 복귀 의사를 나타낼 경우 힐 차관보의 평양 방문을 고려"한다고 언급.

☞북한에 대한 유화적인 언급이지만 북한 관심을 끌기에는 턱없이 부족.

▶9월 25일

무샤라프 파키스탄 대통령, 칸 박사 고백 사실 재확인.

자서전에서 "칸 박사가 원심분리기 20여 기를 북한에 제공했다"고 언급.

▶9월 26일

북, 미국의 제재 해제 촉구.

최수헌 외무성 부상, 유엔 총회 연설. "제재 해제 없이는 6자회담 복귀 불가" 언급.

▶10월 3일

북한 외무성, 핵실험 계획 발표.

"미국 제재 압력에 자위적 차원으로 조선민주주의인민공화국 과학연구 부문에서는 앞으로 안정성이 철저히 담보된 핵실험을 하게 된다"

▶10월 6일

유엔 안보리 의장 성명 채택.

북한의 핵실험 계획 발표에 강력 경고 및 철회 촉구.

▶10월 9일

북, 제1차 핵실험 강행.

월요일 오전 10시 35분쯤 함경북도 길주군 풍계리 지하 실험장. 폭발

규모는 1kt, 즉 TNT 폭약 1,000t 위력. 북, 성공적 핵실험 주장. 미국 국가정보국장도 핵실험 사실 확인.

북한은 2006년 10월 제1차 핵실험을 강행한 이후 제2차, 제3차 핵실험을 통해 핵능력을 크게 강화했다. 사진은 기상청이 제3차 핵실험으로 발생한 지진 분석 결과를 브리핑하는 장면. (2013년 2월 12일 연합뉴스)

☞ 북한의 핵실험 강행은 한국 정부 입장에서 보면 북핵 문제가 치명적으로 악화되는 계기를 마련했다는 점에서 의미가 있다. 북한의 개혁개방 유도와 남북관계 개선, 통일 분위기 조성 등의 중요한 국가목표를 달성하기 어려운 상황으로 내몰린 것이다. 이에 반해 미국이나 중국 등은 문제가 복잡해졌지만 결정적으로 상황이 달라진 것으로 판단할 필요는 없었다. 결국 최대의 손실은 한국만 지게 된 것이고 북한도 고립과 제재 속에서 살아야 하는 시간을 더욱 늘리는 상황으로 들어섰다.

▶10월 10일

미 버시바우 대사, 대북 제재 언급. "모든 정부는 북한 정권에 혜택을 주는 모든 지원 프로그램 재검토해야"

▶10월 11일

북, 추가적인 물리적 대응 위협.

외무성 대변인 담화. "미국이 북한을 계속 못살게 굴면서 압력을 가중시킨다면 이를 선전포고로 간주하고 연이어 물리적인 대응조치들을 취해 나가게 될 것" 언급. 부시 대통령은 우방과 미국을 지키기 위해 모든 방법 강구하겠다고 언급.

▶10월 11일~19일

김정일, 6자회담 복귀 언급.

탕자쉬안 중국 외교담당 국무위원, 후진타오 국가 주석 특사 자격으로 북핵 관련국 순방. 미국(11일~12일), 러시아(13일~15일), 북한(18일~19일). 북한 방문에서 김정일 위원장 면담. 김정일 위원장은 금융제재 해결 보장할 경우 6자회담 복귀 언급.

▶10월 13일

부시 대통령, 북한 비확산법안에 서명.

노무현 대통령은 중국 실무 방문에서 후진타오 중국 주석과 정상회담.

▶10월 14일

유엔 안보리, 결의 1718호 만장일치 채택.

WMD 관련 무기 금수. 비군사적 제재만 허용하는 7장 41조 적용. 금강산 관광과 개성공단 사업과는 무관하다는 점 지적.

▶10월 14일

반기문 외교부 장관, 차기 유엔 사무총장으로 선출.

반 장관의 사무총장 선출은 15개 유엔 안보리 이사국 가운데 14개국의 찬성을 받아서 압도적인 지지 속에서 이뤄졌다. 특히 미국이 적극 지지하는 모습을 보였다. 이 장면을 보면 한국과 미국 관계가 최악은 아니었다는 판단이 가능하다.

▶10월 16일

미, 북한의 지하 핵실험 평가 공개.

미 국가정보국장실, "함경북도 풍계리 인근에서 채취한 대기 샘플에서 방사능 물질 탐지, 핵 폭발력은 1kt 미만"

▶10월 17일

북, 유엔 안보리 제재 실행에 협박.

외무성 대변인 성명. "누구든지 유엔 안보리 결의를 내들고 북한의 자주권과 생존권을 침해하려 든다면 가차없이 무자비한 타격을 가할 것" 언급.

▶10월 18일

한국, 북 핵실험에 따른 제재로 금강산 관광객 정부 보조금 지원 중단.

▶10월 18일

아소 다로(麻生太郎) 일본 외상, 핵무장 가능성 거론.

중의원 외무위원회에서 "일본의 핵무장을 논의하는 것이 중요"

▶10월 18일

미, 북한에 핵기술 이전 금지 경고.

부시 대통령 "북한이 핵무기를 이전하려 한다면 중대한 결과를 초래할 것."

☞부시 대통령 언급은 핵실험이 금지선이 아니라 핵무기 이전이 금지선

이라는 인식을 보여주고 있다는 점에서 중요한 계기로 볼 수 있다.

▶10월 19일
김정일, 6자회담 복귀 언급.
탕자쉬안 국무위원 면담에서 금융제재 해결 보장 시 6자회담 복귀 언급.

▶10월 19일~20일
라이스 장관, 방한 기자회견에서 북을 "핵보유국으로 인정하지 않을 것" 언급.

▶10월 20일
북, 핵실험 성공을 환영하는 군민대회 행사.

▶10월 20일
제38차 한미 연례안보협의회.
핵우산 제공을 통해 확장된 억제 지속 합의.

▶10월 22일
홍콩, 유엔 대북제재 결의로 북한 화물선 강남1호 억류.

▶10월 24일
중, 북한의 추가 도발 가능성 언급.
중국 외교부, "김정일은 현재 2차 핵실험을 진행할 계획이 없지만 외부로부터 더 큰 압력이 가해지면 진일보한 조치를 취할 수 있다"

▶10월 25일
북, 남한에 대해 대북 제재 동참 거부 촉구.
조평통, "남이 미국의 반공화국 제재 책동에 가담한다면 우리는 6·15공동선언에 대한 전면 부정으로, 동족에 대한 대결 선언으로 간주하고 해당되는 조치를 취할 것"

▶10월 25일
라이스 장관, "북 6자회담 복귀해도 유엔 안보리 제재 유지."

▶10월 26일
유엔 안보리 대북 제재위, 제재 품목 잠정 합의.
무기에서 사치품까지 포함. 금강산 관광과 개성 공단 사업은 거론되지 않음.

▶10월 26일
홍콩에서 북한 화물선 강남 5호 억류.

▶10월 31일
북미, 6자회담 재개 합의.

북·미·중 3자 회동 이후 별도 북미 양자회동에서 6자회담 재개 합의.

☞북한과 미국 대표의 양자회동 성사는 미국의 대북정책이 북한의 핵실험을 계기로 근본적으로 변경됐음을 보여준다. 이 시점까지 미국은 북한과의 양자회담 거부, 악행에 대한 보상 거부, 선 핵 폐기 원칙 고수, CVID 관철 등의 원칙을 갖고 공격적 무시 전략을 펴고 있었다. 이것이 양자회담 수용, 보상을 통한 북한 행동 변화 유도, 선 핵 폐기 이전에도 경제 지원 가능, CVID 거론 생략 등의 입장으로 변경된 것이다. 이로써 2002년 11월 북미 기본 합의문 파기 사태는 북핵 문제 해결에 도움이 되지 못하고 오히려 한반도 안보 정세를 획기적으로 악화시켰다는 평가를 면할 수 없게 됐다.

문제는 미국이 대북정책에서 실패 사례가 발생한다고 해도 미국의 국가 이익에 미치는 영향은 미미하다는 점이다. 부시 대통령은 2002년 11월 기본 합의문을 간단하게 파기시켰던 것처럼 북한과의 대화 재개도 간단하게 승인했다. 대북 협상의 원칙 변경과 관련해 라이스 장관은 "6자회담 재개 시 원자로나 영변 플루토늄 재처리 시설의 해체, IAEA 사찰단 활동 등 요구할 것"이라며 정당성을 설명했다.

▶11월 1일
북, 6자회담 참가 결정 발표.
외무성 대변인, "6자회담 틀 안에서 북미 사이에 금융제재 해제 문제를 논의 해결할 것이라는 전제 하에 회담에 나가기로 했다"

▶11월 7일
미국 중간선거에서 민주당 승리.
민주당, 하원 31석 추가해 233석. 상원 6석 추가해 51석으로 상원, 하원 모두 다수당이 됐다. 부시 대통령은 럼스펠드 장관 등 외교정책 강경파 참모 다수를 퇴진시켰다.

▶11월 17일
유엔총회, 북한 인권 결의 채택.
한국은 처음으로 결의안에 찬성했다.

▶11월 18일
부시 대통령, 한국전 종전 선언 고려 발언.

한·미·일 3국 정상이 APEC 계기 하노이에서 회담. "북핵 폐기 압박·유인책 병행." 부시 대통령은 별도 한미 정상회담에서 "한국전 종전 선언 고려" 발언. 북한이 꾸준하게 요구해 온 평화협정 체결 논의 가능성을 시사한 것으로 매우 전향적인 언급.

▶11월 20일
북, 유엔의 북한 인권 결의 채택에 비난 성명 발표.
외무성 대변인, "북한에 대한 정치적 모략의 산물로 단호히 전면 배격"

▶11월 28일~29일
북·미·중, 제2차 베이징 3자 회동. 6자회담 재개 및 초기단계조치 협의. 북미 수석대표 회담. 접점 도출에는 실패.

▶11월 30일
미, 대북 금수 사치품 60여 개 확정.

▶12월 1일
북 김계관 외무성 부상, 일방적 핵포기 불가 선언.
"비핵화는 김일성 수령의 유훈이지만 일방적인 핵 포기는 있을 수 없다."

▶12월 18일~22일
제5차 6자회담 2단계 회의 개최. 베이징.
북한이 "BDA 문제 해결 이전 9·19 공동성명 이행 문제 논의 거부" 입장을 보임에 따라 실질적 진전 실패. 김계관 부상은 "핏줄을 막아 우리를 질식시키려는 제도 말살 행위"라며 반발했다. 회담은 22일 휴회했다.

▶12월 19일~20일
BDA 문제 북미 실무회의.
베이징 주재 미국 대사관에서 개최. 미국 대니얼 글레이저(Danial L. Glaser) 재무부 금융범죄담당 부차관보, 북한은 오광철 조선무역은행 총재 참석.

▶12월 21일
노무현 대통령, 짜고치는 고스톱 발언.
민주평통 자문회의 제50차 상임위원회에서 미국의 BDA 계좌 동결 비판. "중국에서 9·19 성명을 서명하고 있는데, 그 이삼일 전에 미국 재무부에서는 이미 방코델타아시아에 대한 계좌 동결 조치를 해 버린 것입니다. 아무리 봐도 지금 보기에는 국무부가 미처 몰랐던 것 아닌가, 북경에서 모르는 상태에서 그 하루 이틀 전에 제재는 나와 버렸고, 나온 것을 풀지 못하고 여기까지 와 버린 것 아닌가 이렇게 볼 수도 있고, 또 나쁘게 보면 짜고 치는 고스톱 아니냐, 이렇게 볼 수도 있고, 어떻든 그렇습니다."

☞노무현 대통령 발언은 내용적으로도 논란의 여지가 있고 발언 방식과 관련해서도 외교정책에 대한 최고 정책 결정자로서 경박하다는 평가를 받았다. 미 국무부와 재무부는 미국 대통령 통제를 받는다고는 하지만 200여 년 전 처음 만들어지는 상황에서부터 경쟁 관계를 유지해 오고 있다. 힐 차관보는 재무부 금융 제재 행보에 대해 불만을 표명한 바도 있다.

설사 재무부와 국무부가 서로 계획적으로 모순되는 행보를 했다고 해도 동맹국가의 외교 조치를 '짜고 치는 고스톱'으로 표현하는 섯은 동맹국가에 대한 언행으로는 적절하지 않다. 미국이 먼저 예의에 어긋나는 행동을 했다고 해서 우리도 결례로 맞서야 자존심을 지키는 길이라고 생각한다면 그것은 우리나라를 야만국가로 여긴다는 생각과 다르지 않다. 한국과 같이 유구한 문화를 갖고 있는 문명국가는 예의를 지키면서 상대방으로 하여금 공감과 존경을 얻어내는 것을 현명한 방법으로 여겨왔다. 노무현 대통령 시기에 한미 관계가 나빠진 것은 기본적으로는 부시 미국 대통령의 무지와 오판 때문이었다고 생각하지만, 노무현 대통령의 언행에서 과도한 부분이 많았다. '짜고 치는 고스톱' 발언도 그런 사례이다.

▶12월 22일
제5차 2단계 6자회담 휴회.

2007년

▶1월 16일~18일

북미 베를린 양자 회동.

힐 차관보와 김계관 부상, 6자회담 재개 문제 협의. BDA 문제 해결 원칙 합의. 북한과 미국이 양자회동을 한 것은 미국의 대북정책 기조 변화를 보여주는 중요한 사례. 체니 부통령의 경우 부시 대통령은 북한과 협상하지 않고 패배시킬 것이라고 호언장담했기 때문에 미국이 굴욕적으로 정책을 전환한 것으로 평가할 수 있다.

☞ 미 국무부는 당초 힐 차관보가 베를린의 아메리칸 아카데미 강연을 위해 잠시 베를린을 방문했다가 곧바로 한국과 일본 순방에 나설 것이라고 예고했었고 북한 관리와의 접촉은 없을 것이라고 밝혔다. 그러나 16일 1차 접촉이 이뤄진 뒤 곧바로 사실 관계를 확인했다.

이와 관련해 힐 차관보가 우연을 가장해서 양자접촉을 했다는 관측이 당시에 존재했다. 다시 말해 중국 대표가 북한 대표와 베를린에서 만나기로 약속을 하고 여기에 미국이 동참하는 형식으로 해서 3자 회동을 약속해놓고 실제로는 중국이 중간에 빠져서 북미 회동으로 변경시켰다는 것이다. 이것은 사실관계 확인이 되지 않아서 추가 취재가 필요하다.

▶1월 30일

북미 BDA 회담. 베이징.

북 오광철 총재, 미 글레이저 부차관보 참석.

▶2월 8일~13일

제5차 6자회담 3단계 회의.

9·19공동성명 초기단계 이행 조치 즉 2·13합의 채택.

▶2월 12일

미, 북한 계좌 1,100만 달러 동결 해제 통보.

▶2월 13일

2·13합의, 즉 9·19 공동성명 이행을 위한 초기 조치 합의.

60일 간의 단계별 핵 불능화 이행 합의. 1단계 : 북, 영변 핵시설의 플루토늄 생산의 중지. 미국, 중유 지원 개시. 2단계 : 북, 2007년 이내 모든 현존 핵시설 불능화 및 모든 핵프로그램의 완전하고 정확한 신고 완

료. 테러지원국 지정 해제 과정 개시 및 대적성국 교역법 적용 종료. 우라늄 농축 프로그램에 따른 핵무기 개발과 기존 핵탄두 해체는 불능화 완료 및 북의 신고가 접수된 후인 3단계 과정에서 차후 협의.

북한이 핵실험을 감행한 뒤에야 미국은 북한과의 대화에 착수다. 2·13합의가 도출됐지만 북핵문제는 이미 수습하기 어려정도로 심하게 비틀려버린 뒤였다.. (2007년 2월 13일 연합뉴

☞이 합의는 이행 마감 시한이 4월 14일이었지만 북한 자금 송금에 기술적으로 차질이 빚어지면서 시한이 지켜지지 않았다.

▶3월 4일

미, 북한 고농축 우라늄 정보 신뢰도 평가 하향 조정.

디트라니 미 국가정보국 북한 담당관이 서면으로 발표한 성명에 따르면

미국은 북한의 고농축우라늄, HEU 프로그램 존재에 대해 '보통' 정도로 확신하고 있다고 언급.

☞디트라니 담당관이 성명을 발표한 이유는 앞서 상원 군사위원회 청문회에서 북한의 HEU 프로그램 존재 여부에 대해 중간수준의 확신(midconfidence level)만 있다고 밝혀 부시 행정부 정보 오류에 대한 비판이 잇따라 제기됐기 때문이다. 그러나 서면 성명으로 관련 정보에 대한 신뢰도가 2002년 10월 당시에 비해 낮아졌다는 것은 재확인된 셈이다.

미국의 입장 변화는 북한과의 관계 개선에 따라 고농축 우라늄 프로그램에 대한 기존의 정보 판단에서 무리가 있었다는 정황이 공개될 가능성을 염두에 두고 나온 조치로 해석됐다. 충격을 완화시킬 필요가 있기 때문이다. 북한과 적대적 관계가 유지되면 정보 신뢰도 판단이 옳았는지 여부는 중요하지 않다. 그러나 대화와 협상이 전개되면 북한이 증거를 제시하면서 반박할 수 있는 가능성이 생기기 때문에 다른 상황이 전개된다.

미 정보 당국의 입장 변화는 2002년 11월 대북 중유공급 중단으로 야기된 북미 기본합의문 체제 파기는 과도한 조치였음을 확인시켜주는 근거라는 점에서 의미가 있다. 그러나 이미 북한은 핵무기 개발에 착수해 1차 핵실험까지 마쳐 북핵 문제를 둘러싼 환경이 질적으로 변화했기 때문에 새로운 국면으로 넘어갈 수밖에 없었다. 그렇지만 한반도 정세는 극도로 악화됐고 북한의 개혁개방 노력은 물거품이 됐으며 한반도 평화 통일 분위기 조성 노력은 심대한 타격을 입는 등 치명적인 손실이 발생했지만 상황을 반전시킬 방법은 없었다.

▶3월 6일

미 국무부 "고농축 우라늄 핵무기 개발 계획 포함, 모든 핵프로그램 폐기해야"

▶3월 5일~6일

제1차 북미관계 정상화 실무그룹 회의. 뉴욕.

▶3월 7일~8일

제1차 북일관계 정상화 실무그룹 회의. 하노이.

▶3월 13일

IAEA 사무총장 방북.

▶3월 15일

제1차 경제 에너지 협력 실무그룹 회의. 주중한국대사관.

▶3월 16일

제1차 한반도 평화 안보 체제 실무그룹 회의. 주중 러시아 대사관.

▶3월 17일~18일

제1차 한반도 비핵화 실무그룹 회의. 베이징.

▶3월 19일

미 국무부·재무부, BDA 동결 북한 자금 전액 반환 성명 발표. 베이징.

이 조치는 해당 자금을 중국은행 베이징 지점 조선무역은행 계좌로 송금하는 방식을 염두에 둔 것이지만 중국은행이 불법자금 거래를 수용할 수 없다면서 중개 역할을 거부해 중대한 차질이 발생했다.

☞중국은행이 북한 자금 중재를 거부한 것은 미국의 금융 제재 조치 특성상 향후 불이익 가능성이 높기 때문이라고 볼 수 있다. 그렇지만 미국이 주도하는 BDA 문제 해소 방식에 대해 중국이 지지하지 않은 결과라는 요소 역시 중시해야할 것으로 판단된다.

▶3월 19일~22일

제6차 6자회담 1단계 회의 개최.

BDA 자금 입금 불발로 김계관 부상이 22일 귀국. 우다웨이 부부장은 휴회 선언.

▶3월 25일

미 재무부 대표단, 북중과 BDA 계좌 동결 해제 논의.

▶4월 8일~11일

북미 미군 유해 송환 논의.

리처드슨 미 뉴멕시코 주지사와 함께 빅터 차(Victor Cha) 미 백악관 국가안보회의 아시아 담당 국장 방북. 2·13 합의 이행 필요성 언급.

▶4월 10일

마카오 금융 당국, BDA 동결자금 무조건 해제 조치 발표.

미 재무부, 지지 입장 발표. 이 조치는 북한이 해당 자금을 자유롭게 인출할 수 있는 조건을 마련해준 것으로 2005년 9월 제재 조치를 무효화하는 조치. 그러나 북한은 BDA가 아닌 다른 은행 북한 계좌로 자금을 송금해야 한다면서 문제가 해결되지 않았다고 주장.

☞북한이 계좌 이체를 요구한 것은 현찰 운반의 물리적 어려움 때문인 것으로 추정된다. 북한이 은행에서 2천 5백만 달러 현찰을 인출해서 북한으로 운반하는 것은 현실적으로 어려웠을 것으로 본다.

▶4월 13일

북, BDA 자금 입금 거듭 요구.

외무성 대변인, 중통 기자 질문에 답변. BDA문제 관련 "현실로 증명됐을 때 행동"

▶4월 14일

미 국무부, 2·13합의 이행 시한을 맞아 북한에 합의 이행 촉구 성명 발표.

☞2·13합의 이행 시헌이 지났음에도 불구하고 북한이 합의 이행을 하지 않은 것은 북한의 문제가 아니라 북한이 요구하는 BDA 송금이 이뤄지지 않았기 때문이다. 그러므로 미국도 비난을 하기는 했지만 야당 입장을 고려해 형식적인 차원에서 합의 이행을 촉구했다.

▶4월 25일

북, 무수단 미사일 공개.

북, 인민군 창건 기념일 퍼레이드에서 무수단으로 알려진 신형 중거리 미사일 공개. 구소련의 잠수함 발사용 SSN6 미사일을 개조한 미사일로 사거리 3,200~4,000km 추정.

☞북한 미사일을 이야기할 때 사거리는 외교적 메시지를 구분하는 지침이 되기도 한다. 북한을 기준으로 아태 지역 미군 기지 소재지와의 거리를 계산해 보면 강원도 깃대령 미사일 기지에서 도쿄까지 1,300km, 깃대령에서 오키나와는 1,400km, 평안북도 동창리 미사일 기지에서 오키나와는 1,500km, 동창리에서 괌은 3,500km, 함경북도 무수단 미사일 발사 기지에서 알래스카는 5,400km, 하와이는 7,100km, 로스앤젤레스는 9,000km, 워싱턴 DC는 11,000km 정도다.

그러므로 사거리 1,300km인 노동 미사일은 도쿄를 위협하는 수단이고 사거리 3,500km 전후인 무수단 미사일은 오키나와, 괌을 위협하는 수단, 사거리 6,700km로 추정되는 대포동2호 미사일은 알래스카를 위협하는 수단, 사거리 10,000km 이상으로 평가되는 은하3호 로켓 등 대포동2호 미사일 개량형은 하와이와 미국 본토를 위협하는 수단으로 분류될 수 있다.

▶5월 15일

북 외무성, BDA문제 해결하면 비핵화 조치 이행 입장 발표.

☞BDA문제 해결 지연으로 2·13합의가 덩달아 지연되고 있는 것과 관련해 미국 내 강경파 비난 여론에 대응하기 위한 조치.

▶6월 5일

부시 미 대통령, 프라하 연설에서 북한이 최악의 독재국가라고 독설.

▶6월 14일

BDA 문제 해결 위해 미 연방준비은행 개입.

마카오 금융 당국이 BDA 북한 자금을 미국 뉴욕 연방준비은행으로 송금. 이후 자금은 러시아 중앙은행을 거쳐 25일 러시아 극동상업은행의 북한 계좌로 송금됐다. 이로써 BDA문제는 발생한 지 1년 9개월 만에, 그리고 베를린 북미 양자회동에서 문제 해결 원칙에 합의한 지 6개월 만에 해결됐다.

☞미국은 당초 문제 해결을 위해 미국 와코비아 은행(Wachobia Bank)이 자금 송금을 담당하는 방안도 검토했지만 미국 법률에 저촉되는 문제 등 절차상 문제점을 해결할 수 없어 결국 연방준비은행이 개입하게 됐다. 미국이 이 문제 해결을 위해 다양한 탈법적, 초법적 조치에 나선 것은 미국의 체면을 현저하게 훼손했는데 이 시기에 힐 차관보는 자신이 "북한 정부의 차관보"라고 농담을 던질 정도였다.

▶6월 16일

리제선 북한 원자력 총국장, 2·13합의 준수 차원에서 IAEA 실무대표단 초청 서한 발송.

▶6월 21일~22일

힐 차관보 북한 방문, 북 영변 원자로의 빠른 시일 내 폐쇄 언급.

▶6월 25일

러시아 극동상업은행, BDA 자금이 북한 대외무역은행 계좌로 입금됐다고 발표.

▶6월 25일

북 외무성, 북한 계좌로 BDA 동결자금 입금 확인.

조선중앙통신은 동결자금 해제 과정 진척돼 IAEA 실무단을 초청한다고 보도.

▶6월 26일~30일

IAEA 실무단 방북. 핵시설의 폐쇄·검증 문제 등 협의.

▶7월 6일

북 외무성 대변인, 핵시설 가동 중지 준비 예고.

중유 5만 톤 첫 선박 입항 맞춰 핵시설 가동 중지 준비 개시 예고.

▶7월 13일

북한군 판문점 대표부 담화. 유엔이 참여하는 북미 군사회담 제의.

▶7월 14일

한국이 제공하는 중유 1항차 선봉항 도착.

북한은 영변핵시설 가동 중지하고 IAEA 인원들에게 그에 대한 감시를 허용.

▶7월 15일

IAEA, 영변 원자로 폐쇄 확인.

18일에는 원자로 포함 5개 주요 핵시설 즉 원자로, 방사화학실험실, 핵연료봉 제조공장, 50메가와트 원자로, 200메가와트 원자로 폐쇄 확인.

▶7월 18일~20일

6차 6자회담 수석대표 회의. 베이징. 장관급 회담 개최 합의.

▶8월 7일~8일

제2차 6자회담 경제 에너지 협력 실무그룹 회의. 판문점.

▶8월 8일

제2차 남북 정상회담 개최 합의 발표.

☞노무현 대통령은 당초 남북 정상회담을 2007년 상반기에 개최하는 방안을 추진했으나 BDA 사태가 해결되지 않아 결국 일정이 미뤄졌다. BDA 사태 해결 이후 남과 북은 8월 28일부터 30일까지 2박 3일 동안 평양에서 회담을 개최한다고 발표했지만 북한

은 8월 말이 되자 수해 상황이 심각하다면서 일정 연기를 요구했다. 이에 따라 정상회담은 10월 3일로 연기됐다. 정상회담 일정 연기는 임기 말 대통령이 막대한 규모의 국가 예산이 투입되는 사안에 대한 권한을 행사하는 것이 옳은 것이냐는 논란을 불러일으키면서 보수 진영의 비난을 유발했다. 이 사례는 남북 정상회담에서 막대한 규모의 예산 지출 등에 대해 합의가 있다면 국회 동의를 받아 놓는 것이 필요하다는 교훈을 안겨줬다.

▶ 8월 16일~17일

제2차 한반도 비핵화 실무그룹 회의. 중국 선양.

▶ 8월 20일~21일

제2차 한반도 평화안보체제 실무그룹 회의. 모스크바.

▶ 9월 1일~2일

제2차 북미관계 정상화 실무그룹 회의. 제네바.

▶ 9월 6일

이스라엘, 시리아의 알 키바르(Al-Kibar) 원자로 건설현장 공습.

현장에서 북한 근로자도 사망. 이로 인해 북한과 시리아의 핵 협력 문제 부각.

▶ 9월 6일

제2차 북일 관계 정상화 실무그룹회의. 울란바토르.

▶ 9월 11일~15일

미·중·러, 북핵 불능화 기술팀 방북.

▶ 9월 12일

뉴욕 타임스, 북·시리아 핵 협력 의혹 제기.

▶ 9월 18일

북 외무성, 북·시리아 핵 협력 의혹 부인.

▶ 9월 23일

중, 2차분 대북 중유 5만 톤 공급 완료.

▶ 9월 25일

부시 대통령, 북한과 벨로루시, 시리아, 이란 등을 '잔인한 정권'이라고 비난.

▶ 9월 27일~9월 30일

제6차 6자회담 2단계 회의.
9·19공동성명 이행을 위한 2단계

조치 합의. 합의문은 본국 검토 절차를 거쳐서 10월 3일 최종 채택돼 '10·3 합의'로 불린다. 10·3 합의의 특징은 불능화와 핵프로그램 신고 등 비핵화 2단계 조치를 12월 31일까지 종료한다는 것.

제2차 북핵 위기 이후 북핵 협상 일정을 정리하면 다음과 같다.

3자회담(03.4.23~25). 북한·미국·중국 참가.

- 제1차 6자회담(03.8.27~29)
- 제2차 6자회담(04.2.25~28)
- 제3차 6자회담(04.6.23~26)
- 제4차 6자회담 1단계 회의 (05.7.26~8.7)
- 제4차 6자회담 2단계 회의 (05.9.13~19), 9·19공동성명 도출.
- 제5차 6자회담 1단계 회의 (05.11.9~11)
- 제5차 6자회담 2단계 회의 (06.12.18~22 / 북미 베를린 양자 접촉 : 07.1.16~18)
- 제5차 6자회담 3단계 회의 (07.2.8~13), 2·13합의 도출.
- 제6차 6자회담 1단계 회의 (07.3.19~22)
- 제6차 6자회담 1차 수석대표회의 (07.7.18~20)
- 제6차 6자회담 2단계 회의 (07.9.27~30), 10·3 합의 도출.

▶10월 2일~4일
제2차 남북 정상회담. 평양.
10·4 공동선언이 발표됐다.

노무현 대통령은 2007년 초부터 남북 정상회담을 추진하려 했지만 BDA 문제 때문에 지연됐다. 결국 8월 회담을 약속했지만 태풍으로 한 차례 미뤄져서 회담은 10월에 들어서야 성사됐다. (2007년 10월 4일 연합뉴스)

▶10월 11일~18일
북핵 불능화 실무팀 방북.
영변 원자로 시찰 및 불능화 위한 10여 개항 합의.

▶10월 29일~30일

제3차 경제 에너지 실무그룹회의. 판문점.

▶11월 1일~5일

미 불능화팀 방북, 불능화 조치 착수.

▶11월 27일

북핵 불능화 실사단 방북.

▶12월 1일

북, UEP 관련 파이프 검출 성분 의혹 부인.

미국 측에 로켓탄 제조 사용으로 설명.

▶12월 3일~5일

힐 차관보, 방북해 부시 대통령 친서 전달.

북한의 핵프로그램 성실신고 촉구. 부시 대통령은 친서에서 김정일 위원장에게 'Dear Mr. Chairman'표현 사용.

▶12월 19일

제17대 대통령 선거 실시.

이명박 한나라당 후보, 48.7%의 지지를 얻어, 26.1%를 얻은 대통합민주신당의 정동영 후보를 누르고 제17대 대통령으로 당선. 2008년 2월 25일 제17대 대통령 취임.

▶12월 19일~21일

성 김(Sung Kim) 미 국무부 한국과장 방북.

UEP 및 시리아 핵확산 의혹 관련 신고 문제 논의.

▶12월 26일

북, 경제적 보상 지연으로 불능화 지연 가능성 예고.

현학봉 북 외무성 미국국 부국장, "경제적 보상 의무 이행이 늦어지고 있다. 불능화 속도를 조정하는 조치를 취하는 것 외에 다른 선택이 없다"고 언급. 경제적 보상 이행이 불능화 속도에 비해 늦게 진행되고 있다는 것은 사실이었다. 그러나 북한은 이미 국제사회에서 신뢰를 잃은 상태였기 때문에 북한의 불만을 경청하는 세력은 없었다.

▶12월 31일

북, 전면 핵신고 기한 미준수.

2·13합의에 따른 당초 신고 시한은 2007년 연말까지. 북한은 경제적

지원 속도 지연에 항의해 불능화 작업인원도 감축한다고 통보.

☞북한의 불능화 작업 속도와 국제사회의 대북 경제 지원 규모를 비교해 볼 때 불능화 속도가 더 빠른 것이 사실이었다. 그렇지만 북한은 불량국가 행보를 통해 국제사회에서 신뢰를 상실한 지 오래된 상황이어서 북한 주장을 귀담아들을 세력은 거의 없었다. 중국조차도 내부적으로는 북한에 대해 비판적인 입장을 갖고 있는 상황이 만들어졌다.

2008년

▶1월 1일

북한 공동사설, 2012년을 강성대국 진입 시기로 설정.

▶1월 4일

북, 핵신고 완료했다고 주장.

북 외무성 대변인 담화. 2007년 11월 핵신고서를 작성해 미국에 내용을 통보했고 수입 알루미늄 관을 이용한 군사시설도 참관시켰다고 주장. 오히려 대북 경제지원이 지연되고 있다고 불만 표명.

▶1월 29일~2월 2일

미국, 완전하고 정확한 핵신고 강조.

북한이 핵신고를 완료했다고 주장한 것에 대해 성 김 미 국무부 한국과장, 한국 등 순방해 완전하고 정확한 핵 신고가 필요하다고 촉구.

▶1월 31일

김성일, 6자회남 합의 사항 이행 의지 재확인.

김정일 위원장, 북한을 방문한 왕자루이 중국 공산당 대외연락부장에게 "6자회담의 합의사항을 이행해야 한다는 입장에는 변화가 없다"고 언급.

▶ 2월 5일

미 정보 당국, 북한의 농축우라늄 프로그램 지속 재확인.

마이크 맥코넬(Mike McConnell) 미 국가정보국장 상원 정보위 출석. 북한의 고농축우라늄 프로그램 지속 추진 및 핵확산 활동의 지속 주장

▶ 2월 19일~21일

북미 수석대표 협의. 베이징.

핵신고 문제 논의.

▶ 2월 25일

제17대 대통령으로 이명박 대통령 취임.

이 대통령은 취임사에서 대북정책의 근간으로 '비핵개방3,000' 구상을 밝혔다. "북한이 핵을 포기하고 개방의 길을 택하면 남북협력에 새 지평이 열릴 것입니다. 국제사회와 협력하여 10년 안에 북한 주민 소득이 3천 달러에 이르도록 돕겠습니다."

☞ '비핵개방3,000' 구상은 북한이 먼저 비핵화 조치에 나서야 한다는 조건이 붙어 있어서 북한으로서는 용납하기 어려운 제안이었다. 결국 남북관계는 이명박 정부 5년 동안 악화일로를 경험하면서 전쟁 직전까지 가는 최악의 상황으로 치달았다.

▶ 2월 26일~28일

뉴욕 필하모닉 평양 공연. 동평양 대극장.

경제 또는 문화 분야 인적 교류는 미국이 북한과의 관계 개선에 의지가 있다는 점을 시사하는 행보로 풀이돼 왔으므로 뉴욕 필하모닉 오케스트라의 평양 공연은 미국이 이 시기에 적극적으로 관여정책을 전개했다고 평가할 수 있는 근거가 된다.

부시 미국 대통령은 2008년 2월 한국에서 대북 강경정책을 선호하는 이명박 대통령 정부가 등장하자 대북 포용 정책과 압박 정책을 병행하는 쪽으로 이동했다. (2008년 4월 18일 연합뉴스)

▶3월 13일~14일

북미 수석대표 협의. 제네바.

힐, "신고 형식에 유연 대처"

▶3월 19일

김하중 통일부 장관, "북핵 문제 타결 없이 개성공단 확대 어렵다"고 발언.

김하중 장관 발언은 북한에 의해 이명박 정부의 대북 강경정책 노선을 보여주는 첫 번째 공식 언급으로 지목됐다. 북핵 문제 타결에 대한 중요성을 강조한 것이지만 북한에서는 개성공단 확대 불가능에 무게를 실어서 해석했다.

▶3월 26일

김태영 합참의장, 선제타격 발언.

국회 상임위원회에 나와 북의 핵 공격 시 대처 방안을 묻는 질문에 대해 "중요한 것은 적이 핵을 가지고 있을 만한 장소를 확인해 타격하는 것"이라고 답변했다.

☞김태영 의장 발언은 다음날 신문에 선제타격론이라는 제목으로 크게 보도됐다. 북한은 김태영 합참의장 발언을 북한에 대한 이명박 정부의 적대정책이 반영된 것이라고 주장하면서 비난 공세를 퍼부었다.

▶3월 28일

북, 서해에서 단거리 함대함 미사일 3차례 발사.

김태영 합참의장 발언에 반발. 북 외무성 대변인, 기존의 핵 불능화 조치도 철회할 수 있다고 경고. 또 HEU 프로그램 보유 및 시리아와의 핵 협력 의혹 부인.

▶4월 8일

북미 수석대표, 싱가포르에서 만나 핵 신고서 내용 잠정 합의.

비공개 양해서 채택.

▶4월 9일

제18대 총선거 실시.

여당인 한나라당이 전체의석 가운데 153석 획득해 압승. 제1야당인 통합민주당은 81석으로 참패. 무소속 25석, 자유선진당 18석, 친박연대 14석, 민주노동당 5석 등 제3세력 약진.

☞총선 결과를 보면 진보 진영이 참패하고 보수 진영이 대약진을 기록한 것으로 정리할 수 있다. 이러한

결과는 대북정책에도 반영돼 정책의 보수화 경향이 뚜렷했다. 이명박 대통령과 참모들은 북한에 대한 강경한 태도를 강조하는 '비핵개방3,000' 정책이 2차례에 걸쳐 국민적인 지지를 받은 것으로 간주하고 매우 자신감 있는 태도로 정책을 전개했다.

▶4월 24일

미 정보 당국, 북한과 시리아 핵 협력 관련 정보 설명.

마이클 헤이든(Michael Hayden) 미 중앙정보국장, 미 의회 브리핑.

▶5월 5일~8일

미국 식량지원조사단 방북.

▶5월 8일~10일

북, 북한 방문한 성 김 미 국무부 한국과장에게 영변 원자로 가동일지 전달.

▶5월 17일

미국, 북한에 6월부터 식량 50만 톤 지원 계획 발표.

▶6월 11일

6자회담 경제 에너지 지원 실무그룹 수석대표회의. 판문점.

▶6월 23일

독일 주간지 슈피겔, 북한·이란·시리아 핵개발 3각 커넥션 의혹 보도.

▶6월 26일

북, 중국 정부에 핵 시설과 물질 신고서 제출.

부시 대통령, 라이스 장관에게 서한 보내 대북 테러지원국 지정 해제 절차 착수 재가. 대북 적성국 교역법 적용은 해제.

☞부시 대통령의 조치는 북한이 2000년 10월 북미 공동 코뮈니케를 채택한 것과 비견될 정도의 외교적 성과라고 볼 수 있다. 대북 적성국 교역법은 한국 전쟁 시기에 부과된 것으로 테러지원국 제재와 더불어 북한에 대한 각종 제재의 근거가 되는 일종의 모법이었다. 이 조치는 그러나 실효성 있는 후속 조치로 이어지지 못했다. 테러지원국 해제가 연기되면서 북한의 실망감은 극도로 확대됐다.

▶6월 27일

북, 영변 원자로 냉각탑 폭파. 5개국 언론 중계.

▶6월 28일~29일

라이스 미 국무장관 방한, 냉각탑 폭파에 긍정적 평가.

▶7월 6일

이명박 대통령, "김정일 국방위원장과 만날 준비 돼 있다."

교도통신 인터뷰.

▶7월 8일

북 조평통 대변인 담화. "6·15공동선언과 10·4선언에 대한 입장부터 밝혀라"

▶7월 10일~12일

제6차 6자회담 2차 수석대표회담. 한반도 비핵화 검증 체제 수립 등 합의. 그러나 신고서 검증의 주체, 대상, 방식 등에 있어서 현저한 견해차 노정.

▶7월 11일

금강산에서 한국 관광객, 북한군이 발사한 총에 맞아 사망.

남북관계 긴장 국면 악화. 미국의 대북 포용정책에도 악영향. 미국의 북한에 대한 테러지원국 해제 조치가 늦어진 것도 이 사건의 영향을 받았

을 것으로 추측된다. 한편 이명박 대통령은 이날 오후 국회 연설에서 남북기본합의서와 6·15 및 10·4선언 이행을 북과 협의할 용의를 밝혔다. 이것은 기존의 강경한 태도에서 다소 유연해진 입장이었지만 금강산 관광객 피격 사건으로 무의미한 제안이 되고 말았다.

▶7월 23일

ARF 계기, 6자회담 참가국 외무장관 회담 개최.

▶8월 5일~6일

부시 대통령 방한, 한국 정부와 대북정책 조율.

▶8월 11일

미, 북한 테러지원국 해제 연기.

이 조치는 핵문제를 미국과의 외교 협상을 통해 해결할 수 있다고 주장해온 북한의 실용주의자들에게 악재가 됐을 것이다.

▶8월 11일~13일

북일 국교 정상화 실무회의. 선양.

▶8월 14일

북, 영변 핵시설 불능화 조치 중단.

북한이 이 조치를 취한 것은 미국의 테러지원국 해제 조치가 이뤄지지 않은 것에 대한 반발로 이해할 수 있다. 문제는 이 조치를 취한 뒤 공개적으로 발표한 시점이 12일 뒤인 8월 26일이라는 것이다. 이것은 북한의 과거 행태를 볼 때 비정상적인 것이다.

김정일 국방위원장이 뇌졸중 증세로 쓰러졌다. 혼절 시점은 8월 15일 노동신문을 마지막으로 김 위원장 보도가 사라졌다는 점에서 8월 14일에 혼절 가능성이 높은 것으로 분석된다. (노동신문 2008년 8월 15일자)

☞북한의 비정상적인 태도는 김정일 위원장 혼절 시점을 8월 14일로 예상할 수 있는 근거가 된다. 김정일 위원장 혼절 시점을 14일로 보는 또 다른 근거는 노동신문 보도 내용이다. 노동신문에 따르면 김정일 위원장은 8월 초부터 군부대를 하루에 하나 또는 두 개 씩 거의 매일 방문했다. 그러다가 15일자 신문까지 이어졌다가 16일 이후 김 위원장 동정 보도가 사라졌다. 이런 사정을 감안할 때 김 위원장이 14일 신체에 변고가 생긴 것으로 추정하는 것이 타당하다고 본다.

▶8월 18일
북, 테러지원국 해제 연기 비난.
북 조선중앙통신, 테러지원국 해제 지연은 '행동 대 행동' 원칙 위반이라며 비난.

▶8월 22일
북미, 북핵 검증 체계 관련 회동. 뉴욕.
미, 완전하고 정확한 핵 검증을 위한 이행계획 제시.

▶8월 25일
한중 정상회담. 서울.
비핵화 2단계 조치의 전면적이고 균형 있는 이행 촉진.

▶8월 26일

북, 불능화 중단 발표.

북 외무성, '불능화 중단' 발표 및 영변 핵시설 원상복구 고려한다고 협박.

▶9월 3일

북, 영변 핵시설 복구 작업 개시.

▶9월 9일

북한의 건국 기념일인 9·9절 행사에 김정일 위원장 참석 불발.

☞2008년 9.9절은 북한 입장에서 큰 행사다. 60주년이기 때문이다. 김정일 위원장이 행사에 참석하는 것도 당연하다. 김정일 위원장 잠적이 한 달 가까이 진행되면서 김 위원장 참석 여부가 초미의 관심사가 됐다. 북한이 행사를 대대적으로 개최한다는 움직임이 감지되면서 김 위원장 참석 가능성도 점쳐졌다. 그러나 김 위원장은 결국 참석을 하지 않았기 때문에 김 위원장 신체에 중대한 변고가 생겼다는 것은 기정사실이 됐다.

▶9월 15일

노동신문, 1달 만에 김정일 위원장 동정 보도.

러시아 메드베데프(Dmitry Medvedev) 대통령에게 생일축하전문을 보냈다는 소식.

☞노동신문이 김 위원장 동정을 보도한 것은 8월 15일자 신문 이후 처음이다. 그러나 이 보도에서는 사진이 없었다. 이후에 김 위원장 사진이 실린 동정보도는 10월 11일자 신문으로 군부대 방문 소식이었는데 사진이 8월에 촬영된 자료 사진으로 추정돼 김 위원장 건강과 관련해 의미를 부여할 수 없다. 김 위원장 뇌졸중 발병 이후 신문이 김 위원장 사진을 제대로 실은 것은 11월 2일 인민군 축구팀 경기 관람 소식이 처음이라고 판단된다.

이런 식으로 노동신문 보도를 통해 김 위원장 발병과 병세 진행 과정을 추정해보면 8월 14일쯤 혼절한 것으로 추정할 수 있다. 이어 9월 13일쯤 의식을 회복한 것으로 추정할 수 있고 한 달 반 이상의 재활 치료를 통해 10월 말 쯤 외부 활동이 가능할 정도로 호전된 것으로 추정할 수 있다.

▶9월 19일

북핵 6자회담 경제에너지 지원 실무협의. 판문점.

▶9월 22일

북, 영변 핵 시설 봉인 제거 요구.

▶9월 24일

북, 재처리시설 봉인 및 감시 장비 제거 완료.

▶9월 26일

미 워싱턴 포스트지, 미국의 북핵 검증 요구 과도 지적.

▶10월 1일~3일

힐 차관보 일행 방북.

검증 방식은 구두로 한다는 점에 합의했다고 설명. 그러나 북한은 이후 현상 시료 채취에 동의한 적이 없다고 주장.

▶10월 7일

북, 서해에서 단거리 미사일 2발 발사.

▶10월 11일

미, 북한 테러지원국 해제 발표.

☞테러지원국 해제 발표는 6월 26일 적성국 교역법 적용 해제와 더불어 북한이 수십 년 동안 미국에 요구해온 사안으로 외교적인 대성공 사례로 볼 수 있다. 그러나 부시 대통령 임기가 얼마 남지 않은 상황에서 북한과 미국의 관계 개선 추동력은 이미 상당 부분 소진된 상황이었다.

이처럼 너무 늦은 행보는 2000년 10월 12일 '북미 공동코뮤니케'를 연상시킨다. 그것은 엄청난 외교적 성과라는 것은 인정할 수 있다. 그러나 미국 정치 특성상 물러나는 대통령의 임기가 너무 짧아서 의미 있는 정책을 펼 수가 없는 시점이라는 점에서 한계가 있다. 부시 대통령의 테러지원국 해제도 마찬가지다. 부시 대통령이 임기 말 외교 성과로 북핵 문제 해결을 제시하고 싶었다고 해도 10월이 돼서야 테러지원국 해제가 이뤄지면 상황을 개선시킬 수 있는 시간이 너무도 부족한 것으로 봐야 한다. 미국 정치에 대한 북한 지도부의 이해가 매우 부족하다는 것이 다시 한 번 드러난 사례로 평가된다.

▶10월 12일

북한 외무성 대변인, 테러지원국 해제 발표 환영.

불능화 작업 재개 예고.

▶10월 14일

북, 핵 불능화 작업 재개.

IAEA 검증단 핵시설 접근 허용.

▶10월 15일

미, 불능화 지원 예산으로 3억 달러 지출 예상.

프랭크 자누지(Frank Jannuzi) 미 상원 외교위원회 수석 전문위원, 미 에너지부가 의회에 북핵 폐기 예산으로 3억 달러를 요청할 것으로 예상.

▶11월 4일

미국 대통령 선거.

버락 오바마 민주당 후보는 존 매케인 공화당 후보와 대결해 365대173으로 승리. 상원과 하원도 민주당 압승. 민주당은 하원에서 21석 추가해 257석. 상원은 8석 추가해 59석. 공화당은 하원에서 21석 상실해 178석, 상원에서 8석 잃어서 41석.

▶11월 6일

북미, 뉴욕에서 접촉.

힐 차관보와 리근 국장이 만났다. 북핵 검증 문제 등 현안 논의.

▶11월 12일

북 외무성 성명, 시료 채취 거부.

"검증 방법은 현장방문, 문건 확인, 기술자들과의 인터뷰로 한정."

▶11월 18일

미 식량 50만 톤 가운데 5차분 남포항 도착.

▶11월 21일

유엔 총회, 대북인권 결의안 채택

▶11월 25일

미 국무부, 6자회담 틀 안에서 시료 채취 명문화 노력.

▶12월 4일~5일

힐·김계관, 싱가포르 양자 회동에서 "문서 표현에 견해차" 양해.

▶12월 8일~11일

제6차 6자회담 3차 수석대표회의 시료 채취 허용 여부 논란.

▶12월 9일

미 국방부 산하 합동군 사령부(USJ-FCOM), 북 핵보유국 표기 파문.

북한은 미국이 북한을 핵보유국으로 인정한 증거라고 주장. 미 합동군

사령부는 보고서가 북한의 핵 지위에 대한 정부 공식 입장을 반영한 것이 아니라고 해명했다.

▶12월 12일

미, 대북 중유지원 중단.

"나머지 5개국도 대북중유제공 중단을 양해했다"고 언급. 이에 대해 알렉세이 보로다브킨 러시아 외무차관은 13일 동의한 적 없다고 대응.

2009년

▶1월 8일

미 대북 지원식량 6차분 남포항 도착. 총 50만 톤 가운데 옥수수 21,000톤.

▶1월 13일

북, 미국의 적대시 정책 청산 촉구. 외무성 대변인 담화. "북한이 9·19 공동성명에 동의한 것은 '비핵화를 통한 관계개선'이 아니라 바로 '관계개선을 통한 비핵화'라는 원칙적 입장에서 출발한 것"이라고 언급. "미국의 대조선 적대시 정책과 핵위협의 근원적 청산이 없이는 백년이 가도 우리가 먼저 핵무기를 내놓는 일이 없을 것"이라고 언급.

▶1월 15일

미 대북 지원식량 7차분, '옥수수와 콩 혼합물'과 식용유 등 5천 톤 선적 완료.

▶1월 15일~19일

미사용 연료봉 실사단 방북. 북한은 미사용 연료봉을 한국 등에 판매하는 방안을 제시했는데 가격이 너무 비싸서 고려할 가치가 없었다고 방북단 관계자가 말했다.

▶1월 17일

북, 남북 전면 대결 태세 선언.

이명박 정부가 '비핵개방3000' 정책으로 북한 압박 정책을 전개하자 북한은 군복을 입은 군인을 TV에 등장시켜 전면적인 남북 대결 태세를 선언하면서 파국적 상황을 예고했다. (2009년 1월 17일 YTN영상)

북한, 총참모부 대변인 성명. 남북 전면 대결태세와 군사적 대응 가능성 천명.

☞북한은 이명박 정부의 대북 강경정책에 강하게 반발한다는 입장을 강조하기 위해 군복을 입은 총참모부 대변인을 조선중앙TV에 출연시켜 대남 협박 언사를 사용했다. 북한의 협박에 대해 이명박 정부는 강경정책 기조를 늦추지 않았고 남북관계는 꾸준하게 악화됐다.

▶1월 20일

버락 오바마 대통령, 제44대 대통령으로 취임.

오바마 대통령이 등장했을 때 국제사회는 미국이 대화와 설득을 통한 외교정책을 전개할 것으로 기대했으나 오바마 1기 대북 정책은 실패라는 평가를 피하지 못했다. 사진은 노벨 평화상을 받은 오바마 대통령. (2009년 12월 10일 연합뉴스)

▶1월 23일

왕자루이 중국 공산당 대외연락부장 방북, 김정일 면담.

▶2월 2일

북, 군축회담 요구.

인민군 총참모부 대변인, 핵무기 보유 당사자 군축이 비핵화 방법 주장.

▶2월 3일

미국, 북한 인권 보고서 발표.

▶2월 3일

미, 북한 미사일 거래 기업 3곳 제재.

▶2월 13일

미, 북한과 관계 개선 가능성 언급.
힐러리 클린턴(Hillary Rodham Clinton) 국무장관, 아시아 순방 앞두고 뉴욕의 아시아 소사이어티 연설에서 북한과 관계 개선 가능성 언급. "북한이 진정으로 완전하고 검증 가능한 방식으로 핵무기 프로그램을 폐기할 준비가 돼 있다면 미국은 관계정상화, 평화조약체결, 에너지 경제 지원에 나설 용의가 있다."

▶2월 19일~20일

제3차 북핵 6자 동북아 평화 안보 체제 실무그룹 회의 개최. 모스크바.

▶2월 20일

미, 대북특사에 스티븐 보즈워스(Stephen Bosworth) 전 주한 미 대사 내정.

▶2월 24일

북, 장거리로켓 발사 공표.

북한 조선우주공간기술위원회 대변인 담화. "광명성2호 발사 예정."

▶3월 5일

북 조국평화통일위원회 성명, 남측 민간 항공기 격추 가능성 경고.
한미 군사훈련 키 리졸브(Key Resolve) 기간 3월 9일에서 20일 사이에 북한 영공과 그 주변을 통과하는 남측 민간 항공기의 항공 안전 보장 불가 선포.

▶3월 17일

북, 미국 여기자 2명 체포, 억류.
북, 중국 국경선 부근에서 미 여기자 2명을 불법 입국 혐의로 체포. 체포된 사람은 미국 샌프란시스코 지역 방송국인 커런트 TV(Current TV) 소속 한국계 미국인 유나 리(Euna Lee)와 중국계 미국인 로라 링(Laura Ling)으로 중국에서 탈북자 취재를 하던 중 북한과의 국경선을 넘었다가 체포된 것으로 알려졌다.

▶3월 24일

북 외무성, 6자회담 비난.
평화적 로켓 발사에 대한 적대행

위 이유로 6자회담의 존재 기초 부정 주장.

▶3월 30일

북, 개성공단 한국인 근로자 억류.

☞억류된 사람은 남성 근로자 유모씨. 북한 당국이 금지하는 서적을 개성공단으로 몰래 반입하고 북한 여성 근로자에게 탈북을 권유하고 북한 체제를 비난하는 등 반북활동을 했다는 이유로 억류. 유씨는 8월 13일 현정은 현대 회장이 북한을 방문한 동안에 석방됐다.

▶4월 1일

오바마 대통령, 대북 강경 입장 표명.

G20 금융정상회의 계기 한중 정상회담에서 북한이 로켓 발사하면 유엔 안보리 회부 입장 표명.

▶4월 3일

보즈워스 대표 기자회견.

북한의 로켓 발사는 도발 행위이며 유엔 결의 1718호 위반으로 이에 상응하는 조치가 있을 것이라고 예고. 이와 동시에 한반도 비핵화를 위한 6자회담 재개는 우선적으로 추진돼야 한다고 언급.

▶4월 5일

북한, 장거리 로켓 발사 강행.

오전 11시 20분 함경북도 화대군 동해 위성발사장에서 은하2호 발사. 발사 9분 2초만인 11시 29분 2초에 인공위성 광명성2호를 궤도에 진입시켰다고 주장. 조선중앙통신은 "광명성2호가 40.6도의 궤도 경사각으로 지구로부터 제일 가까운 거리 490km, 제일 먼거리 1426km인 타원 궤도를 돌고 있으며 주기는 104분 12초"라고 주장.

이에 대해 미국 북미항공우주사령부에서는 북한 로켓이 위성을 궤도에 진입시키지 못했다고 판단. 로켓의 비행 거리는 약 3,000km 정도로 추정돼 위성 발사체로는 실패했지만 북한의 장거리 미사일 기술 차원에서는 향상된 수준을 과시한 것으로 평가.

☞북한이 장거리로켓을 발사한 시점은 버락 오바마 미 대통령이 체코 프라하 '핵무기 없는 세계' 연설을 하는 상황이었다. 오바마 대통령은 연설에서 "북한이 다시 한 번 규칙을 위반했다"고 비난했다. 오바마 대통

령은 이날 발표한 성명에서 북한의 로켓을 '대포동2호' 미사일로 규정하고 유엔 안보리 결의 위반이라고 비난하면서 강력한 대응 시사.

▶4월 9일

북, 제12기 최고인민회의 제1차 전체회의 개최. 김정일 국방위원장 재추대.

☞북한의 중대한 군사적 도발 행동과 김정일 국방위원장 재추대 일정은 밀접한 관련성을 보여준다. 북한이 이 시기에 장거리로켓을 발사한 것은 대외관계 측면에서 보면 속칭 '자살골'에 해당하는 것이고 실제로 북한은 엄청난 대가를 치러야 했다. 그럼에도 불구하고 북한이 장거리로켓을 발사한 것은 김정일 위원장 재추대 행사를 전후해서 김정일 위원장 중심으로 강고한 체제 단결 분위기가 필요했기 때문으로 보인다. 2009년 상반기는 특히 김정일 위원장이 병상에서 깨어나 정상적인 활동을 시작한 시점이어서 김 위원장이 건재하다는 것을 과시할 필요도 있었다. 동시에 김 위원장이 아들 김정은을 후계자로 지목한 직후라는 점에서 김정은에게 대담한 지도자 역량을 가르쳐 주기 위한 행사로도 해석될 수 있겠다.

▶4월 13일(한국 시간 14일)

유엔 안보리, 북의 로켓 발사를 비난하는 의장성명 채택.

중국도 성명에 찬성. 북한은 이에 대해 14일자로 외무성 성명을 내고 의장성명 내용을 규탄. 이어 "6자회담에 다시는 절대로 참가하지 않겠다"고 천명. 우주이용권리 계속 행사, 6자회담 거부 및 합의 파기, 핵시설 원상복구 및 재처리 실시, 독자적 경수로 건설 적극 검토 등 선언. 성명에서는 특히 유엔 안보리가 '강도적 논리'를 받아 물었다면서 의장성명에 참여한 회원국을 싸잡아 비난했다. 이 대목은 중국을 비난한 것으로 북한이 중국도 말리기 어려운 극단적인 도발에 나설 때 전 단계로 제기하는 도발 징후로 볼 수 있다.

▶4월 16일

영변 주재 IAEA 감시요원, 북측 요구로 철수.

미국 감시요원은 18일 철수.

▶4월 18일

북 총참모부 대변인, "PSI는 선전포고" 협박.

☞PSI는 2006년 7월 북한의 미사일 다량 발사 이후 조지 W. 부시 대통령이 추진한 대량살상무기 비확산 안보구상이다. 일반적인 비확산을 추구한다는 명분을 내세웠지만 창설 당시에도 북한의 장거리로켓 개발과 핵무기 개발을 저지하기 위한 특별한 조치라는 것이 공공연하게 거론됐다.

부시 대통령이 주도했지만 한국은 정회원국으로 참가하지 않았다. 북한을 불필요하게 자극하는 행위가 될 수 있다는 이유에서였다. 이에 대해 2008년 2월 출범한 이명박 정부 당국자들은 노무현 정부가 비굴하게 북한 눈치를 본 것으로 평가하고 이것을 당당하지 않은 결정이었다면서 기회가 나면 PSI 참여 의지를 보이곤 했다. 북한의 장거리로켓 발사는 이명박 정부 입장에서 PSI 참여에 좋은 기회였고 실제로 정부는 참여를 추진했다.

▶4월 19일

한국, PSI 전면참여 발표 연기.

☞한국 정부가 PSI 참여를 미룬 것은 개성공단에 억류돼 있는 한국인 근로자 석방에 대한 남북 협의가 진행 중이기 때문이었다. 근로자 억류 문제가 있었지만 한국 정부의 태도는 매우 굴욕적이었다. 한국 정부 스스로 북한을 자극하지 않겠다는 전략적 판단을 내리고 정회원이 되지 않는 것은 논란의 여지는 있지만 어느 쪽이든 채택이 가능하다. 그러나 북한에 대한 적개심을 공공연하게 드러난 상황에서 PSI에 참여하지 못하는 것은 북한의 압박에 굴복한 것 이외에 다른 해석이 나오기 어렵다. 한국 정부는 이후에도 한 두 차례 이상 굴욕적인 참가 발표 연기를 경험한 이후 5월 26일 북한이 핵실험을 감행한 뒤에야 PSI 전면참여 결정을 발표했다.

▶4월 20일

샘 브라운백(Sam Brownback) 미 상원의원, 북한의 테러지원국 재지정 법안 제출.

▶4월 20일

엘바라데이(Mohamed ElBaradei) IAEA 사무총장, "북한 핵무기 보유는 사실"

▶4월 24일

유엔 안보리 대북 제재 위원회, 제재 대상 리스트 합의.

제재 대상 단체로 3개 북한 기업 지정.

▶4월 25일

북, "폐연료봉 재처리 작업 시작" 공표.

▶4월 25일

북, 미국 기자 2명 재판회부 결정 발표.

▶4월 29일

북, 중국 비난하며 핵실험 위협.

외무성 대변인 성명. 유엔 안보리가 "의장성명 철회하지 않을 경우 핵실험" 위협. 성명에서는 특히 유엔 안보리가 "미국의 책동에 추종하여 주권국가의 자주권을 난폭하게 침해하고도 모자라 이제는 우리 공화국의 최고 리익인 나라와 민족의 안전을 직접 침해하는 길에 들어섰다"면서 중국을 미국의 추종세력으로 규정하는 등 중국에 대한 불만을 강하게 시사했다. 성명 발표와 핵실험 이후 중국은 북한에 대해 협조적인 태도를 보여주기 위해 적극 노력했다.

▶4월 30일

힐러리, 북한에 대해 무덤 파고 있다고 비난.

클린턴 미 국무장관, 미 상원 세출위원회 예산안 심의 청문회에 나와 북한의 추가 핵실험 위협에 대해 북한이 국제사회에서 "더 깊은 무덤을 파고 있다"고 강력하게 비난.

▶5월 8일

북, 오바마 행정부와 대화 무용 주장.

외무성 대변인, 기자 질문에 답변. "오바마 행정부 출범 이후 100일 간 정책 동향을 지켜본 결과 북한을 적대하는 미국과는 대화 무용" 입장 발표.

▶5월 14일

미, 북한 미사일 발사 대비 요격 미사일 배치.

▶5월 19일

미, 대 테러방지 비협력국에 북한 재지정.

▶5월 23일

노무현 전 대통령 서거.

☞노무현 전 대통령 서거는 재임 기간에 가족이 불법적으로 외부인으

로부터 자금을 받은 의혹과 관련해 책임을 지고 스스로 바위절벽에서 뛰어내려 목숨을 끊은 사건이다. 이 사건은 이후 김대중 대통령 별세로 이어져 더욱 비극적인 사건이 됐다.

▶ 5월 25일

북, 2차 핵실험 강행.

오전 9시 54분쯤 함북 길주군 풍계리. 대기 관측으로는 해당 물질이 검출되지 않은 것으로 평가됐지만 규모 4.5 지진파가 탐지돼 핵실험이 있었던 것으로 판단. 핵폭발 규모는 2~6kt(1kt은 TNT 폭약 1,000t 위력. 참고로 히로시마 투하 핵폭탄의 경우 16kt, 나가사키 투하 핵폭탄의 경우 21kt 추정. 낮 12시쯤에는 동해에서 사거리 130km 단거리 미사일 1기 발사. 오후 5시쯤 강원도 원산 인근에서 1기 추가 발사.

☞장거리로켓 발사에 이은 북한의 핵실험은 오바마 대통령과 클린턴 장관을 분노하게 만들어 대북 강경정책을 추진하는 중요한 이유가 된 것으로 분석된다. 이후 북한과 미국의 관계가 최악의 상황으로 이어진 결과를 고려할 때 북한 핵실험은 중대한 실책으로 평가된다.

▶ 5월 26일

북, 단거리 미사일 추가 발사.

함흥 지역에서 지대함 단거리 미사일 2기 발사. 밤 9시쯤 1기 추가 발사. 2차 핵실험 이후 자축 또는 위협 차원에서 발사한 미사일은 당일 3기, 다음날 2기 등 모두 5기.

▶ 5월 26일

한국, PSI 전면참여 발표.

▶ 5월 27일

북한군 판문점 대표부 전쟁 위협 성명. "조선반도를 전쟁상태로 몰아넣었다", "안전항해를 담보할 수 없다." 조평통 성명도 나왔다. "북남관계는 되돌릴 수 없는 전쟁위험 계선을 넘어서게 됐다."

▶ 5월 30일

로버트 게이츠 국방장관, "북한을 절대 핵보유국으로 인정할 수 없다"

▶ 6월 3일

미 상원의원 8명, 미 국무부에 북한을 테러지원국으로 재지정할 것을 요청.

☞ 미 국무부는 테러지원국 재지정에 대해 그럴 만한 요건에 도발하지 않았으므로 검토 대상이 아니라는 입장을 여러 차례 밝혔다. 그런데도 불구하고 미국 정치권에서 테러지원국 재지정을 주장하는 것은 북한에 대한 비난 여론에 부응하기 위한 조치라는 차원에서 이해할 수 있을 것이다. 테러는 민간인을 상대로 공포심을 유발하는 행위로 남한이나 주한 미군을 상대로 한 각종 위협은 테러가 아니라 정전협정 위반으로 처리된다.

▶ 6월 8일

북, 억류 중인 미국 여기자 2명에게 노동 교화형 12년 언도.

조선민족적대죄 및 불법국경출입죄 적용.

▶ 6월 12일

유엔 안보리, 북한 핵실험 관련 대북제재 결의 1874호 만장일치 채택.

북한에 대한 규탄 문구가 '규탄한다'에서 '가장 강력하게 규탄한다'로 변경. 화물검색 범위에서도 금지물품을 적재한 화물검색에서 공해상 의심 선박 검색으로, 그리고 금지품목 발견시 압류·처분으로 강화됐다. 수출통제에서는 모든 무기 관련 물자로 확대됐다. 금융제재로는 WMD-미사일 관련 개인이나 단체의 재원 동결에서 WMD-미사일에 기여할 수 있는 재원 동결을 포함한 금융거래 금지 및 대북 무역에 대한 공적 금융 지원 금지와 무상원조, 금융지원, 양허성 차관의 계약 금지 및 기본 계약 감축으로 제재가 강화됐다.

▶ 6월 13일

북 외무성 성명. 안보리 결의 1874호 규탄 및 배격.

대미 전면대결 시작 등을 제기하면서 첫째 새로 추출되는 플루토늄 전량을 무기화했고 현재 폐연료봉은 총량의 3분의 1 이상이 재처리됐다고 주장했다. 둘째 우라늄 농축 작업에 착수한다고 선언했다. 셋째 미국과 그 추종세력이 봉쇄를 시도하려 드는 경우 전쟁행위로 간주하고 단호히 군사적으로 대응한다고 주장했다.

▶ 6월 16일

오바마 대통령, 대북 강경정책 천명.

워싱턴 한미 정상회담에서 북한의 도발에 보상하지 않겠다고 다짐.

▶6월 18일

미 재무부, 미 금융기관에 북한 불법 금융거래 경계 조치.

▶6월 22일

오바마 대통령, 대북 경제 제재 1년 연장 방안에 서명.

▶6월 26일

미국, 대북 경제 제재를 위한 범정부 조직 구성.

책임자는 필립 골드버그(Philip S. Goldberg)

▶6월 29일

북한 화물선 강남 1호, 중국 연안 항해 중 회항.

미국의 감시와 추적에 부담을 느낀 것으로 추정된다. 오바마 대통령은 7월 7일 강남 1호가 북한 영해로 진입하자 대북 압박정책의 효과가 나타났다고 평가했다.

▶6월 30일

미 재무부, 남천강 무역회사와 홍콩 일렉트로닉스 등 대북 제재 기업 추가.

▶7월 2일

북, 지대함 단거리 미사일 4발 동해로 발사.

▶7월 2일~6일

골드버그 안보리 결의 1874호 이행 조정관, 중국 등 순방.

▶7월 4일

북, 탄도 미사일 7기 동해로 발사.

오전 8시쯤 강원도 깃대령 기지에서 미사일 2발을 발사한 것을 시작으로 오후 5시 40분까지 모두 7기를 발사. 발사 기종은 사거리가 400km~500km인 것으로 미뤄 대부분 스커드 미사일로 추정되며 노동 미사일을 사거리를 줄여 발사했을 가능성도 배제할 수 없음.

☞북한이 탄도 미사일을 대량으로 발사한 것은 2006년 7월 5일 이후 두 번째다. 발사 개수도 동일하고 날짜도 비슷하다. 당시에는 7월 5일 새벽부터 발사가 이뤄졌는데 미국 날짜로 7월 4일, 독일기념일에 맞추기 위한 조치였다. 이번에 7월 4일에 발사한 것도 미국 독립기념일을 겨냥한 것이라는 점에서는 동일한 효과를 노린 것으로 보인다.

▶7월 6일

북한 탄도 미사일 발사 관련, 유엔 안보리 의장 구두 설명 발표.

▶7월 8일

미 재무차관 중국·홍콩 방문. 대북 금융제재 강화 차원.

▶7월 15일

북, "6자회담은 영원히 끝났다"발언.
북 김영남 최고인민회의 상임위원장, 제15회 비동맹운동(NAM) 정상회담 참석 계기 발언.

▶7월 16일

유엔 안보리 1718 대북제재 위원회, 제재 방안 안보리 보고.
추가 제재 리스트 지정. 5-5-2 제재, 즉 5개 단체, 5명 개인, 2개 품목 지정.

▶7월 18일

미, 포괄적 패키지 언급.
커트 캠벨(Kurt M. Campbell) 미 국무 차관보 방한해 북한에 대한 유화책이 있는지를 묻는 기자 질문에 포괄적 패키지가 있다고 언급했다.

▶7월 20일

클린턴 장관, 북한에 모욕적 비난.
TV에서 북한은 "관심을 끌어보려는 어린 아이나 철부지 10대의 행동 같다"고 비난.

▶7월 22일

클린턴 장관, 포괄적 패키지 설명.
태국 ARF 연설에서 포괄적 패키지에 대해 "전면적인 관계 정상화 외에 항구적 평화체제, 그리고 에너지 및 경제지원이 모두 담겨 있다"고 설명.

▶7월 23일

북한 외무성 대변인, 클린턴 장관 인신 모독.
기자 질문에 답변. 북한을 철부지 10대로 묘사한 클린턴 장관에 대해 "소학교 녀학생이나 장마당에나 다니는 부양받아야할 할머니 같아 보이기도 한다"고 인신 모독.

▶7월 24일

신선호 주 유엔 북한 대사 기자 간담회.
"대화에 반대하지 않는다. 우리는 공동의 관심사에 관한 어떤 교섭에 대해서도 반대하지 않는다"고 언급. 미국과의 대화 의지 표명으로 해석.

▶ 7월 27일

북한 외무성 대변인 담화.

현 사태를 해결할 수 있는 대화 방식은 따로 있다면서 미국과의 양자대화 희망 표명. 이와 관련 클린턴 장관은 26일 NBC TV에 출연해 "북한이 협상에 복귀하는 것만으로는 보상받지 못한다. 반쪽 조치에는 보상하지 않겠다"고 언급.

▶ 7월 30일

미 재무부, 조선혁신무역회사를 대북금융제재 대상 기업으로 추가 지정.

▶ 8월 4일~5일

빌 클린턴 전 미국 대통령 방북.

클린턴 전 대통령은 북한에 억류돼 있는 미국 여기자 2명의 석방을 교섭하기 위해 북한을 방문했다. 클린턴 전 대통령은 낮 12시쯤 평양에 도착했고 저녁에 김정일 위원장과 만찬 회동을 가졌다. 클린턴 전 대통령은 다음날 오전 8시 30분 김정일 위원장이 특별 석방한 여기자 2명과 함께 귀국행 비행기에 올랐다.

☞ 클린턴 전 대통령의 북한 방문은 3개월 전 김대중 전 대통령과의

빌 클린턴 미국 대통령이 북한에 억류돼 있던 미국 여기자 2명 석방을 위해 북한을 방문했다. 김정일 국방위원장은 내내 만족런 표정을 지었다. (2009년 8월 14일 연합뉴스)

면담이 배경이 된 것으로 추정된다. 김대중 전 대통령은 클린턴 전 대통령이 2009년 5월 18일 서울을 방문한 기회에 미국의 대북정책 방향에 대한 의견을 교환하면서 북한에 대해 대화와 협상을 통한 포용적, 전략적 접근의 필요성을 간곡하게 역설했다. 특히 이런 의견이 오바마 대통령이나 힐러리 클린턴 미 국무장관에게 전달되도록 역할을 해 줄 것을 요청했다. 클린턴 전 대통령은 김 전 대통령에게 소망이 이뤄지도록 노력하겠다고 답변했다.

클린턴 전 대통령의 북한 방문이 성사된 것은 힐러리 클린턴 국무장관의 판단이 작용한 것으로 추정된다. 또한 북한 방문 이후 오바마 대통령을 면담하고 대북정책에 대한 의견을

전달했는데 이 때 김 전 대통령의 요청도 전달이 된 것으로 추측된다. 이후 오바마 대통령은 스티븐 보즈워스 대북정책 특별대표를 북한에 보내 북미 양자 대화 기회를 제공하는 등 대북정책이 일시적으로 포용정책 방향으로 이동했다.

다만 이런 일시적 변화는 중대한 국면 전환으로 이어지지 못했다. 남북관계가 11월 10일 대청해전과 다음해 3월 26일 천안함 폭침 등으로 최악의 국면으로 전락되고 북미관계도 더불어 악화되는 바람에 관계 개선을 위한 분위기가 형성되지 않았다.

▶8월 10일~17일
 현정은 현대그룹 회장 방북.

 현정은 회장은 금강산 관광 재개를 추진하기 위해 방북했고 김정일 위원장의 확고한 답변을 기대했다. 김 위원장은 현 회장과의 면담을 회피했지만 현 회장이 면담을 끈질기게 요청하자 결국 면담에 응했다. 김 위원장은 금강산 관광과 관련해 안전 문제에 대한 언질도 제시했다. 이 와중에 13일 개성공단에 억류돼 있던 남측 근로자 유 모씨도 풀려났다.

 한편 한국 정부는 현정은 회장이 듣고 온 김정일 위원장의 금강산 지역 안전 관련 발언은 구두 확인으로 북한 당국의 공식 입장으로 간주하기에 적절하지 않은 만큼 북한 당국이 공식 문서로 확인해줄 것을 요구했다. 북한은 김 위원장의 언질이 최고의 안전 보장이라며 한국의 요구를 거부했다. 이에 따라 금강산 관광 재개는 이뤄지지 못했다.

▶8월 11일
 미, 북한 기업 조선광선은행 금융제재 기업으로 추가 지정.

▶8월 12일
 유엔 안보리 결의 1874호 전문가 패널 구성.

▶8월 17일~19일
 김정일, "양자와 다자회담 참가 용의" 언급.

 김정일 위원장, 우다웨이 중국 외교부 부부장이 북한을 방문한 계기에 "북핵 문제 해결을 위해 양자와 다자 회담에 참가할 용의가 있다"고 18일 언급.

▶8월 18일

김대중 전 대통령 서거.

김대중 전 대통령은 노무현 전 대통령 서거에 크게 상심해 건강이 갑자기 쇠약해졌다. 김 전 대통령이 사망하자 북한에서는 김기남 노동당 비서와 김양건 통일전선부장 등을 중심으로 '특사조의방문단'을 구성해 서울로 파견했다. 김기남 비서는 이명박 대통령과의 면담을 요청했고 논란 끝에 8월 23일 청와대에서 30분 동안 면담이 성사됐다.

이후에 임태희 당시 노동부 장관이 이명박 대통령 지침을 받고 비밀리에 김양건 부장과 싱가포르 등지에서 접촉했고 특히 정상회담도 논의됐다. 이에 따라 남북관계도 획기적으로 발전될 가능성이 있었으나 협상 주체가 임태희 실장에서 통일부 등 내각 조직으로 이동하면서 남북 간 견해 차이가 불거졌다. 결국 남북 막후 접촉은 긍정적인 결론을 내리지 못하고 11월을 전후해서 무산되는 운명을 맞았다.

▶8월 20일

북, 보즈워스 특사에 방북 요청.

▶8월 31일

북, 미국에 양자회담 제의.

▶9월 3일

북, 우라늄 농축 시험 성공적 진행 언명.

북 유엔주재 신선호 대표, 유엔 안보리 수전 라이스(Susan Rice) 의장에게 편지 발송. "폐연료봉 재처리가 마감 단계에서 마무리되고 있으며 추출된 플루토늄이 무기화되고 있다. 우라늄 농축 시험이 성공적으로 진행돼 결속 단계에 들어섰다."

▶9월 8일

미, 북한 기업 추가 제재.

조선원자력 총국, 조선단군무역회사 자산 동결. 같은 날 공개된 미 국방부의 2010년 국방정책검토 보고서(QDR) 전망자료를 보면 미국이 북한 붕괴 시나리오 대비 포함.

▶9월 11일

미국, 6자회담 틀 내에서 북미 양자회담 의사 표명

▶9월 15일

클린턴 국무장관, 양자회담 용의 확인.

클린턴 장관, 북한과의 양자대화에 응할 준비가 돼 있다고 말한 것은 북한을 6자회담에 복귀시키고 북한에 대해 6자회담의 목적과 그에 상응하는 대가와 인센티브가 무엇인지를 직접적이고 분명하게 설명하기 위한 것이라고 말했다.

▶9월 18일

김정일, 6자회담 참가 의사 재확인.

김정일 위원장, 다이빙궈 중국 국무위원 면담. 김 위원장은 "양자 및 다자 대화로 문제를 해결하기를 바란다"고 언급.

▶9월 21일

이명박 대통령, 그랜드 바겐 구상 발표.

이 대통령은 미국을 방문한 계기에 자신의 대북정책 구상을 그랜드 바겐(grand bargain)이라는 이름을 붙여서 설명했다. 뉴욕에서 열린 미국 외교협회(CFR: Council on Foreign Relations)와 코리아 소사이어티(Korea Society), 아시아소사이어티(Asia Society) 공동 주최 오찬에서 "6자회담을 통해 북핵 프로그램의 핵심 부분을 폐기하면서 동시에 북한에게 확실한 안전보장을 제공하고 국제지원을 본격화하는 일괄 타결, 즉 그랜드 바겐을 추진해야 한다"고 말했다. 이 대통령은 이 구상을 23일 유엔 총회 기조연설에서도 밝혔다.

☞이명박 대통령이 말한 그랜드 바겐은 북한 입장에서는 비핵개방3,000과 마찬가지로 북한이 먼저 핵무기를 폐기해야 하는 조건이므로 용납할 수 없는 제안이었다. 북한은 그랜드 바겐에 대해 전혀 호응하지 않았고 한국 정부도 북한의 호응을 유도하기보다는 북한을 압박하는 또 하나의 논리를 만드는데 관심이 있었던 것으로 관측됐다.

▶9월 28일

북, 대북 제재 철회 촉구.

북 박길연 외무성 부상, 유엔 총회 기조연설. "미국이 제재를 앞세우고 대화를 하겠다면 우리 역시 핵 억제력 강화를 앞세우고 대화에 임하게 될 것."

▶9월 30일

북, 그랜드 바겐 제안 비난.

조선중앙통신, "남조선 고위당국자의 일괄타결 제안이 비핵개방3,000의 답습으로 백해무익하다"며 비난.

▶10월 4일~6일
원자바오 중국 총리, 북한 방문.

원자바오 중국 총리의 북한 방문 이후 중국은 북한 붕괴를 방지하는 정책을 노골적으로 전개했다. 원 총리 방북 당시 북한은 수십만 군중을 동원해 최대의 환영 행사를 열었다. (2009년 10월 4일 YTN영상)

김정일 위원장, 원자바오 총리에게 "북미 양자회담 상황을 지켜본 뒤 6자회담을 포함한 다자회담을 진행할 것"이라고 언급. 북한과 중국 두 나라는 이 정상회담을 계기로 우호관계를 복원하는 노력을 강화하기로 합의했다.

☞원 총리 방북은 한반도와 주변 지역의 국제정세에 큰 파장을 만들어낸 시발점이 됐다. 원 총리 방북 이전까지 북한은 중국에 대해 경계심을 갖고 있었다. 그러나 원 총리 방북을 계기로 양측은 우호관계를 재확인했고 북한에 대한 중국의 경제적 지원과 협력 규모도 증가했다. 중국에 대한 북한의 의존도가 획기적으로 높아졌다.

☞중국 최고 지도부는 북한 핵실험 이후 대북정책과 관련한 정책 방향을 토론한 결과 북핵 문제와 북한 문제를 분리하기로 하고 북핵에는 반대하되 북한 붕괴는 용납하지 않으며 두 가지가 충돌할 경우 북한 붕괴 방지가 우선이라는 지침을 세운 것으로 알려져 있다.

▶10월 12일
북, 동해에서 단거리 미사일 5발 발사.

▶10월 17일
남북 고위 당국자, 싱가포르에서 비밀접촉.

한국 언론은 10월 22일 남과 북의 고위 당국자가 싱가포르에서 비밀접촉을 했다고 보도했고 일본 언론은 11월 12일 임태희 노동부 장관이 10월 17일과 18일 김양건 통일전선부장을 만나 남북 정상회담 논의했다고 보도했다.

☞당시 청와대와 정부는 남북 비밀접촉 보도에 대해 부인하거나 금시초문이라는 반응을 보였다. 그러나 2012년 봄 한나라당 대통령 후보 경선에 나선 임태희 전 장관은 자신이 김양건 부장과 비밀접촉을 했고 남북관계 개선 방안과 정상회담 방안 등에 협의한 것이 사실이라고 밝혔다.

▶10월 23일

미 재무부, 대북 제재 대상 추가 발표.

압록강 개발은행, 김동명 단천상업은행장.

▶10월 24일

북한 리근 미국국 국장 미국 방문해 싱 김 특사와 비공식 회동. 뉴욕.

▶10월 30일

미, 미군이 북한 WMD 제거 담당한다고 언급.

월터 샤프(Walter L. Sharp) 한미연합사령관, "북한의 WMD를 제거하는 작전은 미군이 주도하기로 합의"

▶10월 30일

유엔, 대북 인권결의안 채택

▶11월 2일

북, 미국에 불만 표명.

외무성 대변인, 리근과 성 김의 회동은 북미회담을 위한 예비접촉이 아니었고 따라서 접촉에서는 북미대화와 관련되는 실질적인 문제가 토의된 것이 없다고 언급.

▶11월 2일

미국 중간선거에서 민주당 참패.

하원 63석 감소해 193석. 공화는 242석. 상원은 민주당 6석 상실로 51석. 다수당은 유지. 공화는 41석에서 47석으로 증가. 민주당 참패 원인은 금융위기에 대한 대응 불만.

▶11월 3일

북, 플루토늄 무기화 성공 주장.

조선중앙통신 보도. "8천개의 폐연료봉 재처리를 8월말까지 성과적으로 완료", "추출된 플루토늄을 무기화하는데도 성공."

▶11월 7일

남북, 개성에서 제1차 당국자 비밀접촉.

남과 북의 고위 당국자들이 개성에서 비밀접촉을 가진 것으로 알려졌다. 이 접촉은 임태희 장관이 10월 17일 싱가포르에서 김양건 통전부장을 만나 협의한 내용을 바탕으로 후속 협의를 하는 형식이었다. 통일부에서 김천식 정책실장이 나간 것으로 알려졌다.

▶11월 8일

북, 작전계획 5029 비난.

북 민주조선, 한국의 작전계획 5029 완성은 북한 군대와 인민에 대한 용납 못할 모독이며 노골적인 도발이라고 비난.

▶11월 9일

프랑스, 북한에 대통령 특사 파견.

자크 랑(Jack Lang) 프랑스 하원의원, 니콜라 사르코지(Nicolas Sarkozy) 대통령의 대북특사 자격으로 방북.

▶11월 10일

대청해전 발발.

서해 대청도 인근 해역에서 NLL 침범해 아군 해군 함정에 조준 사격한 북한 경비정 반파. 북한군 최고 사령부는 사건 발생 후 한국에 사죄 및 재발방지 조치를 요구했다.

☞대청해전 결과로 북한 해군은 남한 해군에 대한 보복 의지를 갖게 된 것으로 추정되고 다음해 3월 천안함 폭침과 관련이 있는 것으로 분석된다.

▶11월 10일(한국 시간 11일)

미 국무부, 보즈워스 대표 방북 일정 발표.

▶11월 12일

북, 대청해전 관련 남한 협박.

노동신문·민주조선, 남측이 반드시 값비싼 대가를 치르게 될 것이라고 협박.

▶11월 13일

북, 남측에 대청해전 관련 사과 요구.

남북 장성급 군사회담 북측 대표단 단장 명의 통지문. 한국에 대청해전 관련 사과 요구 및 군사조치 위협하면서 값비싼 대가 또 언급.

▶11월 14일

남북, 개성에서 2차 당국 간 비밀접촉.

남과 북이 개성에서 2차 당국 간 협의를 벌였으나 결렬, 즉 정상회담 개최 일정에 합의하지 못한 것으로 알려졌다.

▶11월 19일

오바마 대통령, 북한에 전향적인 태도 요구.

오바마 대통령, 서울에서 열린 한미정상회담 기자회견 계기에 보즈워스 대북정책 특별대표가 12월 8일 방북한다면서 북한의 전향적인 태도를 요구. 앞서 클린턴 장관도 18일 카불 주재 미 대사관에서 열린 기자회견에서 "비핵화 진전에 따라 북한과의 관계 정상화, 정전협정을 대체할 평화협정, 경제지원 등을 검토하게 될 것"이라고 언급.

▶11월 20일

미 핵과학자회보, 북한을 핵보유국으로 분류.

핵보유국으로 북한을 포함해 미국·러시아·중국·영국·프랑스·인도·파키스탄·이스라엘 등 9개국이라고 지목.

▶11월 21일~24일

미국 한반도 전문가 일행, 북한 방문. 잭 프리처드 등 미 외교협회 한반도 정책 태스크포스 대표단 북한 방문. 방북 후 북한의 입장에서 아무런 변화도 보이지 않았다며 실망감 표명.

▶11월 23일

북, 미국과 평화보장 논의 필요성 주장.

노동신문, "한반도에서 대결과 충돌을 종식시키고 항구적인 평화와 안정을 보장하기 위해서는 북미 사이에 정전 상태를 끝장내고 평화보장 체계를 수립해야 한다"고 거듭 주장. 이에 대해 미 국무부는 "보즈워스 대표 방북 시 평화협정과 같은 문제를 논의하지 않을 것"이라고 언급.

▶11월 30일

북한 화폐개혁 조치 단행.

화폐개혁 조치는 일반적으로 실패라는 평가가 우세하다. 그러나 북한에 산재된 달러화를 끌어 모으기 위한 방편이라는 시각에서 본다면 성공이라는 평가도 있다.

▶12월 1일

중, 북미대화 성과 기대.

친강(秦剛) 중국 외교부 대변인, "중국은 북미대화에서 실질적인 성과가 도출되기를 희망하고 이를 통해 6자회담이 재개되고 새로운 단계로 발전하기를 희망한다."

▶12월 2일
조선신보, "북미 간 최대 현안은 평화체제 수립"

▶12월 2일
한국, 평화체제 논의는 6자회담 틀에서 할 수 있다고 주장.
유명환 외교통상부 장관, 평화체제 수립은 남북한이 중심이 돼 6자회담 별도 포럼에서 논의해야 한다면서 남북한 그리고 미국과 중국 4자 간 협의가 있어야 한다고 발언.

▶12월 3일.
미, 평화협정 논의 가능성 시사.
스티븐스 주한 미 대사, "평화협정 체결과 관계 정상화는 9·19공동성명, 또 최근 미국이 제안한 일괄타결 방안에도 포함되는 것" 언급.
☞스티븐스 대사 발언은 북한을 달래기 위한 발언으로 평가된다.

▶12월 7일
미, 평화협정은 6자회담 의제 입장 재확인.
국무부 대변인, 평화협정은 이번 방북의 의제가 아니며 보즈워스 특사도 6자회담에서 다룰 사항이라는 것을 알고 있다고 발언.

▶12월 8일~10일
보즈워스 특별대표 일행 방북.
보즈워스 대표는 10일 서울로 돌아와 "6자회담의 필요성과 역할, 9·19공동성명 이행의 중요성에 대해 어느 정도 공통의 이해에 도달했다"고 발언. 보즈워스 대표 방북 시 오바마 대통령 친서 소지했다고 12월 16일 미 국무부 확인. 북한도 11일 외무성 대변인 발언으로 미국과 공동 인식 있었다고 논평.
☞보즈워스 대표의 방북은 국면을 전환할 수 있는 중대한 기회였으나 북한과 미국 중에서 어느 쪽도 관계 개선을 위해 양보할 의사를 보이지 않았다. 이런 교착 상태의 배경에는 한국 정부의 강경한 입장도 영향을 미친 것으로 관측된다.

▶12월 11일

국제핵물질 위원회, '2009년 국제핵물질보고서' 발간.

"북한이 2006년 10월에 실시한 1차 핵실험에서 플루토늄을 2kg 사용했고 2차 핵실험에는 플루토늄 5kg을 사용한 것으로 추정된다."

▶12월 12일

태국, 방콕 돈 무앙 공항에서 평양발 그루지아 국적 수송기 검색, 무기 압류 조치.

▶12월 16일

미 국무부, 보즈워스 특별대표 북한 방문 결과 브리핑.

"6자회담 재개 시 비핵화와 연관된 모든 단계, 새로운 평화체제로의 진전, 평화협정, 에너지 및 경제적 지원 공급, 관계 정상화 논의", "평화협정 협상의 당사자는 남북미중 4개국임을 6자회담 모두가 동의", "비핵화 논의 재개 시 우라늄 농축 프로그램이 의제"

▶12월 17일

시진핑(習近平) 중국 국가부주석 방한, 이명박 대통령 예방.

'6자회담의 조속한 재개와 비핵화 진전을 위해 양국이 계속 긴밀히 협력'

▶12월 21일

북, 서해상에 사격 구역 일방적 선포.

NLL 남측 한국 수역 중에서 1999년 9월에 스스로 칭한 '해상군사분계선' 인근 해역을 '평시 해상사격 구역'으로 선포. 대청해전과 관련해 북한의 보복 조치로 해석할 수 있다.

▶12월 25일

미국 인권운동가 로버트 박(Robert Park), 불법 입북 혐의로 체포.

2010년

▶1월 1일

　북한 공동사설.

　평화체제 협상을 비핵화보다 중시할 것임을 시사.

▶1월 10일~14일

　로버트 킹(Robert King) 북한 인권특사 방한.

▶1월 11일

　북 외무성, 평화협정 회담 촉구 성명 발표.

　정전협정을 평화협정으로 변경하기 위한 회담을 조속히 시작할 것을 협정 당사국들에게 정중히 제의한다고 언급. 제재가 제거되면 6자회담도 곧 열리게 된다고 언급. 이에 대해 필립 크롤리(Philip J. Crowley) 미 국무부 차관보는 브리핑에서 평화협정 회담은 북한이 6자회담에 돌아와 핵 포기를 위한 조치를 취한 다음에 논의될 수 있다면서 일축.

▶1월 12일

　오바마 대통령, 북한에 국제 규범 준수 촉구.

　오바마 대통령은 북한이 국제적 핵 관련 의무를 준수해야만 관계 개선할 수 있다고 말했다고 백악관 안보담당 부보좌관이 백악관 홈페이지 기고문에서 밝혔다.

▶1월 13일

북한 급변사태 대비 계획 언론에 보도.

한국 정부의 급변사태 대비계획 '부흥'의 존재와 일부 내용이 일부 언론에 보도.

▶1월 13일

일, 평화협정 논의 제안에 부정적 입장 표명.

오카다 가쓰야(岡田克也) 일본 외상은 북한의 평화협정 협상 제안이 핵문제 연기 공작의 구실이 될 우려가 있다면서 부정적인 입장을 피력했다.

▶1월 14일

북, 금강산 관광 재개 회담 요구.

조선 아시아태평양평화위원회 통지문 발표. 26일과 27일 금강산에서 관광 재개를 위한 남북 실무협의를 갖자는 내용.

▶1월 15일

북 국방위 대변인 성명, 거족적 보복성전 개시 선언.

'부흥' 보도와 관련해 '남한 통일부와 국정원의 즉시 해체, 거족적인 보복성전 개시, 모든 대화와 협상에서 남한 철저히 제외' 등의 입장 표명.

▶1월 24일

북 총참모부 대변인 성명, 군사적 행동 천명.

김태영 국방 장관의 '선제타격' 발언 관련해 이를 선전포고로 간주하고 존엄과 자주 침해 시도에 대해 단호한 군사적 행동을 천명.

▶1월 25일

북, 3월 29일까지 백령도 근해 항행금지구역 선포.

▶1월 27일

북, NLL 해상에서 서해 해안포 100여 발 발사.

▶1월 27일

오바마 대통령, 북한에 핵개발 포기 촉구.

취임 후 첫 국정연설. 북한이 국제사회 합의 어기고 핵무기를 계속 추구할 경우 지속적인 고립과 강력한 제재에 직면할 것이라고 경고.

▶1월 28일
북한, NLL 북측 해상으로 해안포 발사.

▶1월 31일
북, 서해상 4곳과 동해상 1곳 추가로 항행금지구역 선포.

▶2월 1일
미, 북한이 10년 이내에 대륙 간 탄도 미사일 개발 예상.
미 국방부, 2010년 4개년 국방정책 보고서 QDR과 탄도미사일 방어계획 검토 보고서 BMDR 공개. 북한이 앞으로 10년 안에 핵탄두를 장착한 대륙 간 탄도 미사일 개발할 것으로 평가.

▶2월 2일
미, 북한의 제재 완화 요구 일축.
한국을 방문한 캠벨 미 국무부 동아태 담당 차관보가 북한의 제재 해제 요구에 대해 6자회담과 재개와 제재완화를 동시에 하는 것은 시기상조라며 일축.

▶2월 2일
미, 북한 핵 포기 난항 보고.
미 국방정보국장, 미 상원 정보위원회 출석해 북한이 가까운 장래에 핵무기 능력을 제거할 것 같지는 않다고 발언.

▶2월 3일
오바마 대통령, 북한을 테러지원국으로 재지정할 수 없다는 입장 재확인.
북한을 테러 지원국으로 다시 지정해야 한다는 일각의 요구에 대해 오바마 대통령은 민주당 의회 지도부에 보낸 서한에서 북한이 테러지원국으로 재지정되는데 필요한 법적 기준을 충족하지 않는다면서 거부.

▶2월 3일
북, NLL 인근 2곳 해상사격구역(2월 5일~8일) 선포.

▶2월 4일
북, 동서해상 5곳 해상사격구역(2월 6일~8일) 선포.

▶2월 5일
북, 로버트 박 석방 결정.

▶2월 8일
힐러리 클린턴 국무장관, 대북 제재 지지 발언.
오바마 행정부의 대북 개입 정책이

대북제재를 유도하는데 효과를 냈다며 자찬.

▶2월 19일
북, 서해 NLL 인근 해상사격구역 선포(2월 20일~22일)

▶2월 25일
보즈워스 대표, 서울 방문.
미국은 6자회담 재개 준비가 돼 있다고 언급.

▶2월 25일
북, 무자비한 군사적 대응 경고.
총참모부 대변인 담화. 3월 중 실시 예정인 한미 연합군사훈련 키 리졸브 훈련 강행하면 무자비한 군사적 대응 경고.

▶3월 5일
클린턴 장관, 북한과 이란 비난.
핵무기 비확산 조약 발효 40주년을 맞아 성명을 발표하고 북한, 이란과 같은 일부 국가가 국제사회에 대한 그들의 의무에 계속 반항하고 있다고 비난.

▶3월 7일
북, 키 리졸브 훈련 중지 요구.

북한 판문점 대표부 대변인 성명 발표. 키 리졸브 관련 비핵화 중단 등 경고.

▶3월 8일~18일
2010년 한미 키 리졸브 훈련 실시.

▶3월 9일
북, 핵 억제력 강화 위협.
외무성 대변인, 조선중앙통신 기자 질문에 답변. 한미 연합 군사훈련을 거론하면서 미국의 군사적 위협과 도발이 계속되는 한 자신들의 핵 억제력은 계속 강화될 것이라고 경고.

▶3월 10일
미, 북한을 적대시하지 않는다고 언급.
스티븐스 주한 미국 대사는 민화협 초청 강연에서 "북한을 적대시하지 않으며 북한 체제를 힘으로 바꾸려 하지 않을 것"이라고 언급. 북한에 대한 유화 제스처로 볼 수 있다.

▶3월 11일
미, 북한 인권 상황 비난.
미 국무부, 연례 국별 인권 보고서에서 북한을 독재국가로 규정하고 북한의 인권상황에 대해 개탄스럽다(deplorable)고 표현.

▶ 3월 25일

유엔 인권이사회, 북한 인권결의안 채택.

▶ 3월 26일

천안함 폭침 사태 발생.

밤 9시 22분 백령도 서남방 2.5km 해상에서 해군 초계함인 천안함이 두 동강으로 분리된 이후 침몰하는 사태가 발생했다. 이 사태로 해군 장병 46명이 사망했고 구조 및 수색 작업에 나섰던 특수 잠수요원 한주호 준위가 임무 수행 도중 사망했다. 정부는 천안함 침몰 원인을 규명하기 위해 우리나라는 물론 미국, 영국, 스웨덴, 호주에서 온 외국인 전문가를 포함한 민군 합동조사단을 구성했다. 조사단은 5월 20일 천안함이 북한의 어뢰 공격으로 침몰했다는 결론을 제시했다.

이에 대해 북한 국방위원회는 북한과는 전혀 관련이 없는 '특대형 모략극'이라면서 자체 검열단을 남쪽에 보내 사건 경위를 조사하겠다고 제안했다. 한국 정부는 공격 세력이 사건을 조사하는 것은 있을 수 없는 일

백령도 서남방 해역에서 침몰된 지 29일 만인 4월 24일 인양된 천안함 함수가 바지선에 실려 평택항으로 이동하고 있다.(2010년 4월 25일 YTN 영상)

이라며 제안을 일축했다.

☞ 천안함 폭침 사태는 그 자체로 한반도 비극적 상황을 보여주는 역사적 사건이었다. 남북관계는 물론 동북아 지역 전체의 안보 불안을 야기하고 안보 상황을 악화시키는 파장을 만들어냈다.

한편 천안함 사태는 현대 사회에서 홍보의 역할과 의미를 단적으로 보여주는 사례라는 점에서도 의미를 부여할 수 있다. 사건 발생 직후, 국방부는 천안함 후미에 구멍이 뚫려 침몰이 진행 중이라고 기자들에게 설명했고 문제가 발생한 시각도 9시 45분이라고 발표했다. 나중에 조사한 결과 천안함 아래쪽에서 터진 어뢰가 버블제트를 일으켜 선체를 두 동강 냈고 폭발이 발생한 시각도 9시 22분으로 확인됐다. 실종자 수색도

밤새 지속되는 것으로 이해가 됐으나 사실은 밤 12시 이전에 종료가 됐던 것으로 뒤늦게 확인됐다. 이러한 기초적 사실관계에서 착오가 발생했는데도 군 당국은 시정하려는 노력이 매우 부족했다. 결과적으로 잘못된 사실이 언론을 통해 유포되는 상황이 방치됐다. 이런 사정으로 군 당국은 언론으로부터 신뢰를 상실했고 천안함 폭침 사태가 북한 소행으로 드러났다는 민군 합동조사단 발표에 대해서도 많은 언론과 국민은 신뢰를 주지 않았다. 군 당국은 국민의 신뢰가 얼마나 중요한 것인지 천안함 폭침 사태를 겪으면서 절실하게 이해하고 차후에는 이런 일이 재발하지 않도록 교훈을 얻었을 것으로 기대한다.

한편 청와대 당국자는 사건 발생 직후 북한의 개입 증거는 발견되지 않았다고 기자들에게 언급한 바 있다. 이것이 기자들이 가장 궁금해 하는 사안인 만큼 충분히 검토한 이후에 제기한 발언으로 이해됐다. 그런데 이 말은 나중에 번복이 돼서 천안함 폭침은 북한 소행이라는 결론이 내려졌다.

▶3월 29일

미, 천안함 폭침 관련 북한 개입 가능성 부인.

제임스 스타인버그(James Steinberg) 국무부 부장관, 워싱턴 외신기자 클럽 기자회견. 6자회담과 관련해 북한이 진정으로 비핵화 문제를 해결하려는 의지를 보이지 않는 한 현재의 상황을 진전시킬 수 없다고 언급. 천안함 관련해 제3자가 개입했다고 믿을 만한 어떤 증거도 갖고 있지 않다고 언급.

▶3월 30일

북, 한국과 미국의 기다리는 대북정책 비난.

북한 조선중앙통신, 남한과 미국이 대북정책으로 '기다리는 전략'을 거론하고 있다면서 2010년대에는 자체 핵연료로 돌아가는 경수로 발전소가 북한의 대답이 될 것이라고 언급.

▶4월 7일

오바마 대통령, 북한에 핵무기 사용

가능성 언급.

　핵 태세 검토 보고서에서 미국은 극단적인 상황에서만 핵무기 사용을 고려할 것이라고 밝히면서도 이란과 북한 등 핵 확산 금지 조치를 위반하거나 탈퇴한 나라들은 예외라고 지적.

▶4월 7일

　북, 억류 한국계 미국인 아이잘론 곰즈(Aijalon Gomes) 판결 발표.

　8년 노동 교화형과 미화 70만 달러 상당 벌금형 부과.

▶4월 9일

　북 외무성 성명, 미국의 핵태세 검토 보고서 비난.

　미국의 핵위협이 계속되는 한 그에 대한 억제력으로 핵무기를 늘릴 것이라면서 북한에는 그렇게 할 능력이 충분하고 미국이 그렇게 할 이유와 명분을 주고 있다고 주장.

▶4월 14일

　오바마 대통령, 북한 비난.

　1차 핵 안보 정상회담 폐막 기자회견에서 북한은 지금까지 주민들에게 엄청난 고통을 주는 심각한 고립의 길을 선택해 왔다며 6자회담에 복귀해야 한다고 주장.

▶4월 21일

　북한 외무성 비망록 발표.

　"핵보유국으로서 국제적인 핵전파 방지와 핵물질 안전관리노력에 협력 용의" 언급. 5월 초 NPT 재검토 회의를 앞두고 오바마 대통령을 설복하기 위한 노력으로 분석.

▶4월 22일

　미국, 북한 제안 일축.

　게리 세이모어(Gary Seymour) 백악관 대량살상무기 정책조정관은 북한을 핵보유국으로 인정할 수 없다고 언급.

▶4월 24일

　보즈워스 대표, 한반도 단기적 불확실성 직면 평가.

　보즈워스 대표는 뉴욕에서 열린 통일 관련 세미나에 참석해 천안함 사태로 한반도가 단기적인 불확실성에 직면해 있다면서 우려감 표명.

▶5월 3일~7일

　김정일 국방위원장, 중국 방문.

6자회담 관련 "중국의 6자회담 개최 분위기 조성 노력에 감사"하다는 언급이 중국 언론에 보도된 것 외에 특별한 언급이 알려지지 않았음.

▶5월 12일

북, 핵융합 반응 실험 성공 주장.

노동신문, 북한 과학자들이 핵융합 반응 실험에 성공했다고 보도.

☞이 기사는 2013년 초 북한의 핵실험 가능성 언급으로 논란이 가중됐을 때 증폭 핵분열탄(boosted fission weapon) 실험 가능성을 거론하는 근거가 됐다.

▶5월 13일

미, 북한의 핵융합 반응 실험 성공 주장에 대해 회의적 반응.

▶5월 14일

김일철 북한 인민무력부 제1부부장, 모든 직무에서 해임.

☞대북 정보 소식통으로부터 김일철 해임이 천안함 문제와 관련이 있다는 설명을 들었는데 상당히 흥미로운 내용이고 개연성이 있다는 판단이 들었다. 확인된 사항은 아니라

는 점을 밝히면서 내용을 소개한다. 김정일이 5월 초 중국을 방문해 후진타오 주석과 면담했을 때 중국 측에서 천안함 사건과 관련해 북한 소행 인지를 추궁했다고 한다. 이에 대해 김정일은 강하게 부인했다고 한다. 그러자 중국 측에서 김 위원장에게 중국 정보 당국이 김일철 인민무력부 제1부부장의 통화 내용을 도청한 사실이 있는데 김 부부장이 "우리가 한 방 때렸다"고 말했다는 것. 그래서 중국에서는 북한 소행으로 판단하고 있다고 설명. 이에 대해 김정일은 화를 내면서 일정을 갑자기 단축하고 귀국했다. 김정일은 돌아와서 김일철에게 사실 여부를 물었는데 김일철은 그런 말을 한 것은 사실이지만 천안함을 실제로 공격한 것이 아니고 인민군의 사기를 북돋기 위해 과장해서 말한 것이라고 해명. 이에 따라 김정일은 김일철이 천안함을 공격한 것은 아니지만 경박한 언사를 해서 오해를 일으켰다는 이유로 모든 직무에서 해임하되 적극적으로 숙청을 하지는 않았다. 이것은

천안함 공격을 자인하는 결과가 되기 때문이라는 설명이다.

▶5월 20일

정부, 천안함 폭침 사태가 북한 소행이라고 발표.

천안함 사건 합동 조사위 조사 결과 발표. 한국 정부 발표에 대해 미 백악관은 워싱턴 시간 새벽 1시에 긴급 성명을 내고 이명박 대통령의 대응 기조를 전적으로 지지하고 북한의 추가 공격에 대비하기 위해 한국을 지원할 것이라고 다짐.

▶5월 26일

힐러리 클린턴 국무장관, 한국 조사 결과 신뢰 발언.

클린턴 장관은 서울에서 열린 기자회견에서 천안함 사태와 관련해 한국 정부가 제시한 증거는 압도적이라며 조사 결과 지지 선언. 북한과 북한 지도자에게 책임을 물을 것이라고 강조. 한국이 천안함 문제를 유엔 안보리에 회부할 경우 그 결정을 존중할 것이며 전면적으로 지지할 것이라고 언급.

▶6월 4일

북, 한국 조사 결과 비난.

북한 외무성 대변인, 조선중앙통신 기자와 문답에서 유엔 안보리가 일방적인 조사 결과만 갖고 유엔 안보리 상정 논의를 강행할 경우 초강경 대응 언급.

▶6월 5일

한국, 천안함 사태 유엔 안보리 회부.

▶6월 7일

북, 최고인민회의 개최해 최영림 총리 선출.

김영일 총리 소환하고 최영림 총리 선거. 장성택 국방위 부위원장 선거. 부총리 3명 소환. 신임 부총리 3명 임명하고 추가로 2명 더 임명. 내각 장관 2명을 부총리로 겸임 임명. 부총리가 5명에서 8명으로 확대. 식료품 장관, 경공업 장관, 체육 장관 교체. 김정일 위원장 회의에 참석.

▶6월 20일

미, 북한 정권 교체 주장 공공연히 등장.

미 국방부 우주정책담당 부차관보, 미 외교전문지 『Foreign Affairs』

기고문에서 북한 핵 문제를 해결하려면 북한의 정권교체를 유도해야 한다고 주장.

▶7월 9일

천안함 관련 안보리 의장 성명 채택.

☞성명은 천안함 공격에 대해 규탄한다는 표현을 넣었지만 공격의 주체를 지목하지 않았고 천안함 사건과 무관하다는 북한 주장도 포함돼 있어 한국이나 미국, 일본 정부의 기대에 크게 미치지 못했다. 이는 중국의 균형자 역할에 따른 결과로 분석된다.

▶7월 21일

서울에서 한미 외교·국방 장관 회의 개최.

북한 압박위해 동해 연합군사훈련 계획 발표. 클린턴 장관은 북한에 대한 추가 경제 제재 방침 언급.

▶7월 24일

북, 한국과 미국에 협박 발언.

북한 국방위원회, 한미 연합군사훈련에 대해 핵 억제력에 기초한 북한식의 보복성전에 나서게 될 것이라고 협박. 금융제재에 대해서도 물리적 대응 경고.

▶7월 25일~28일

한미 연합군사훈련 '불굴의 의지'가 동해에서 4일 일정으로 시작.

미국은 F22랩터, 항공모함 조지 워싱턴, 이지스 구축함 4척 등 전례 없이 막강한 무기와 장비를 파견. 규모는 컸지만 훈련 장소가 서해가 아닌 동해라서 긴장 강도는 최고에서 한 단계 낮은 수준.

▶7월 26일

북, 핵 억제력 강화 의지 재확인.

북한의 김영춘 국방위원회 부위원장 겸 인민무력부장은 정전협정 체결 57주년을 맞아 열린 중앙보고대회 연설에서 미국의 가중되는 핵 위협에 대처해 새롭게 발전된 방법으로 핵 억제력을 더욱 강화해 나갈 것이라고 협박.

▶8월 3일

미 재무부, 북한 은행 추가 제재.

압록강개발은행과 단천상업은행, 조선광선은행 등.

▶8월 9일

미 국무부 실무자 4명 방북.

북한이 억류 중인 미국인 곰즈 석방 교섭. 북, 석방 불허.

▶8월 25일

지미 카터 전 미 대통령 북한 방문.

1월에 북한에 불법 입국한 혐의로 체포된 미국인 아이잘론 곰즈를 석방시키기 위한 노력. 카터 전 대통령은 김정일 위원장 면담을 기대했지만 김 위원장은 중국 방문 일정을 시작한 뒤였다. 그렇지만 김 위원장은 곰즈를 석방했다.

▶8월 26일~30일

김정일 위원장 중국 방문.

김 위원장의 중국 방문은 2010년 5월에 이어 불과 석 달 만인 데다 카터 전 대통령이 평양에 머물고 있는 시점이어서 예상을 뛰어넘은 행보.

▶8월 27일

클린턴 장관, 대북정책에서 신선한 접근법 필요성 언급.

뉴욕타임스, 클린턴 국무장관이 8월초 대북정책 평가회의를 소집했으며 그 자리에서 '신선한 접근법' 필요성을 언급했다고 보도.

☞이 보도 이후 미국은 한국 정부에 대해 외형적으로 강한 지지를 표명하면서도 북한을 불필요하게 자극하는 조치에 대해서는 자제를 요구하는 태도를 취하면서 미국 스스로는 북한과의 협상 가능성을 모색하는 노력이 점진적으로 진행됐다.

▶8월 30일

오바마 대통령, 대북 제재 조치 승인.

오바마 대통령이 북한의 재래식 무기 거래와 위폐·마약·사치품 거래 등 불법행위를 원천 차단하기 위한 새로운 행정명령에 서명, 새로운 대북 제재 모법을 발효시켰다. 새 행정명령은 9월 1일 연방관보에 게재되면서 행정명령 13551호로 지정.

▶9월 23일

오바마 대통령, 북한에 대해 모욕적 언사 사용.

유엔총회 연설에서 "북한은 주민을 노예화하는 전제정권"이라고 말했다.

▶9월 27일~10월 1일

한미, 서해에서 연합 대잠수함 훈련 실시.

김정일 국방위원장 후계자인 3남 김정은이 대내외에 공개됐다. 사진은 조선중앙TV가 처음으로 김정은 얼굴을 공개한 순간을 캡처한 것이다. (2010년 9월 28일 YTN영상)

훈련은 당초 9월 5일 시작될 예정이었으나 태풍 '말로' 북상을 이유로 1차 연기된 뒤 실시됐다. 한국 국방부는 남북관계 등을 고려해 이 훈련은 비공개로 실시했다고 설명했다.

☞훈련 일정 연기는 북한을 불필요하게 자극할 것을 우려한 미국의 의견이 반영된 것으로 분석된다.

▶9월 28일

북, 김정은에게 대장 칭호 부여 보도. 제3차 당대표자회 개최.

북한 조선중앙TV가 새벽 1시쯤 특별 보도를 통해 김정일 위원장 3남 김정은에게 인민군 대장 칭호를 부여했다고 공식 발표.

북한은 이어 오전 11시에 제3차 당대표자회를 개최했다. 김정은을 노동당 중앙군사위원회 부위원장으로 선출. 이 행사를 계기로 북한은 김정일 위원장 시대에 중심적 역할을 했던 권력 엘리트가 물러나고 김정은 부위원장을 보좌할 새로운 엘리트 세대가 권력의 전면에 부상하는 세대교체를 단행. 2010년 북한 권력 엘리트의 세대교체는 2011년 12월 17일 김정일 위원장 사망에도 불구하고 북한 사회가 안정적으로 유지된 배경으로 지적될 수 있다.

☞북한은 이날 오후 5시쯤 조선중앙TV를 통해 당대표자대회 동영상 화면을 방송하면서 김정은의 얼굴을 전격적으로 공개했다. 김정은의 모습은 머리모양과 얼굴 표정, 전체적인 몸매, 박수를 치는 손 동작, 옷매무새 등을 감안할 때 김일성 주석의 30대 시절과 유사하게 보이기 위해 노력한 것으로 이해됐다.

김정은의 등장은 1980년 10월 10일 제6차 당대회에 김정일이 처음으로 외부 세계에 얼굴을 알린 것과 비교될 수 있다. 당시에 김정일은 이미 상당한 수준으로 통치 활동에 참가하고 있었다. 김정일은 1970년대에 어느 정도의 반대 세력이 존재했기 때문에 권력 투쟁을 겪었지만 김정은은 김정일의 강력한 보호 아래 어느 누구의 도전도 받지 않으면서 국정 운영 방법을 전수받았을 것이다.

▶ 10월 8일

한미, 핵억지력 실효성 강화 조치 합의.

한국과 미국은 워싱턴에서 제42회 연례 한미 안보협의회를 갖고 미국이 한국에 제공하는 '확장된 핵 억지력(extended deterrence)'의 실효성을 높이기 위한 한미 협의기구인 '확장억제 정책위원회'를 신설하기로 했다. 이는 한국에 대한 미국의 안보 공약을 강화하는 것으로 해석될 수도 있지만 한국의 독자적인 대북 보복 작전을 예방하기 위한 장치로도 해석할 수 있다.

▶ 11월 2일

미국 중간선거에서 민주당 참패.

하원에서 63석 잃어서 193석, 하원에서 6석 잃어서 53석. 공화당은 하원에서 63석 늘려서 242석, 상원에서 6석 늘려서 47석. 민주당 참패 원인은 경제침체와 오바마 대통령의 의료보험 정책에 대한 불만 등이었다. 오바마 대통령은 중간선거 참패로 국내정치 상황에서 반전을 노려야 하는 처지가 됐다. 북한 문제와 관련해서도 대북 압박 정책을 선호하는 한국 이명박 정부를 지지하는 태도를 보였다.

▶ 11월 12일

북, 우라늄 농축 시설 노출.

북한이 미국의 저명한 핵물리학자 지그프리드 헤커 박사와 핵문제 전문가 존 루이스(John W. Lewis) 교수, 북한 문제 전문가인 로버트 칼린(Robert Carlin) 전 미 국무부 북한 정보 담당관 등을 북한으로 초청해 UEP 관련 시설을 공개했다. 헤커 박사는 9일부터 13일까지 북한을 방문하고 1주일 뒤 홈페이지에 올린 방북 보고서에서 11월 12일 우라늄 농축 시설을 목격했다고 밝혔다.

헤커 박사는 보고서에서 자신은 1,000개의 원심분리기를 목격했고 현장의 북한 기술진은 설치된 원심분리기가 2,000개라고 말했다고 전했다. 북한 기술자는 2009년 4월에 원심분리기 설치가 시작됐으며, 수일 전에 완성됐다고 덧붙였다. 농축 용량은 연간 8000kg-SWU(Separative Work Unit, 농축서비스 단위)이며, 평균 3.5%의 저농축 우라늄을 제조할 수 있고, 건설 중인 경수로는 2.2~4%의 저농축 우라늄을 사용하도록 설계됐다. 이 말이 맞는다면 북한은 연간 최대 2t의 저농축 우라늄을 만들 수 있고, 시설을 전환하면 최대 40kg의 고농축 우라늄을 제조할 수 있다. 이는 핵무기 2개를 제조할 수 있는 분량이다.

▶ 11월 11일

오바마 대통령, 대북 경제적 지원 의사 언급.

서울에서 열린 G20 정상회의를 계기로 한미 정상회담이 열렸다. 오바마 대통령은 북한에 대해 "남을 위협하는 방법이 아니라 자신의 책임을 다함으로써 존경심을 얻을 수 있다"며 "북한에 경제적 지원을 줄 준비가 돼있지만 이를 위해서는 북한이 의무를 다해야 한다"고 말했다. 9월 유엔총회에서 노예정권이라고 비난했던 것과 비교하면 절제된 표현이다.

▶ 11월 18일

미 재무부, 추가 제재 대상 지정.

노동당 39호실 산하기관인 조선대성은행과 조선대성무역총회사.

▶ 11월 23일

연평도 포격 사건 발생.

북한이 휴전 이후 처음으로 남한 영토에 대해 포격 공격을 감행했다. 사진은 오후 3시쯤 연평도 면사무소에 포탄이 떨어져 폭발하는 순간이 녹화된 CCTV 화면이다.(2010년 11월 23일 YTN영

오후 2시 34분, 북한이 연평도를 향해 포격을 가해 아군 병사 2명, 지역 주민 2명이 사망하고 병사 16명 중경

상, 주민 3명 중경상의 인명피해가 발생. 가옥 수십 채와 시설 다수 파괴. 북한 포격 이후 아군의 반격으로 북한에서도 피해가 발생한 것으로 추정되지만 구체적인 규모는 확인되지 않았다. 북한이 남측 영토를 직접 포격함으로써 민간인이 사망한 것은 한국전쟁 이후 처음이어서 국민적 분노를 불러 일으켰다.

▶11월 27일~28일

다이빙궈 외교담당 국무위원 방한.

이명박 대통령 예방. 기존의 6자회담 수석대표가 참석하는 긴급 회의를 소집해 연평도 포격 문제에 대한 수습 문제를 논의하자고 제안. 중국 제안은 6자회담 소집으로 잘못 알려지면서 생뚱맞은 제안이라는 오해를 받았다.

▶11월 28일~12월 1일

서해에서 한미 연합군사훈련 실시.

항모 조지워싱턴, 감시 정비 조인트 스타스 등 동원.

▶12월 7일~8일

마이크 멀린(Mike Mullen) 미 합참의장, 한국 긴급 방문.

멀린 의장은 기자회견에서 공고한 한미 동맹을 강조했지만 한 미국의 한 외교소식통은 한국군의 과잉대응을 자제시키는 것이 주요 방한 목적이었다고 분석했다.

▶12월 12일

미, 대북 금융 제재 강화 시사.

미 국무부는 12일 공개된 '4개년 외교·개발 검토(QDDR) 보고서'를 통해 향후 북한을 겨냥해 더욱 강력한 제재, 특히 불법 금융망 차단 조치를 취할 것임을 시사했다.

▶12월 16일

미군 고위 당국자, 한국군의 과잉 대응에 우려감 표명.

미 합참 부의장인 제임스 카트라이트(James Cartwright) 미 해병대장은 20일로 예정된 한국군 사격훈련에 대해 "한국군의 사격훈련이 연쇄반응을 일으켜 충돌을 빚지나 않을까 우려된다"고 경고했다. 이 발언은 북한을 압박하는 발언으로 해석되기도 했지만 결국 한국의 자제력을 당부하는 의미로 재평가됐다.

▶12월 20일

 한국군, 연평도에서 대규모 해상 사격 훈련 실시.

 북한의 포격 도발과 관련해 서해 연평도에서 보복성 해상사격훈련 실시. 훈련에 앞서 북한의 공격 가능성으로 극도의 긴장감이 조성됐다. 훈련이 끝나고 북한은 최고사령부 보도 형식을 빌려 앞에서 맞고 뒤에서 분풀이하는 식의 비열한 군사적 도발에 일일이 대응할 일고의 가치도 느끼지 않는다며 즉각 대응은 하지 않을 것임을 표명.

2011년

▶1월 1일

 북한, 공동사설에서 남북 대결 상태 해소 의지 표명.

▶1월 3일

 미, 북한 공동사설에 긍정적 평가.
 미 국무부 크롤리 대변인은 정례브리핑에서 북한이 공동사설에서 남북 대결상대 해소 입장을 밝힌 것은 조짐이 좋은 것이라고 논평했다. 다만 말보다는 행동이 중요하다고 말했다.

▶1월 5일

 북, 남측에 다발적 대화 제안.

 조선민주주의공화국 정부, 정당, 단체 연합 성명 형식으로 나온 제안에서 북한은 남북이 당국, 정당과 단체 간 대화와 협상을 가질 것을 정중히 제의한다고 언급.

 ☞이 제안은 현실적으로 남측이 수용할 가능성이 없었으므로 남북 긴장 고조의 책임이 남측에 있다는 점을 미국에 부각시키기 위한 전술적 제안으로 평가된다.

▶1월 19일(한국 시간 20일 새벽)

 미중 정상, 남북 관계 개선 중요성 공감.

오바마 대통령과 후진타오 국가주석은 정상회담 이후 발표한 공동성명에서 "남북관계의 개선이 중요하다는 점을 강조하고 진정성 있고 건설적인 남북대화가 긴요한 조처라는 점에 동의했다"고 밝혔다. 아울러 "동북아의 평화와 안정을 유지하기 위해 한반도의 비핵화가 결정적으로 중요하다는데 공감했다"며 "이런 맥락에서 양국은 북한이 주장한 우라늄농축프로그램에 우려한다"고 강조했다. 이와 함께 "양쪽은 9·19 공동성명과 국제적 의무·약속에 위배되는 모든 행동에 반대한다"며 "양국은 이 문제를 비롯해 관련 이슈들을 다룰 6자회담의 조기 재개를 위해 필요한 조처를 촉구한다"고 밝혔다.

☞ 이 내용은 북한은 물론 남한도 역시 대화를 통해 긴장 국면을 완화할 책임이 있다는 중국의 판단이 반영된 것으로 미국이 동의했다는 점에 의미를 부여할 수 있다. 성명 내용은 또 한반도 문제에 대해 미국과 중국이 향후에 문제가 생길 경우 개입할 수 있다는 가능성을 시사한 것으로 한국 입장에서는 불쾌한 요소가 들어 있다.

▶ 2월 8일
로버트 킹 특사, 방한.
한국 정부와 대북 식량 지원을 논의한 것으로 관측됐다.

▶ 2월 8일~9일
남북 군사실무회담 개최.
고위급 군사회담을 위한 준비회담 성격. 천안함 폭침 등 책임 소재 관련 논쟁으로 북측 대표단 일방적 퇴장.

☞ 남북관계 개선과 북미관계 개선으로 한반도 안보 상황을 개선시킬 수 있는 첫 단추가 될 수 있었지만 결국 파국으로 끝났다. 남북 관계 개선도 이뤄지지 못했다.

▶ 2월 13일~15일
중국, 김정은 당 중앙군사위 부위원장 초청.
멍젠주(孟建柱) 중국 국무위원 겸 공안부장, 방북. 김정은 부위원장 방중 초청. 김정은에 대한 중국의 태도는 한국과 미국 등 다른 나라에 대해서도 선례로 작용하면서 북한 최고 지도자로서 김정은의 위상을 과시하는데 도움을 줬다.

▶2월 16일

미, 북한의 미사일 능력에 긴장감 표명.

제임스 클래퍼(James R. Clapper) 미국 국가정보국장이 미 상원 정보위원회에 출석해 북한이 ICBM 관련 많은 기술 실험을 성공시켰다면서 주의를 환기시켰다.

☞미국이 북한의 군사력을 언급하면서 위협적이라는 평가가 들어있으면 북한을 압박하는 차원도 있지만 북한에 대한 적극적인 협상 노력이 필요하다는 의미가 내포된 경우도 많다. 클래퍼 국장 발언은 북한에 대한 협상 노력 필요성에 무게 중심이 쏠린 것으로 보인다.

▶2월 27일

북한군 판문점 대표부 성명, 무자비한 대응 협박.

키 리졸브 훈련 관련, 서울 불바다 전과 같은 무자비한 대응 협박.

▶2월 28일~3월 10일

한미, 남한 전역에서 키 리졸브 훈련 착수.

▶3월 1일

보즈워스 대표, 대북 식량 지원 가능성 언급.

미 상원 외교위원회 청문회에서 인도적 식량 지원 가능성 언급.

▶3월 19일~4월 3일

북한 경제대표단, 미국 방문.

샌디에이고, 뉴욕, 샌프란시스코 등을 돌며 스탠퍼드대와 구글 등 유명 기업 방문.

▶3월 24일~30일

리근 국장, 미국 인사들과 회동.

북한 외무성 리근 국장이 미국 싱크탱크인 아스펜 연구소 초청으로 독일을 방문해 미국의 전직 관리들과 주요 안보 현안에 대해 협의.

▶3월 25일

북미, 트랙1.5 토론회 개최.

북한 관리들과 미국 민간기관 관계자들이 참여하는 토론회가 25일 베를린 힐튼호텔에서 열렸다. 북한에서는 외무성 연구원 등 3명이 참석했다.

☞1.5트랙은 회의에 나온 구성원에 따른 분류 가운데 하나로 정부 관리들과 민간 전문가들이 참석하는 회의

를 말한다. 1트랙은 정부 관리들이 참가하는 정부 당국자 회의이고 트랙 2는 민간인들의 회의를 말한다.

▶4월 14일

북, 한국계 미국인 전용수 억류 사실 보도.

조선중앙통신은 보도에서 한국계 미국인 전용수가 불법 입국해 반공화국 범죄 행위를 감행해 지난해 11월 체포했으며 해당기관의 조사를 받고 있다고 전했다.

▶4월 19일

미, 대북 경제 재재 조치 공표.

백악관, 모든 북한 물자의 미국 내 수입을 금지하는 행정명령 13570 공표.

▶4월 19일

미 재무부, 북한 제재 기업 추가.

재래식 무기 불법 거래에 연루된 혐의를 받는 북한 은행 동방은행.

▶4월 26일~28일

카터 전 대통령 방북.

지미 카터 전 미국 대통령 등 엘더스(The Elders) 그룹 일행이 베이징을 거쳐 북한을 방문했다. 김정일 위원장 면담은 이뤄지지 않았다.

▶5월 3일

미 재무 차관, 대북 금융 압박 입장 언급.

▶5월 9일

이명박 대통령, 김정일 위원장 초청 가능성 등 '베를린 제안'발표.

독일을 방문한 이 대통령은 기자회견에서 북한이 비핵화에 대해 국제사회와 확고하게 합의한다면 2012년 3월 26일과 27일 서울에서 열리는 제2차 핵안보정상회의에 김정일 위원장을 초청할 용의가 있다고 언급. 이 대통령은 천안함과 연평도 사태와 관련해 북한이 비핵화에 대한 진정성을 보이려면 사과를 해야 한다고 첨언.

한편 남과 북의 고위 당국자들이 이 대통령 발언 직전인 5월 9일 베이징에서 비밀리에 만나 정상회담 개최 문제 등에 대해 협의했다. 남과 북의 비밀 접촉은 6월 1일 북한의 폭로성 보도로 알려졌다.

▶5월 12일

북, 베를린 제안 거부.

북한 매체들은 이 대통령이 베를린 제안을 하면서 비핵화와 사과 운운한 것은 대화 의지가 없다는 것을 보여주는 것이라면서 정면으로 거부.

▶5월 18일

청와대, 북한과 접촉 사실 설명.

청와대 김희정 대변인이 기자들에게 최근 북한과 접촉해 베를린 제안의 진의를 전달했다고 설명. 접촉 시기는 5월 12일 이후라고 설명. 이에 따라 남한과 북한은 5월 9일과 5월 14일 두 차례에 걸쳐 만난 것으로 추측된다.

▶5월 20일~26일

김정일 위원장, 중국 방문.

▶5월 24일~28일

로버트 킹 미 정부 인권 특사, 식량평가단 자격으로 5일 일정 방북.

미국은 이것을 공식적인 북미대화로 인정하지 않고 식량지원 문제를 검토하기 위한 제한적 성격의 방문으로 규정. 북한은 이 기회에 억류하고 있던 미국인 전용수씨 석방했다. 미국은 환영의 뜻을 밝혔다.

▶5월 30일

북, 국방위 대변인 성명, 남측과 상종하지 않겠다면서 불쾌감 표명.

▶6월 1일

북, 남북 비밀접촉 폭로성 발표.

국방위 대변인, 조선중앙통신 기자에 답변. 남측에서 베를린 제안의 진의를 북한에 전했다고 설명했지만 사실관계를 왜곡한 것이라고 주장. 북한 주장에 따르면 5월 9일 베이징을 시작으로 남북 간 비밀접촉이 있었고 남측이 정상회담 개최를 제안. 남한에서는 통일부 김천식 정책실장, 국가정보원 홍창화 국장, 청와대 김태효 대외전략비서관이 참석. 이 자리에서 남측이 6월 말과 8월, 2012년 3월 세 차례에 걸쳐 정상회담을 실시하자고 제안. 특히 2012년 3월 회담은 서울에서 열리는 핵안보 정상회의 기간에 개최할 것을 제안. 정상회담에 앞서 5월 말쯤 장관급 회담을 열어 6월 정상회담을 선포할 것을 요구. 대변인은 이와 함께 남측이 이명박 대통령의 베를린 제안에 대한 진의를 전달했다고 주장했지만 그런 사실이 없다고 반박. 그러면서 남측이 정상회담에 앞서 천안함과 연평도 사건의 사과를 요구했지만 북측이 거부하자 사과처럼 보이는 절충안이라도 만들어 내놓자며 제발 양보해달라고 애걸했다고도 주장. 이어 남측이 돈봉투를 건네면서 북측 대표 회유를 시도했다고 주장.

▶6월 9일

북한의 태권도 시범단 방미, 1주일 동안 미국 순회공연.

▶6월 20일

미 재무부, 대북 제재 관련 이행규칙 수정본 발표.

▶6월 25일~29일

북, 미국과 언론 교류 협의.

북한 조선중앙통신 대표단 방미. AP 통신과 협력 방안 협의.

▶6월 27일

미, 북한을 인신매매실태 3등급 국가로 재지정.

미 국무부는 연례 인신매매실태 보고서에서 북한을 인신매매 방지를 위한 최소한의 기준도 충족하지 못하는 3등급 국가로 재지정. 3등급 국가는 23개. 북한은 2003년 이후 내내 3등급으로 이번 재지정이 갖는 정치적 의미는 제한적.

▶7월 22일

남북 6자회담 수석대표 회담 개최. 인도네시아 발리 웨스턴 호텔에서 현지 시각 오후 3시. 위성락 본부장과 리용호 북한 외무성 부상. 양측은 6자회담 재개를 위해 노력하자는데 합의. 남북 6자회담 수석대표 회동은 2008년 12월 중국 베이징 접촉 이후 2년 7개월 만에 첫 회동이다. 6자회담 출범 이후 공식 회기 이외에 열린 남북 간 최초 비핵화 회담으로 기록됐다.

▶7월 28일~29일

북미 고위급 회담. 뉴욕.

김계관 부상과 보즈워스 대표. 김 부상 방미는 2007년 이후 4년 4개월 만. 북미 대화는 2009년 12월 보즈워스 대표의 평양 방문 이후 처음.

▶8월 1일

북한 외무성 대변인, 북미 접촉에 대해 긍정적 평가.

▶8월 11일

북, 미국 거주 이산가족 상봉 문제 긍정적 검토 발언.

북한 외무성 대변인은 기자 질문에 대한 답변에서 미국에 거주하는 이산가족의 상봉문제를 긍정적으로 검토하고 있다고 밝혔다.

▶8월 18일

북, 테러지원국 제외 유지.

미 국무부가 2010 테러 보고서를 발표했다. 보고서에 따르면 북한은 테러지원국에서 제외된 상태가 3년째 유지됐다. 특히 테러와 관련해 북한은 처음으로 거론도 되지 않았다.

▶8월 19일

북, 미군 유해 발굴 회담 제안 환영.

북한 외무성 내변인이 기자와 문답에서 미국 측이 미군 유골발굴을 위한 회담을 진행할 것을 제기하는 공식편지를 보내왔다면서 긍정적으로 받아들였다고 말했다.

▶9월 3일

미국의 대북 구호물품 도착.

미국으로부터 북한에 제공되는 긴급 구호품을 실은 화물기가 평양에 도착했다고 신화통신이 보도했다. 미국은 앞서 8월 북한의 수해 복구를 돕고자 약속했던 90만 달러 약 10억 원 상당의 구호품 지원이 수일 내 이뤄질 것이라고 말했다.

▶9월 21일

제2차 남북 비핵화 회담 개최.

남북 6자회담 수석대표가 회동하는 제2차 남북 비핵화 회담이 베이징에서 열렸다.

▶9월 30일

AP, 북한과 뉴스 영상 계약 체결.

북한 체신성 및 조선중앙TV와 고화질급 뉴스 영상 독점 계약.

▶10월 18일~20일

북, 미국과 미군 유해 발굴 작업 재개 합의.

북한과 미국이 태국 방콕에서 회담을 열고 미군 유해 발굴 작업을 재개하기로 합의. 보도는 11월 11일 조선중앙통신을 통해 나왔다. 북한과 미국의 미군 유해 발굴 사업이 6년 만에 재개되게 됐다.

▶10월 19일

김정일, 조건 없이 6자회담 재개 필요성 발언.

김정일 국방위원장이 러시아 이타르타스 통신과 서면인터뷰를 통해 전제조건 없이 6자회담을 조속히 재개해야 한다는 입장을 밝혔다고 조선중앙통신이 전했다.

☞평소에 북한은 6자회담 참가에 소극적인 태도를 보였는데 이 시기에 적극적인 태도를 보인 것은 한국의 강경한 태도 때문이었다. 한국은 6자회담이 재개되려면 북한이 천안함 폭침 사태와 연평도 포격에 대해 사과해야 한다는 입장을 제기했기 때문에 그런 요구에 응하지 않는다는 맥락에서 조건 없이 회담이 재개돼야 한다고 주장한 것이다.

▶10월 24일~25일

제2차 북미 고위급 회담. 제네바.

회담이 끝나고 북한 대표 김계관

부상은 "일련의 커다란 진전이 있었다"고 평가했다. 미 국무부 대변인은 "건설적이었으나 돌파구를 찾지는 못했다"라고 말했다.

▶11월 15일

미 재무부, 금융 기관에 북한과 거래 주의 당부.

미국 재무부 금융범죄단속반이 돈세탁 방지와 테러 자금 차단 안내문을 발표하고 미국 내 금융기관에 북한을 비롯한 12개국과 거래할 때 주의를 당부했다는 보도가 나왔다.

▶11월 21일

유엔 총회, 대북인권결의안 채택.

▶11월 24일

북, 유엔의 대북 인권 결의안 비난.

▶12월 15일~16일

베이징에서 대북 식량지원 협의 개최. 로버트 킹 특사와 리근 국장이 나왔다.

▶12월 17일

김정일 위원장 오전 8시 30분 사망. 보도는 19일 낮 12시.

김정일 국방위원장 사망. 사진은 김 위원장이 14일쯤 평양 대형 마트를 시찰하는 장면으로 북한 매체들은 김 위원장 사망 당일인 17일에 공개했다. 이 사진은 외부에 알려진 김 위원장의 마지막 사진이다. (2011년 12월 17일 연합뉴스외신자료)

☞북한은 김정일 위원장이 달리는 야전열차 안에서 사망했다고 발표했다. 그러나 김정일 위원장은 평소 새벽까지 일을 하고 오전에는 취침을 하는 것으로 알려져 있어서 주장의 신뢰성에 의문이 제기된다. 김 위원장이 주민들을 위해 노력하다가 사망했다는 전설을 남겨서 좋은 인상을 남기기 위한 나름대로의 작업으로 이해된다.

김정일 위원장 사망으로 북한에서는 하나의 시대가 가고 새로운 시대가 시작됐다. 김정일 위원장은 1974년 2월 13일 김일성 주석의 후계자로 지명된 이후 최고 절대 권력자, 또는 절대 권력자의 후계자 위상으로 북한을 운영했다. 김정일이 단독 통치에 나선 1994년 7월 8일 이후 북한은 정치적, 외교적, 경제적 난관이 한꺼번에 조성돼 국가의 존립 자체가 어려운 지경이있다. 국세사회에서도 김정일 정권은 늦어도 3년 이내, 이르면 3개월 이내에 붕괴한다는 전망이 많았다. 그러나 김정일은 1990년대 어려움을 극복하고 2000년대를 맞이했다.

2002년에는 경제관리개선조치, 2003년에는 강성대국 비전 제시 등 국가 발전의 새로운 국면을 열겠다는 구상도 보였다.

그러나 1993년 3월 12일 NPT 탈퇴로 미국을 과도하게 자극하는 등 필요 이상으로 국제사회의 반발을 초래했다. 미국과의 협상을 통해 1994년 10월 21일 북미 기본합의문을 채택하는 성과도 거뒀지만 억지생떼를 쓰는 불량국가 지도자 이미지를 부각시키면서 자승자박의 족쇄를 차게 됐다. 1999년 미국 정부의 페리 프로세스와 김대중 정부에서 추진한 햇볕정책에 영향을 받아 개혁개방을 추진하기도 했지만 2001년 1월 등장한 조지 W. 부시 대통령에 의해 미국과의 관계개선은 물론 국제사회의 정상적인 국가로 편입되려던 구상은 속절없이 부서졌다. 2002년 10월 고농축 우라늄 핵개발 프로그램 논란을 계기로 불량국가 행보를 재개한 이후 도발과 제재의 악순환에 빠져 국가 발전의 기회를 찾지 못했다. 2007년과 2008년 일시적으로 북미관계 개선의 기회를 만났으나 대북 강경정책을 선호한 한국 정부의 등장으로 기회를 살리지 못했다.

김정일은 1970년대 중반에는 수령의 아들이라는 이점을 활용해 권력을 장악했지만 시간이 지나면서 자신의 독자적인 카리스마를 부각시키기 위해 노력하는 태도도 보였다. 김정일은 김일성의 아들이기 때문에 후계자가 된 것이 아니라 능력이 뛰어나기 때문에 후계자가 됐다는 입장을 강조했지만 실제로 능력을 보여준 것이 거의 없었다. 선군정치라는 구호를 제시하면서 군대를 국정운영의 전면에 내세워 국내외적 모순을 해결하려고 했으나 정권 유지에만 성공하고 경제난 해소에는 철저하게 실패했다. 김정일은 결국 사망하기 이전에는 김일성 주석과 비교되는 자신만의 카리스마를 제시할 수 있을 것으로 기대했으나 실제로는 그렇게 하지 못했다.

▶12월 19일

클린턴 장관, 김정일 사망 관련 조의 성명 발표.

2012년

▶1월 1일
북, 공동사설에서 대미관계와 핵문제 언급 생략.
  미국과의 관계 개선에 대한 기대감 시사.

▶1월 16일
미국 AP 통신사, 평양에 종합지국 개설.
  서방 언론사로는 최초 사례.

▶1월 19일
북, 미군 유해 발굴단에 통신기기 사용 허용.

▶2월 23일~24일
북미 3차 고위급 회담. 베이징.
  미국 대표는 보즈워스 대표 후임인 글린 데이비스(Glyn T. Davies) 대북정책 특별대표. 양측은 회담 일정을 당초 하루에서 이틀로 연장했고 예정에 없던 공동만찬도 진행했다. 이 회담은 김정은 체제 출범 이후 처음으로 열린 접촉이라는 점에 의미가 있다.

▶2월 25일
북, 키 리졸브 훈련 비난.
  북한 국방위원회 대변인 성명 발표. "거족적 성전 돌입" 주장.

▶2월 29일(한국 시간 밤 23시, 미국 시간 29시 오전 9시)

북미, 2·29합의 발표.

미국과 북한은 23일과 24일 중국 베이징에서 열린 3차 북미 고위급 회담 결과를 동시에 발표했다. 우라늄 농축 프로그램(UEP)의 중단과 핵·미사일 실험 유예 등 비핵화 사전조치와 대북 식량 지원(영양 지원)을 골자로 한 6개항의 합의내용을 공개했다.

☞양측 합의 시점이나 합의된 내용으로 볼 때 매우 전향적인 수준으로 평가된다. 그러나 이 합의는 4월 13일 북한의 장거리 로켓 발사 문제로 사실상 무산됐다.

▶3월 7일

북미 대북 식량 지원 회담. 베이징. 최종 합의는 이뤄지지 않았다.

▶3월 16일

북, 장거리 로켓 발사 예고.

조선우주공간기술위원회 대변인 담화. 실용위성 광명3호가 4월 12일부터 16일 사이에 발사된다고 예고.

▶3월 23일

오바마 대통령, 북미 합의에 따른 경제 지원 무산 경고.

한미 정상회담 마치고 북한이 도발로 많은 것을 얻을 수 없다고 비난. 북한이 로켓을 발사하면 북미 합의에 따른 패키지를 추진할 수 없다고 경고.

▶4월 7일

북미, 평양에서 비공개 회담 진행.

괌에서 출발한 미 국방부 소속 보잉 737 특별기 이용해 비밀리에 평양 방문. 이 방문은 2012년 5월 22일 소식통에 의해 알려졌으며 미 국무부는 사실관계 문의에 대해 '어떤 식으로든 답변할 것이 없다'고 말해 사실상 시인. 누가 탑승했는지는 확인되지 않았다. 미국은 이 대화를 통해 장거리로켓 발사 중지를 촉구했지만 북한은 로켓 발사 강행 입장을 재확인. 다만 북한은 11월 미국 대선까지는 핵실험을 포함해 미국을 자극하는 행동을 하지 않겠다는 입장도 제시한 것으로 알려졌다.

▶4월 11일

제19대 총선거 실시.

국회 의석 299석 가운데 여당인 새누리당이 152석 확보해 승리. 제1야당인 민주통합당은 127석, 통합진보당은 13석, 보수당인 자유선진당은 5석. 무소속 3석.

☞이 선거에서는 당초 경제 상황 악화, 이명박 대통령의 국정 운영 방식에 대한 국민적 반감 증대 등으로 야당이 압승할 것으로 예상됐으나 새누리당이 승리해 이변으로 받아들여졌다. 이런 결과가 나온 것은 새누리당 비상대책위원회를 맡은 박근혜 의원의 지도력이 강하게 작동하면서 이명박 정부와의 차별성을 강조하는 데 성공한 결과로 볼 수 있다.

상대적으로 민주당은 과도하게 진보적인 성향의 선거 전략을 채택해 중도 성향의 유권자들을 흡수하지 못했다. 민주당은 12월 대통령 선거에서도 중도적 성향의 국민 지지를 확장하기 위해 노력하지 않고 진보세력과의 연대 유지를 고수했다. 결국 민주당은 절대적으로 유리한 것으로 여겨졌던 대선에서도 고배를 마셨다.

▶4월 11일

김정은, 노동당 제1비서로 취임.

북한 노동당은 제4차 당대표자회를 열고 김정은을 당 제1비서, 당 중앙군사위원회 위원장, 정치국 상무위원으로 추대했다. 2011년 12월 17일 사망한 김정일 위원장은 영원한 총비서로 추대했다. 회의에서는 또 당 규약을 변경해 영원한 총비서 직제와 제1비서 직제를 신설하고 제1비서가 당의 수반이라고 규정했다.

▶4월 13일

북, 장거리로켓 발사.

오전 7시 39분, 평안북도 철산군 동창리 서해 발사장에서 '광명성3호' 탑재한 장거리로켓 '은하 3호' 발사. 로켓은 1,2분 정도 상승 비행을 하다 백령도 상공 죄고 고도 151km에서 폭발. 로켓은 20여 개 조각으로 분리된 채 평택 서방 100km 앞 해상에 광범위하게 추락. 북한도 위성을 궤도로 올리지 못했다는 점을 공개적으로 시인했다.

김일성 주석 탄생 100주년을 앞두고 북한이 장거리로켓을 또 발사했다. 미국과 2월 29일 맺은 합의가 휴지조각이 돼 버렸다. (2012년 4월 13일 연합뉴스외신자료)

지가 없었다고 한다. 2·29합의 위반으로 미국은 북한에 대한 실망감을 드러냈으며 관계 개선보다는 대통령 선거 전까지 북한이 핵실험만 하지 않도록 상황 관리에 주력하는 모습을 보였다.

▶4월 13일

김정은, 국방위원회 제1위원장 추대로 수령 직위 모두 승계.

북한 최고인민회의 제12기 제5차 전체회의 개최. 회의에서는 김정은을 국방위 제1위원장으로 추대하고 김정일은 영원한 국방위원장으로 추대했다. 한편 북한은 만수대 언덕에 김일성 동상과 김정일 동상 제막식을 거행했다. 그 전에는 김일성 동상만 세워져 있었다. 앞서 북한은 2월 14일 만수대 창작사 앞 광장에 김일성과 김정일의 기마 형상의 동상 제막식을 가진 바 있다. 김영남 상임위원장은 행사 연설에서 2011년 1월 김정은 제1비서의 지시로 동상을 만들기 시작했다고 밝혔다. 김영남 상임위원장은 특히 김정일 위원장이 생전에는 자신의 동상을 만들지 말 것을 지시했다고 밝혔다.

☞북한의 장거리로켓 발사는 2·29합의를 정면으로 위반하는 것이었다. 북한이 6주일 만에 파기할 약속을 왜 했는지는 의문이다. 반대로 미국은 북한이 장거리로켓을 발사할 것을 모르고 합의를 했는지도 의문이다. 북미회담 참석자에게 들은 바로는 북한은 2·29합의에서 장거리로켓 발사가 금지돼 있다는 점을 명확히 알고 있었으며 그 점에 대해서는 오해의 소

▶4월 15일

북, 김일성 생일 100주년 행사.

김정은, 첫 공개 연설. 인민생활 개선을 강조해 장거리로켓과 핵무기 개발 프로그램으로 상징되는 선군정치 노선을 중단할 가능성이 있다는 관측을 낳았다.

☞행사에서는 그동안 알려지지 않았던 미사일이 등장해 관심을 끌었다. KN-08로 명명된 이 미사일은 길이 18m 정도로 일부에서는 사거리 5,000km 이상의 대륙간 탄도탄 가능성이 있다고 분석했다. 그러나 동영상을 분석한 결과 조잡한 요소가 많이 발견돼 가짜 미사일일 가능성이 제기되는 등 실체와 성능에 대해 의혹이 많은 상황이다.

▶4월 16일

유엔 안보리, 북한의 로켓 발사 비난 의장성명 채택.

▶5월 22일

북, 핵실험 강행 계획 없다고 천명.

장거리로켓 발사 이후 국제사회에서 제기된 핵실험 강행설과 관련해 "우리는 처음부터 평화적인 과학기술위성 발사를 계획했기 때문에 핵시험과 같은 군사적 조치는 예견한 것이 없었다"고 공개적으로 부인.

▶6월 22일

한미 연합 화력전투훈련 실시.

▶6월 24일

북, 한미 화력훈련에 대해 군사적 도발이라며 핵실험 가능성 위협.

북, 외무성 대변인 담화 발표. 주한미군이 한국군과 더불어 북한 국기에 대고 사격을 한 것은 대북 적대시 정책의 가장 집중적인 표현으로 북한에 대한 군사적 도발이라고 주장. 또 미국의 적대시 정책이 계속되는 한 북한은 자위적인 핵 억제력을 더욱 강화할 것이라고 언급. 또 군사 기술적 우세는 더 이상 미국의 독점물이 아니라면서 북한의 자위적인 핵 억제력이야말로 한반도에서 전쟁을 막고 평화와 안정을 믿음직하게 수호해주는 만능의 보검이라고 주장.

▶6월 26일

한일 정보보호협정안이 한국 국무회의를 통과.

☞정부는 일본에 대한 우리 국민의

부정적인 정서를 감안해 이 사실을 비공개로 처리하려고 했다. 일본과 조약체결을 진행한 뒤에 사후 설명을 하려고 시도했으나 중간에 언론에 공개되면서 여론의 역풍을 맞았다. 결국 정보보호협정은 6월 29일 일본에서 체결될 예정이었으나 예정 시간 2시간 전에 전격적으로 체결행사가 무기한 연기되면서 사실상 폐기됐다.

한국과 일본의 관계 악화는 미국 입장에서 한미일 3국 동맹 체제의 균열을 의미하는 것으로 동북아시아에서 미국의 역할을 축소시키는 요인이 된다. 이는 북한의 도발적 조치에 대한 국제사회의 공조 체제를 어렵게 만드는 요인도 되기 때문에 미국 입장에서는 불만스런 상황으로 볼 수 있다. 정부는 또 협정 제목을 군사정보보호협정에서 군사를 제외해 정보보호협정이라고 수정하는 등 국민들의 반일감정을 우회하기 위해 꼼수까지 사용했지만 원하는 바를 이루지 못했다.

▶6월 28일

김정은, 6·28지침 하달.

김정은 제1비서가 경제 부문에서 개선 조치를 지시한 것으로 알려졌다. 이런 관측은 8월 이후 일본 언론을 통해 알려지기 시작했는데 이후에 '6·28지침'으로 통칭되고 있다. 6·28지침은 명확하게 확인된 사실로 분류되지는 않고 있다. 그래서 연구자에 따라 지침, 방침, 지시 등의 용어가 두루 사용된다. 내용도 부분적으로 보도돼 전체 윤곽이 잡히지 않고 있다. 일부에서는 농민들이 잉여 수확물을 시장에 내다팔도록 하는 농업 분야 제도 변경이라는 관측이 있다. 배급제 포기나 계획경제 포기를 의미하는 정도의 중대한 변화라는 관측도 있지만 과도한 해석이라는 평가를 받고 있다.

▶7월 2일

북 외무성 대변인, 핵실험 등 지속 입장 천명.

조선중앙통신 기자에 답변. 미국의 대북 적대시 정책이 계속되는 한 북한의 자위적인 핵 억제력은 부단히 강화될 것이며 평화적인 우주개발 사업은 계속 추진될 것이라고 주장.

▶7월 2일

미, 북한 위협에 반박.

미 국무부 빅토리아 눌런드(Victoria Nuland) 대변인, 북한의 가뭄과 식량난 문제와 관련해 북한의 장거리로켓 발사로 대북 식량지원 계획이 중단된 상태에서 변화가 없다고 언급.

▶7월 6일

북, 북한판 걸그룹 등장.

김정은이 저녁 뉴스 시간에 모란봉악단 창립 공연을 관람했다는 보도가 나왔다.

☞이 보도는 여러 가지 면에서 주목을 받았다. 첫째 모란봉 악단이 파격적인 형식을 보여줬다. 악단 공연자들은 젊은 여성들로 대부분 늘씬한 각선미를 자랑해 엄숙성을 강조해온 과거 북한의 행태와 다른 모습을 연출했다. 둘째 미국 자본주의 상징적 캐릭터가 등장했다. 미키마우스나 곰돌이 푸, 티거, 록키 등이 무대에 등장. 셋째 김정은의 아내 리설주가 동행해 바로 옆 자리에 앉았다. 출중한 외모를 과시한 리설주는 이 보도에서는 신분이 확인되지 않았지만 북한 방송은 7월 25일 김정은 제1비서의 능라인민유원지 준공식 참석 보도를 하면서 부인이라고 밝혔다.

▶7월 12일

중, 중국 억류된 한국인 인권운동가 김영환씨 석방 시사.

중국의 멍젠주 공안부장이 방한했다. 멍 부장은 중국에 구금된 한국인 김영환씨 석방 문제와 한국에 구금된 중국인 유창씨 석방 문제를 협의했다. 한국 정부가 김영환씨 석방을 요청한 것에 대해 한중관계를 고려해 진지하게 검토하겠다고 말했다. 곧 풀어주겠다는 말로 해석할 수 있는 발언이다. 실제로 중국은 7월 20일 김영환씨를 석방했다. 이외에도 중국 내 탈북자 문제 처리에 대한 중국 입장을 이명박 대통령에게 설명한 것으로 추측된다.

▶7월 12일

북, 영변 경수로 건설 공사 완공 보도.

북한이 영변에 건설 중인 경수로 윗부분을 돔으로 덮는 등 건물을 거의 완성했다고 교도통신 등이 일본 정부 관계자를 인용해 보도. 이에 앞서 AP통신은 지난 5월 "북한이 경수로 공사를 매우 빠른 속도로 진행하다가 지난해 12월부터 올 2월초까지 중단했지만, 3월말에 공사를 재개했다"고 보도한 바 있다. 당시 AP통신이 인용한 미국 존스홉킨스대학 국제관계대학원(SAIS) 한미연구소는 영변 경수로가 2014~2015년에 완공될 것으로 예측했다.

▶7월 13일

북미 비공식 접촉.

북한과 미국 관리들이 뉴욕에서 비공개로 만나 양국 간 현안을 논의했다고 서울의 한 외교 소식통이 전했다. 북한에서는 한성렬이 나오고 미국에서는 클리포드 하트(Cliford Hart) 6자회담 특사가 나온 것으로 알려졌다. 비공개 일정으로 미국 정부 확인 거부.

▶7월 14일

북, 6자회담 합류 의사 표명 전언.

박의춘 북한 외무상이 캄보디아 수도 프놈펜을 방문해 호남홍 캄보디아 외무장관과 만난 자리에서 북한이 북핵 6자회담에 합류할 준비가 돼 있다고 발언했다고 캄보디아 외무부 대변인이 전했다.

▶7월 15일

북, '동까모 사건' 즉 김일성 동상 파괴 기도 적발 주장.

대남기구인 조국평화통일위원회가 성명을 내고 남한과 미국 정부의 지령을 받고 북한에 침투해 김일성 동상과 기념비 등을 파괴하려던 테러범들을 적발했다고 주장.

☞ 북한은 이 사건을 매우 중대하게 인식한다는 점을 여러 차례에 걸쳐 보여줬다. 북한은 4월 장거리로켓 발사 이후 한동안 잠잠한 태도를 보이기도 했지만 '동까모 사건'이 미국의 대북 적대시 정책을 보여준 사례라면서 불량국가 행보를 재연하는 태도를 보였다. 결국 12월 12일 장거리로켓 발사와 이후 유엔 안보리 결의에 맞서 제3차 핵실험 논란 등 벼랑끝 전술이 동원됐다.

▶7월 16일

북, 리영호 총참모장 해임.

북한이 오전 6시에 긴급뉴스를 내고 전날인 15일 북한 노동당 정치국이 회의를 열고 리영호 인민군 총참모장을 모든 직무에서 해임하는 결정을 내렸다고 보도. 북한은 다음날인 17일 현영철 대장을 차수로 승진시킨다는 보도가 나왔다. 현영철은 이후 총참모장을 맡은 것으로 확인됐다.

이와 관련해 일본 교도통신은 8월 4일 보도에서 리영호 총참모장 해임과 관련해 총격전 상황도 벌어졌다고 전했다. 통신은 북한 소식통을 인용해 7월 11일 새벽, 인민군 보위사령부 병력이 평양에 있는 리 참모장 연행을 위해 공관에 진입하는 과정에서 총참모장 호위부대와 총을 겨누는 상황까지 진행됐지만 총참모장이 호위부대를 설득해 연행에 응했다고 보도했다.

▶7월 17일

HSBC은행, 북한과 과거 거래 사실 확인.

유럽 최대 은행인 HSBC그룹이 북한과 2007년까지 거래했고, 멕시코 마약조직의 돈세탁 통로 역할을 한 것으로 미 상원 조사 결과 드러났다. HSBC그룹은 과거 북한과의 거래와 멕시코 마약조직에 불법 돈세탁 통로 제공 혐의를 인정하고 사과.

▶7월 18일

북, 김정은 제1비서에게 공화국 원수 칭호 수여 보도.

오전 11시쯤, 북한 매체들이 낮 12시를 기해 중대보도를 한다고 예고. 12시에 발표된 내용은 원수 칭호 수여.

▶7월 20일

북, 핵실험 재개 가능성 위협.

북 외무성 대변인 성명. "미국의 구태의연한 대조선 적대시정책으로 조선반도에서는 대결과 긴장 격화의 악순환이 되풀이되고 조선반도 비핵화도 더욱 요원해지고 있다"면서 "핵문제를 전면적으로 재검토하지 않을 수 없다"고 주장. 대변인은 "남조선 괴뢰패당이 월남도주자(탈북자)들을 내세워 꾸민 특대형 음모에 미국이 깊숙이 개입했다는 신상이 명백히 드러났다"고 주장. 이어 "조성된 사태는 미국이 우리에 대해 적대의사가 없다고 선언한 2000년 10월 12일 북미 공동코뮈니케와 공화국을 공격하거나 침공할 의사가 없다는 것을 확언하고 서로의 자주권을 존중하고 평화적으로 공존하기로 한 9·19공동성명의 기본조항들을 통째로 뒤집었다는 것을 실증해준다"고 주장.

☞북한은 4월 장거리로켓 발사 이후 한동안 문제를 일으키지 않으려는 태도를 보였지만 동상파괴 테러범 체포 주장 이후 불량국가 행보를 보이기 시작했다. 북한의 변화된 태도는 12월 12일 장거리로켓 발사로 구체적으로 드러났다.

▶7월 20일
중국, 북한인권 운동가 김영환씨 전격 석방.

▶7월 25일
미, 국제사회 약속 이행 촉구.
데이비스 미 대북정책 특별대표, 미국의 소리 방송 인터뷰에서 "미국은 북한에 적대적인 의사가 없으며, 북한의 안정과 안보를 해치길 바라지 않는다"며 "북한은 그동안 국제사회와의 숱한 합의를 통해 약속한 바를 지켜야 한다"고 강조. 6자회담 재개 가능성과 관련해 "전적으로 북한에 달렸다"면서 "미국은 북한과 대화하면서 기회를 주기 위해 애썼지만 북한은 약속을 지키지 않는 쪽을 택했다"고 지적.

▶7월 30일~8월 3일
중국 공산당 대표단, 북한 방문.
왕자루이 부장을 대표로 하는 공산당 대외연락부 대표단이 평양에서 북한 노동당 국제부 대표단과 회담. 북한에서 김영일 노동당 비서와 김성남 국제부 부부장 등이 참석했다. 조선중앙통신은 양측이 전통적인 친선협조 관계를 더욱 강화, 발전시키기 위해 상호 관심사에 대해 의견을 교환했다고 전했지만 구체적인 회담 내용은 밝히지 않았다.

▶7월 31일
북미, 싱가포르에서 비공식 회동 보도.
북한과 미국이 7월 31일부터 8월 2일까지 3일 동안 싱가포르에서 비공식 회동을 가졌다고 일본 TBS가 8월 2일 보도. 보도에 따르면 북한에서는 최선희 미국국 부국장이 나왔고 미국에서는 조엘 위트 전 미 국무부 북한 담당관이 나왔다고 한다.

☞이 보도는 비중을 높게 보기 어

렵다. 위트 전 담당관의 경우 현직이 아니고 특별하게 미국 정부의 위임을 받은 것도 없기 때문에 이들의 싱가포르 회동은 제한적일 수밖에 없다.

▶7월 31일

미, 대북 인도적 지원 가능성 언급.

미국이 태풍과 홍수 피해를 당한 북한의 상황을 주시하고 있으며, 인도주의적 지원도 가능하다는 입장을 밝혔다고 '미국의 소리' 방송이 7월 31일 보도. 미 국무부 대변인은 북한에 대한 인도적 지원은 정치나 안보 사안과 별개라는 것이 미국 정부의 오래된 원칙이라고 강조. 앞서 북한 조선중앙통신은 지난달 태풍과 집중호우, 폭우로 모두 80여 명이 숨지고 6만 2천 명이 집을 잃었다고 보도.

☞북한과 미국이 꾸준하게 접촉을 하면서 상호 입장을 교환하고 있음을 보여주는 사례다.

▶7월 31일

미 국무부, 테러리스트 지원국 목록에서 4년째 북한 제외.

테러지원국은 4개국. 이란·시리아·쿠바·수단.

▶7월 31일

일본, 2012년판 방위백서에서 독도 영유권 주장.

☞일본이 독도 영유권 주장을 하면 한국과 일본이 대립 구도에 들어간다. 한일 두 나라가 대립하면 북핵 문제와 관련해 미국이 한국, 일본과 더불어 3국 간 굳건한 협력을 바탕으로 구축하려는 대북 공조 체제에 큰 구멍이 생긴다. 그러므로 일본이 독도 문제와 관련해 망언을 하면 미국이 가장 속을 태우는 세력이기도 하다.

▶8월 10일

이명박 대통령이 독도를 방문했다.

☞한국 대통령이 한국 영토인 독도를 방문하는 것은 뉴스가 될 수 없지만 이 대통령의 독도 방문은 큰 뉴스가 됐다. 일본의 반발을 예상한 조치이기 때문이다. 상기한 대로 독도 문제를 놓고 한국과 일본이 싸움을 벌이면 미국을 비롯한 제3국에서는 독도가 분쟁 지역이라는 이미지를 강조하게 된다. 그러므로 독도 문제를 갖고 말이 많아질수록 일본은 독도 영유권 주장에서 긍정적인 효과

를 거두게 되고 한국은 손해를 보게 된다. 그래서 한국 정부는 오랫동안 독도 문제와 관련해 조용한 외교를 진행했지만 2005년 2월 일본 시마네현의 독도의 날 조례 사건 이후 당시 노무현 대통령이 조용한 외교를 사실상 폐기하고 적극적 대응으로 수정했다. 이후 한일관계가 악화되자 일본은 북핵 문제를 다루는 6자회담에서 일본인 납치자 문제에 집착하면서 북핵 문제 진전을 가로막는 존재라는 질시를 받았다. 이처럼 독도 문제가 자주 거론될수록 한국과 일본은 국가적 차원에서는 손실이 발생하지만 극소수 정치인들은 일시적이기는 하지만 국민적 인기를 높여서 이득을 취하는 경우가 있다.

▶8월 13일

장성택 북한 국방위 부위원장, 중국 방문.

장 부장은 18일까지 5박 6일 간 중국에 체류하면서 17일 오전 후진타오(胡錦濤) 주석, 원자바오 총리를 면담했고 이에 앞서 14일 황금평 위화도 개발 문제에 대한 양국 협의회에 참석했다. 장 부장은 15일과 16일에는 지린성(吉林) 창춘(長春)과 랴오닝성(遼寧) 선양(瀋陽)을 시찰했다.

☞장 부장의 중국 방문은 중국으로부터 대규모 경제협력과 지원을 확보하기 위한 것으로 분석됐다. 그러나 방문 성과는 기대에 미치지 못한 것으로 관측됐다.

▶8월 13일

미 태평양 사령관, 최우선 위협 요인으로 북한 지목.

새뮤얼 라클리어(Samuel Locklear) 미 태평양사령관이 미군 공보국과의 인터뷰에서 태평양 지역의 최우선 위협 요인으로 북한을 거론했다고 '미국의 소리' 방송이 보도. 라클리어 사령관은 또 북한의 새 지도체제를 북한과 관련한 우선적인 위협요인으로 지목.

☞미국이 북한을 최우선 위협 요인으로 지목하는 것은 역설적으로 북한 입장에서는 반가운 뉴스가 된다. 북한은 미국과 협상을 통해 외교 관계를 맺고 북한에 대한 각종 제재를 해제시킴으로써 국가 발전을 위

해 매진할 수 있는 상황을 만드는 것이 국가 목표라고 할 수 있다. 그런 모든 절차의 첫 번째 단계가 미국과의 관계 정상화가 되는데 미국은 북한이 불량국가 행보를 한다고 해서 북한과 양자 대화를 회피하는 상황이다. 북한이 불량국가 행보를 유지하면서 소극적인 행보를 하면 북미대화를 성사시키지 못한 채 고사될 가능성이 있다. 불량국가 행보를 포기하고 급격한 개혁개방을 진행하면 반정부 민중 시위가 발생하는 것은 시간 문제가 되고 현재 북한의 지도층은 목숨을 구하기도 어려워질 수 있다. 그러므로 현재 북한 지도층이 선택할 수 있는 방법은 적극적으로 불량국가 행보를 유지함으로서 미국으로 하여금 북한과의 협상이 필요하다는 인식을 만드는 것이다. 그러기 위해서는 미국이 북한을 위협으로 인식한다는 뉴스는 북한 입장에서는 좋은 일이다. 쉽게 말해 미국과 친구가 되기 위해 협박을 한다는 것인데 보통 미국인 입장에서 보면 이해하기 어려울 것이다.

▶ 8월 15일

북, 2013년 하반기에 경수로 완공 관측.

미국의 핵 안보 관련 연구소인 과학국제안보연구소, ISIS가 보고서에서 2012년 5월과 6월에 촬영한 영변 핵시설 단지 위성 영상을 공개하고 전문가들의 검토 결과 경수로가 2013년 하반기에 완성될 수 있다고 평가.

▶ 8월 17일

북, 4년 뒤 핵무기 48기 보유 가능성 거론.

과학국제안보연구소가 '북한의 플루토늄과 무기급 우라늄 추정 비축량' 보고서에서 전망. 1기의 핵무기에 2~5kg의 플루토늄이 필요하다는 점을 고려할 때 북한이 이미 최소 6기에서 최대 18기의 핵무기를 보유하고 있을 가능성이 있다고 지적. 현재 건설 중인 영변 경수로 등을 통해 무기급 우라늄을 생산한다면 최악의 상황에서는 오는 2016년까지 최대 48기의 핵무기를 보유할 수 있다고 전망.

☞북한이 보유한 플루토늄은 약 40kg으로 추정되고 그나마 1차와 2차, 3차 핵실험을 통해 각각 2kg과 5kg, 5kg

을 사용한 것으로 추측되므로 그 이후에는 28kg의 플루토늄을 보유한 것으로 추정할 수 있다. 플루토늄 핵무기 1기 제조에 필요한 플루토늄 분량을 약 5kg으로 보면 북한은 6개 정도의 핵무기 제조가 가능하다는 평가가 나온다. 우라늄의 경우 북한은 2010년 말 이후 우라늄 농축을 시작한 것으로 알려진 가운데 연간 생산량은 40kg 정도일 것으로 관측된 바 있다. 우라늄으로 핵무기를 만들기 위해서는 1기당 우라늄 약 20kg이 필요하므로 북한은 2011년부터는 해마다 핵무기 2기를 추가했을 가능성이 있다고 추정할 수 있다. 그렇다면 2016년까지 북한의 핵무기 보유 수량은 플루토늄 핵무기 6기와 우라늄 핵무기 12기 등 모두 18기가 된다. 과학국제안보연구소가 48기를 거론한 것은 여러 가지 전망 중에서 최대치를 계산한 것으로 평가된다.

▶8월 17일

북미, 2차 비공개 회담.

미국 백악관 고위 관계자들이 괌에서 출발한 항공기를 이용해 북한을 방문해 3박 4일 동안 북한에 체류한 뒤 돌아간 것으로 알려졌다. 이 사안은 동아일보 11월 29일자 보도를 통해 알려졌다. 누가, 왜 갔는지, 결과는 어떤지 등에 대해서는 확인되지 않았지만 북한과 미국이 꾸준하게 접촉을 진행 중이라는 사실은 확인된 셈이다. 북한의 4월 로켓 발사 이후 양국 관계는 일시적으로 악화됐지만 2012년 내내 원만한 관계를 유지한 것은 이 같은 비공식 접촉을 통한 입장 교환의 결과였던 것으로 추정된다.

▶8월 17일

김정은 제1비서, 서해 현지 시찰.

김정은 제1비서가 연평도 인근 장재도와 무도 방어부대를 방문했다. 북한 TV는 김정은이 수 명의 장병들과 조그만 목선을 타고 바다를 건너는 모습도 방송했다.

▶8월 19일~31일

을지 프리덤 가디언 한미연합군사연습 실시.

북한은 이 훈련이 북침연습이라면서 강하게 반발.

▶8월 20일

북일, 싱가포르에서 실무접촉.

수교 등 양국관계 정상화 방안 등 협의.

▶8월 21일

유엔, 대북 지원 결정.

유엔 중앙긴급구호기금이 태풍과 홍수 등으로 피해가 발생한 북한에 약 100만 달러 상당의 지원을 하기로 했다고 미국의 소리 방송이 보도.

▶8월 29일

북일, 베이징에서 당국 간 대화.

북한과 일본이 베이징 일본 대사관에서 과장급 정부 간 대화. 양측의 정부 간 대화는 2008년 8월 일본인 납북자 문제 협의 이후 4년 만에 처음. 이번 대화의 주요 의제는 북한에 있는 일본인 유골 반환과 일본인 유족의 북한 내 묘소 참배 허용 문제. 양측은 국장급 회담을 개최하기로 합의.

▶8월 30일

IAEA, 북한 핵프로그램에 우려 표명.

IAEA는 현지 시간으로 30일 내놓은 보고서에서 북한이 영변 핵시설에서 해온 실험용 경수로 건설 공사가 상당한 진전을 거뒀다면서 북한의 핵프로그램에 대해 심각한 우려를 표명.

▶8월 31일

북한 외무성 비망록 발표.

미국이 북한에 대한 적대정책을 포기하고 "실지 행동으로 '용단'을 보여준다면 우리는 언제든지 기꺼이 화답할 준비가 돼 있다"고 밝혔다. 그러나 적대정책을 지속할 경우 "우리의 핵 보유는 부득불 장기화되지 않을 수 없고 우리의 핵 억제력은 미국이 상상도 할 수 없을 정도로 현대화되고 확장될 것"이라고 위협.

조선신보 역시 3일 외무성 비망록에 대해 "미국의 현 행정부는 물론 오는 11월 대통령선거를 통해 구성될 차기 행정부도 진지하게 접수해야 할 내용들이 반영됐다"고 주장. 신문은 이 비망록이 김정은 체제의 핵노선에 대한 '총화'를 담고 있다고 풀이하며 "더 이상 인내력을 발휘하지 말고 단호한 대항책을 취해나갈 데 대한 최종적인 검토와 책정이 있는 것을 보인다"고 분석. 특히 "조선의 핵 억제력 강화노선은 그 힘의 존재를 처음으로 실증한 제1차 핵실험에 이어 제2의 귀로에 들어서고 있다"며 미국의 현 행정부나 차기 행정부가 적대정책을 지속한다면 비핵화 논의가 "종말을 고하게 될 것"이라고 경고하기도 했다. 이어 비망록이 "조미관계개선과 관련한 최고영도자의 의향에 대해 언급하고 있다"며 "미국의 행정부가 대조선적대시 정책을 근원적으로 포기하겠다는 것을 상대가 납득할만한 수준의 행동으로 증명"해야 한다고 요구.

☞외무성 비망록에 나온 표현들은 2013년 1월 23일 유엔 안보리 대북제재 결의 2087호 채택 이후 발표한 북한 외무성 반박 성명에서 그대로 사용됐다. 이렇게 보면 북한이 면밀하게 계획을 세워서 장거리로켓 발사와 그 이후 국면에 대응했다는 판단이 가능하다. 그러나 북한이 항상 제기해오던 주장이라는 점에 주목하면 북한의 대응은 오히려 전략적 판단 없이 국내정치적 논리에만 함몰돼 있다고 해석할 수도 있다.

▶9월 3일
통일교 문선명 총재 타계.

김정은 제1비서는 문 총재 별세를 맞아 조전을 보냈다. 조문단을 남측에 파견하지는 않고 다만 평양에 설치된 빈소에 장성택 국방위 부위원장과 김양건 통일전선부장을 보내서 성의는 표시.

▶9월 5일
북, IAEA 비난.

외무성 대변인이 조선중앙통신사 기자 질문에 대해 답하는 형식. 대변인은 "지금까지 다른 핵무기 보유국의 핵 계획에 대해 우려를 표명한 적이 없는 국제원자력기구가 우리의 핵 계획에 대해서만 차별적으로 우려를 표명한 것은 공정성을 떠난 부당한 처사"라고 비난. "우리의 핵 활동이 평화적 목적에만 국한돼 있던 시기의 낡은 기준으로 오늘의 현실을 재보려 해서는 안 될 것"이라고 강조.

☞북한의 언급은 북한의 핵 활동이 평화적 목적에 국한돼 있지 않다는 입장, 즉 군사적 목적에 사용된다

는 입장을 공표한 것이라는 점에서 주목할 필요가 있다. 그러나 북한의 입장이 크게 주목받지는 못했다. 북한이 국제사회를 위협하는 표현을 평소에 과도하게 자주 사용하는 바람에 북한이 고의적으로 위협 발언을 제기했는데도 아무도 신경을 쓰지 않는 경우도 적지 않다.

▶9월 5일

북, 중국 시양그룹(西洋集團) 비난에 반박.

북한은 합영투자위원회 대변인 담화를 내고 북한 당국의 일방적인 계약파기로 큰 손해를 본 것으로 알려진 중국 '시양그룹' 관련 사건에 대해 "법률적으로 시양그룹에 더욱 치명적인 책임이 있다"고 주장.

▶9월 6일

제15호 태풍 볼라벤(Bolaven)으로 북한에서 100명 이상 인명 피해 발생.

미국 자유아시아방송 보도. 방송은 국제적십자사연맹을 인용해 이번 태풍으로 59명이 숨지고 50명이 실종됐다고 보도.

▶9월 6일

북한과 쿠바의 군사 대표단이 평양에서 군사회담 개최.

▶9월 6일

유럽연합, 북한에 수해 복구 지원.

EU가 북한이 수해를 입은 직후 국제적십자사연맹 등에 20만 유로, 우리 돈으로 2억 8천만 원 정도를 지원했다고 미국 자유아시아방송이 보도.

▶9월 7일

유엔, 북한 어린이와 여성의 종합 영양 실태 조사.

유엔이 북한 당국과 함께 9월 11일부터 한 달 동안 북한 어린이와 여성의 종합 영양 실태를 조사한다고 '미국의 소리' 방송이 보도.

▶9월 7일

류우익 통일부장관, 북한에 지원 의사 표명 발언.

류우익 장관은 국회 대정부질문에서 새누리당 정몽준 의원 질의에 대해 9월 3일 북한에 대한 지원 의사를 표명했으며 북한의 호응을 기다리고 있다고 설명. 이에 대해 북한은 9월

10일 수해 지원을 수용한다는 입장을 보내왔으나 품목과 수량을 보고 판단하겠다는 입장을 밝혔다. 북한은 12일 한국이 제시한 지원 제안을 보고 나서 지원을 거부했다. 한국이 제시한 품목과 수량은 밀가루 만 톤과 라면 3백만 개, 의약품, 기타 물품이었다.

▶ 9월 13일
북, 태풍과 집중호우 인명피해 900명 상회 보도.

조선중앙통신은 6월 중순부터 8월 말까지 발생한 수해로 전국적으로 300명이 숨지고 600여 명이 부상 또는 실종됐으며 주택 8만 7천여 가구가 파괴되거나 침수됐다고 보도.

▶ 9월 16일
민주통합당 대선후보 경선에서 문재인 후보가 승리해 대선후보가 됐다.

▶ 9월 17일
북, 일본에 평양선언 이행 촉구.
북, 북일 평양선언 10주년을 맞아 일본에 대북 적대시 정책을 버리고 평양선언을 이행하라고 촉구. 조선중앙통신은 논평에서 북일 평양선언을 끝까지 이행하려는 북한 정부의 입장은 오늘도 내일도 변함없다며 이같이 요구.

☞ 2002년 9월 17일 김정일 북한 국방위원장과 고이즈미 준이치로 당시 일본 총리는 평양에서 만나 국교 정상화 교섭 재개, 일본인 납북자 문제에 대한 북한의 재발방지 조치, 핵문제의 포괄적 해결을 위한 국제합의 준수 등을 담은 북일 평양선언을 채택.

이와 관련해 김대중 전 대통령이 지난 2002년 북한과 일본이 평양선언에 합의하는 데 적지 않은 도움을 줬다고 일본 아사히 신문이 보도. 신문은 김 전 대통령이 임동원 특보를 평양에 보내 북한이 일본인 납치 사실을 인정하고 일본과 국교정상화를 서두르는 것이 경제를 재건하는 데 도움이 될 것이라는 메시지를 김정일 국방위원장에게 전달했다고 보도. 신문은 또 김 전 대통령이 고이즈미 일본 총리와 회담할 때마다 김정일 위원장을 직접 만나라고 권했다고 김

전 대통령의 말을 인용해 전달.

김정일 위원장은 임 특보가 북한을 방문한 지 5달 뒤인 2002년 9월 고이즈미 총리와 만나 일본인 납치 사실을 인정하고 재발 방지를 약속. 북한과 일본은 당시 국교 정상화를 위한 교섭 재개, 일본의 식민지 지배 사과 등의 내용을 담은 평양선언에 합의.

▶ 9월 17일

북러, 채무조정 협정 체결.

북한과 러시아 정부가 모스크바에서 옛 소련 시절 북한이 진 빚을 탕감하는 내용의 채무조정 협정을 체결. 러시아는 옛 소련 시절 북한이 러시아에 진 채무 110억 달러, 약 12조 원 가운데 90% 정도를 탕감해 주고 나머지를 양국 합작 프로젝트에 재투자하는 데 합의.

▶ 9월 19일

시진핑 중국 국가 부주석, 일본이 웃기는 짓을 한다면서 비난.

시진핑 부주석은 중국을 방문한 리언 패네타 미국 국방장관과 만난 자리에서 "일본의 댜오위다오(釣魚島) 매입은 웃기는 짓"이라며 "일본은 행동을 자제해야 하며 중국의 주권과 영토 통합을 저해하는 말이나 행위를 중단해야 한다"고 강조.

☞ 시진핑 부주석 발언은 영토 문제라면 일본과의 대결 구도, 나아가서 미국과의 대결 구도를 감당하겠다는 의미로 해석할 수 있다. 중국과 미국이 대결 구도를 형성하는 것은 그들의 문제라고 할 수 있지만 북핵 문제 해결과 남북통일 분위기 조성은 더 멀어질 수밖에 없다. 그러므로 중국과 일본의 외교 충돌도 한국 입장에서는 악재라고 볼 수 있다. 한편 시진핑 부주석은 2주일 동안 잠적했다가 9월 15일 공개 활동을 시작한 바 있고 외빈을 공개적으로 만난 것은 잠적 이후 처음이라는 점에서 관심의 대상이 됐다.

▶ 9월 21일

한국, 민간단체 대북지원 승인.

육로를 통한 민간단체의 첫 대북 수해지원을 한국 정부가 승인을 받아 성사. 국제구호단체 월드비전이 마련한 밀가루 5백 톤. 국제구호단체인 한국JTS도 지난 18일 인천항에서 중국 단둥에 밀가루 5백 톤. 대북협력민간단체협의회도 빠른 시일 안에 밀가루 5백 톤을 전달할 계획.

▶ 9월 21일

한국 해군, 북한 어선에 경고 사격.

오후 서해 북방한계선, NLL을 침범한 북한 어선에 대해 경고사격. 북한 어선들은 9월 12일을 시작으로 14일, 15일, 20일 등 9월 들어 모두 네 차례에 걸쳐 하루에도 수 십 번씩 NLL을 침범.

▶ 9월 25일

북한 최고인민회의 개최.

☞ 북한은 의무교육기간 1년 연장을 발표했다. 북한 문제 전문가들은 당초 북한이 경제관리정책, 특구정책, 총리 포함한 경제 사령탑 지명, 북핵 관련 입장 추가 등을 전망했다. 새로운 경제 정책 관련은 세 가지, 즉 토지사용권을 확대하고 농장과 기업소 자율권 확대, 그리고 잉여생산물 처분권 등을 결정할 것으로 예상했다. 그 외에도 헌법 개정이나 조직 개편 문제 등도 후보로 거론됐으나 모두 다뤄지지 않았다. 북한에 대한 예측 능력이 크게 부족하다는 사례가 됐다.

▶ 9월 27일

한국, 북한에 식량차관 상황 촉구

만기가 도래한 대북 식량차관의 상환을 촉구하는 세 번째 통지문을 북측에 발송하기로 했다. 정부는 6월과 7월 북측에 통지문을 보냈지만 아무런 반응이 없다며 한국수출입은행을 통해 북측에 식량차관 상환을 촉구하는 통지문을 다시 보낼 예정이라고 언급. 정부는 지난 2000년 쌀 30만 톤과 옥수수 20만 톤을 시작으로 2007년까지 쌀 240만 톤과 옥수수 20만 톤을 차관 형태로 제공했지만 북측은 상환하지 않고 있는 상황.

▶ 9월 27일

미, 미얀마에 대한 수입금지 조치 완화.

미얀마 정부의 개혁 정책에 힘을 실어주기 위한 조치.

☞ 미얀마의 개혁 개방 정책은 북한에 대한 선례가 된다는 점에서 주

목된다. 이에 앞서 발생한 다른 나라 사례들은 대부분 북한 입장에서 불리한 결과를 보여줬다. 이라크의 사담 후세인 대통령이 미군의 공격을 받아 체포된 이후 처형됐고 리비아의 가다피 지도자는 미국의 정책에 동조했지만 군중 시위 결과 살해됐다. 미얀마가 북한에게 어떤 선례가 될 지는 앞으로 상당 기간 주목 대상이 될 것이다.

▶10월 6일

주한미군, 화학 대대 한국 재배치.

주한미군 2사단은 보도자료에서 미국 워싱턴주 루이스-맥코드 연합기지에 있던 제23화학 대대를 한국에 재배치한다고 발표.

☞제23화학 대대는 핵 화생방과 고성능 폭발물 위협에 대응하는 작전을 수행하는 부대로 2004년 철수했던 부대다. 이 부대가 재배치된 것은 그런 작전의 수행 필요성이 제기됐기 때문이다. 그런 작전이란 핵무기나 화생방 공격이 전제되는 상황을 상정할 수 있으므로 미국은 북한의 핵무기 공격에 대비한 것으로 볼 수 있다.

▶10월 7일

김정은, 적대분자 색출작업 지시

김정은 제1비서가 국가안전보위부를 방문해 강도 높은 적대분자 색출작업 지시.

☞북한은 이른바 '동까모 사건' 이후 미국에 대해 과민하게 대응하는 경향을 보였다. 적대분자 색출 작업도 그런 행보의 일환으로 보인다.

▶10월 7일

한국, 미사일 사거리 800km로 연장.

한국 정부가 한미 미사일지침 개정 내용을 발표했다. 탄도 미사일 사거리를 300km에서 800km까지 늘렸고, 탄두중량은 800km기준으로 500kg으로 하되 사거리를 줄이는 만큼 탄두중량을 늘릴 수 있도록 했다. 무인항공기의 경우 항속거리 300km 이하에서는 탑재중량에 제한을 두지 않는다. 항속거리 300km이상 무인항공기에는 탑재 중량을 기존 500kg에서 2.5톤까지 확대. 순항미사일의 경우 500kg이하에서는 사거리를 무제한으로 하고, 사거리 300km 이하에서는 탄두중량을 무제한으로 한다는 지침

유지. 이와 함께 지침 범위를 넘어서는 미사일이나 무인항공기의 경우에도 연구개발에는 제한이 없도록 했다.

▶10월 8일

중, 한국 미사일 사거리 연장에 부정적 반응.

외교부 훙레이(洪磊) 대변인은 정례브리핑에서 "중국은 한반도에서 군사적 대치와 격화를 원하지 않는다"면서 "대량 살상무기 확산 방지가 모두의 이익에 부합한다"고 말해, 거부감 노출. 중국 국제문제 전문보도 매체 '환구시보'는 북한 핵무기 위협에 대비한다는 사거리 연장 조치가 결국 북한의 반발을 불러 남북한 군비경쟁 과열로 이어지고 또 동북아로도 그런 분위가가 확산할 것이라고 우려.

▶10월 8일

북, 중국 의존도 심화

통일부는 국회에 제출한 자료에서 2012년 1월부터 7월까지 북중 무역 규모는 지난해 같은 기간보다 15% 늘어난 35억 4천만 달러를 기록했다고 밝혔다. 2011년 북중 무역 규모는 56억 달러로 전년보다 60% 이상 급증했다. 북한 전체 무역 규모 가운데 중국이 차지하는 비중은 빠르게 높아져, 5년 전 65% 정도에서 2011년 90%까지 올라갔다.

▶10월 9일

북 국방위 대변인, 한국 미사일 사거리 연장 비난.

이번 미사일 정책 선언은 한반도 정세를 극한계선으로 몰아가면서 북침 전쟁의 도화선에 불을 지르려는 것이라고 비난. 또 미국 본토까지 미사일을 보낼 수 있다고 위협.

▶10월 10일(미국 시간 9일)

미, 북한 위협에 맞대응 비난.

북한이 미국 본토까지 미사일로 타격할 수 있다고 위협한 데 대해 눌런드 미 국무부 대변인은 북한이 미사일 능력을 자랑하기 보다는 먼저 주민을 먹여 살려야 할 것이라고 일갈. 미국 언론은 북한의 미사일 위협에 우려를 나타내면서도 실현 가능성은 낮다고 관측. CNN은 미국 본토 공격이 북한 지도부의 목표였지만 그런 능력을 보여주지 못했다면서 지난 4월 장거리 로켓 실패가 대표적 사례라고 지적. AP 통신도 북한이 다단계 로켓을 제어하는 데 필요한 기술을 아직 확보하지 못한 것으로 보인다고 분석.

▶10월 11일

북한 총참모장, 계급 강등.

북한군 차수인 현영철 군 총참모장이 최근 군 기강 해이를 이유로 대장으로 계급이 강등된 것으로 관찰. 노동당 창건일 67주년 기념일에 김정은 제1비서가 금수산 태양궁전을 참배하는 사진을 보면, 현 총참모장은 작은 별 네 개가 있는 대장 계급장을 달고 출현. 현영철 총참모장은 지난 7월 리영호 당시 총참모장이 해임되면서 후임으로 차수 칭호를 받았으나 두 달 만에 강등.

▶10월 18일

한국, 15년 만에 유엔 안전보장이사회 비상임이사국 선출.

▶10월 18일

북, 핵보유 장기화 위협.

미국이 대북 적대시 정책을 포기하지 않으면 핵보유를 장기화할 것이라고 위협. 조선중앙통신은 유엔 총회에 참석하고 있는 북한 대표가 지난 15일 연설에서, 북한은 미국의 극도의 위협에 핵 억제력으로 대응했다며 이같이 밝혔다고 보도.

▶10월 18일

이명박 대통령, 연평도 방문.

현지 부대 방문한 자리에서 NLL을 목숨 걸고 사수해야 한다고 강조.

☞이명박 대통령의 연평도 방문은 불필요하게 북한을 자극하는 조치라는 점에서 바람직한 행보는 아닌 것으로 평가된다. 그런데도 이 대통령이 방문 일정을 강행한 것은 12월 19일 대통령 선거와 관련이 있는 것으로 추정할 수 있다.

▶10월 19일

북, 장거리로켓 발사 시사.

유엔 총회에 참석한 북한 대표가 우주개발을 위한 자주적 권리를 당당히 행사하면서 실용 위성을 계속 쏘아 올릴 것이라고 언급. 북한 조선중앙방송이 25일 보도.

☞북한은 이 시기부터 장거리로켓

발사 의지를 지속적으로 시사했다. 북한은 결국 12월 12일 로켓을 발사했다.

▶10월 20일

북, 서해 NLL 존재 부인

국방위원회는 서해에 북방한계선, NLL이 아니라 북한이 설정한 해상 군사분계선만 존재한다고 주장. 이명박 대통령의 연평도 방문에 대해 대결과 충돌의 화근인 북방한계선을 유지해 평화와 안정을 가로막으려는 어리석은 시도라고 비판.

▶10월 22일

남측 탈북단체, 대북전단 살포 시도 무산.

임진각 공원에서 대북전단을 살포하려던 탈북단체들이 경찰의 제지를 받고 공원 진입 포기. 군 소식통에 따르면 전단 살포 예상 시점에 북한 미그 전투기 4대가 개성 인근까지 남하해 우리 전투기가 긴급 발진해 일종의 대치 상황이 벌어졌었다. 이 사실은 11월 5일 군 소식통에 의해 알려졌다.

▶10월 25일(미국시간 24일)

한미, 북핵 위협 대비 '맞춤형 억제전략' 합의.

워싱턴에서 한미연례안보협의회 개최. 한국과 미국은 2014년까지 북한의 핵위협을 유형별로 나눠 이에 대응하는 '맞춤형 억제전략'을 마련하기로 결정. 이 전략은 북한의 핵과 생화학무기, 탄도미사일을 미국의 핵우산과 한미 재래식 전력으로 타격하는 내용으로 전시 평시 모두 적용. 또 한미 연합군사령부 해체 이후 강력하고 효율적인 전쟁 지휘구조를 2013년 상반기까지 마련하기로 합의.

▶10월 25일

켈리 전 차관보, 북한 비핵화 불가능 언급.

켈리 전 차관보는 서울에서 열린 국제토론회에서 김정일 위원장이 사망하기 전까지 북한이 유일하게 성취한 것이 핵무기라며 북한 비핵화가 불가능할 수 있다고 언급. 이어 미국 정부의 정책이 북한 핵무기를 불안정한 상태로 내버려두고 있다고 지적.

▶10월 29일

김정은, 비노출 15일 만에 공개석상 등장. 너같은

북한 '퍼스트레이디' 리설주가 두 달 만에 공개 행보. 김정은 제1비서도 보름 만에 공식 행사 등장. 김정은은 이날 행사에서 당과 수령에 충실하지 못한 군인은 아무리 군사가다운 기질이 있고 작전전술에 능하다 해도 필요 없다면서 적개심 표출.

☞김정일 위원장 시기에는 김 위원장 동정보도가 나오지 않으면 어떤 배경이 있는지 관심을 집중시키곤 했다. 김 위원장은 2003년 2월 12일 공식 행사에 참석한 이후 4월 3일까지 51일 동안 언론 매체에 등장하지 않은 적이 있었다. 이 시기는 미국이 이라크 침공을 감행한 시기와 겹친다. 언론에서는 김 위원장이 이라크 전쟁 이후 미국이 북한을 공격할 것으로 우려해 안전한 곳에 은신한 것으로 해석하기도 했다. 2008년 8월 16일 이후 80일 동안 북한 언론매체에 등장하지 않았다가 11월 2일 축구 경기를 관람하는 사진을 시작으로 공개 행보를 재개한 적도 있다. 김 위원장은 8월 14일쯤 뇌졸중으로 쓰러진 이후 치료를 진행한 것으로 추정됐다. 이런 사례를 감안할 때 김정은 제1비서가 15일 정도 공개 행보를 하지 않은 것은 이례적인 것으로 볼 수 있고 치명적이지는 않지만 상당히 중요한 이유가 있었을 것으로 추정된다.

▶10월 31일

통일부 장관, 대북 대화 제의 유효 발언.

류우익 통일부 장관이 중국을 방문한 계기에 "이산가족 상봉을 위한 실무회담을 비롯해 남측의 모든 대화 제의가 지금도 여전히 유효하다는 점을 재확인한다"고 언급.

☞류 장관 발언은 북한과의 대화 가능성을 타진하는 의미를 갖고 있다. 그러나 시기적으로 너무 늦었고 북한에 대한 정책 기초가 과도하게 압박 중심이어서 북한의 호응을 얻기는 어려웠다. 실제로 북한은 전혀 호응하지 않았다.

▶11월 4일

북, 장성택을 국가체육지도위원장으로 임명.

북한은 노동당 중앙위원회 정치국 확대회의를 열고 국가체육지도위원회를 설치하는 내용을 담은 정치국 결정서 채택. 첫 체육지도위원장에는 장성택 국방위원회 부위원장이 임명됐으며 김기남 당비서 등 32명이 체육지도위원에 임명.

☞장성택의 체육지도위원장 임명은 주목할 필요가 있다. 과거 노태우 대통령이 올림픽 준비 위원장을 하면서 국가 지도자로서 리더십을 훈련한 것과 비교될 수 있기 때문이다.

▶11월 6일

북, 중국과 합작해 평양에 자동차 조립 공장 건설.

미국 자유아시아방송은 북한과 중국이 평양에 종합 자동차 조립 생산단지를 만들고 있다고 보도. 통일교 계열인 평화자동차도 지난 2002년 남포에 공장을 열고 선주문 후생산 방식으로 자동차를 만들고 있으며 지난해 천 860대를 생산·판매한 것으로 전해졌다.

☞평화자동차 측은 11월 27일쯤 북한 내 자동차 사업을 중단한다는 입장을 밝혔다. 평화자동차의 입장은 별세한 문선명 총재의 유지를 받드는 차원인 것으로 해석되지만 북중 자동차 협력과도 상관이 있다는 견해가 나왔다.

▶11월 6일(한국 시간 7일)

오바마 미국 대통령, 재선 성공.

미국에서 실시된 대통령 선거에서 오바마 대통령이 선거인단 332명을 확보해 206명에 그친 미트 롬니(Mitt Romney) 공화당 후보를 제압하고 재집권 성공. 하원의 경우 민주당은 193석에서 201석으로 증가했으나 여전히 소수당 지위 유지. 공화당은 242석에서 234석으로 감소. 상원의 경우 민주당은 51석에서 2석 늘어 53석, 공화당은 47석에서 2석 줄어 45석.

▶11월 8일

탈북자 부부, 북한으로 귀환 보도.

남한에서 생활하던 탈북자 부부가 귀환했다고 조선중앙통신이 보도. 통신은 평양 인민문화궁전에서 김광혁, 고정남 부부가 국내외 기자들과 회견을 했다고 전달. 탈북자 재입북 기자회견은 지난 6월 박정숙 씨에 이어 두 번째.

▶11월 9일

조선신보, 북한의 내각중심제 강화 보도.

신문은 북한에서 국가 경제의 잠재력을 최대로 이끌어내기 위한 질서가 세워지고 적절한 방법들이 취해지고 있다며, 경제사업과 관련한 문제를 내각과 합의해 풀어나가는 내각책임제, 내각중심제가 강화되고 있다고 전했다.

▶11월 10일

오라스콤, 대북 투자액 1억 5천만 달러 보도.

2008년 북한에 진출한 이집트 통신회사, 오라스콤이 2012년 말까지 1억 5천만 달러를 북한에 투자했다고 미국 자유아시아방송이 보도. 방송은 자금 대부분이 휴대전화 사용을 위한 통신망 구축에 쓰였다고 보도. 오라스콤은 지난 2008년, 3년간 4억 달러를 투자하는 조건으로 북한의 이동통신 사업권을 따냈고, 북한 체신성과 함께 '고려링크'를 설립해 휴대전화 사업을 진행 중.

▶11월 13일

북한산 탄도미사일 부품, 부산항에서 적발.

북한산으로 추정되는 탄도미사일 부품이 지난 5월 부산항에서 적발돼 조사가 진행 중인 것으로 뒤늦게 알려졌다. 일본 언론에 따르면 부산항에 정박한 시리아행 중국 선박에서 탄도 미사일에 쓰일 수 있는 흑연 실린더 4백여 개를 한국 정부 당국이 적발. 흑연실린더는 로켓의 노즐과 탄두를 대기에 다시 진입시키는 재돌입 운반체에 사용되는 부품. 문제 선박은 상하이에 있는 해운회사 소유.

▶11월 15일

시진핑, 중국 공산당 총서기 선출.

중국 공산당은 15일 베이징 인민대회당에서 제18기 중앙위 제1차 전체회의를 열고 시진핑과 리커창(李克强) 등 5세대 지도부를 구성하는 7명의 정치국 상무위원 명단을 확정 발표.

▶11월 15일

북, 장거리로켓 발사 의지 거듭 강조.

유엔 총회에 참석한 북한 대표가 앞으로도 계속 실용 위성을 발사하겠다는 입장을 거듭 밝혔다. 또 보편적인 국제법에 따라 공인된 자주적 우주 이용 권리를 계속 행사해나갈 것이라고 말했다.

▶11월 15일~16일

북일 국장급 회담. 몽골 울란바토르.

양측은 4년 만에 열린 회담에서 양측의 관심사를 교환했고 후속회담을 조기에 개최한다는 점에도 합의했다고 조선신보가 북한 외무성 송일호 북일교섭 담당 대사를 인용해 17일 보도. 회담에서는 지난 2002년 북일 평양선언이 두 나라 관계개선의 이정표가 된다는 점을 확인하고 후속회담을 조기에 개최하기로 양측이 합의했다고 첨언.

▶11월 16일

미, 대북 건설적 관여 가능 언급.

성 김 주한 미국대사는 북한에 대한 미국의 건설적인 관여가 가능하다고 언급. 김 대사는 국방연구원이 주최한 국방포럼 강연에서 북한이 진지하게 논의할 준비가 돼 있다면 미국과 한국은 대화에 응할 수 있다고 생각한다고 언급. 다만 북한이 국제사회 의무와 관련한 약속을 지키고 주변국을 평화적으로 대해야 한다고 강조.

☞김 대사 발언은 오바마 대통령 재선 이후에 나온 발언이라는 점에서 주목을 받았다.

▶11월 19일

한중, 일본 우경화 우려 공감.

이명박 대통령, 캄보디아 프놈펜에서 원자바오 중국 총리와 면담. 일본의 우경화가 주변국들에게 불안 요인이 되고 있다며 외교 갈등을 평화적으로 해결해야 한다는 데 인식 공유.

☞이 대통령과 원 총리는 덕담을 주고받았지만 한국과 중국은 이 대통령 임기 5년 내내 갈등 상황에서 벗어나지 못했다. 동북아시아 지정학적 특수성과 중국의 북한에 대한 국가적 이익에 대해 양측은 매우 다른 견해를 갖고 있었다.

▶11월 20일

오바마 대통령, 북한에 핵 포기 촉구.

동남아시아를 순방중인 오바마 미국 대통령이 미얀마 양곤 대학 연설에서 북한에 대해 핵을 버리고 평화를 택할 것을 촉구. 그럴 경우 도움의 손길을 받을 수 있을 것이라고 강조. 그러면서 평화를 선택한 미얀마 사례 언급.

▶11월 22일

북, 연평도 포격 2주기 앞두고 남한 위협.

조선중앙통신은 북한군 서남전선사령부 대변인을 인용해 연평도 기념식 추태는 제2의 연평도 불바다로 이어지게 될 것이라며 다시 도발한다면 그 기회를 놓치지 않겠다고 주장.

▶11월 23일

연평도 포격 도발 2주기.

북한의 국지 도발과 기습 강점에 대비한 국군 훈련 실시. 오후 2시 34분 북한군이 개머리 지역에서 연평도로 방사포를 발사하는 상황에서 시작. 이에 대해 우리 군이 K-9 자주포로 대응 사격을 실시하고 KF-16 전투기가 연평도 인근 상공으로 이동하며 서해에 있던 전투함이 유도탄 사격을 할 수 있는 전투대기 태세에 돌입하는 순서로 진행.

▶11월 23일

북 장거리로켓 발사 징후 포착.

일본 아사히 신문은 지난 11월 초 북한 평양시 산음동에 있는 무기 공장에서 미사일 부품으로 보이는 화물이 동창리 미사일 발사기지 조립건물로 운반된 것이 위성사진으로 포착됐다고 보도.

▶11월 24일

일본, 북한제 알루미늄 합금 압수.

일본 당국이 8월 말 도쿄항에서 미얀마로 향하는 싱가포르 선적 화물선에서 미사일을 만드는 데 사용되는 북한제 물품을 압수했다고 아사히신문 보도. 압수 물품은 알루미늄 합금 막대기 15개와 길이 5cm, 지름 9cm의 금속관 50개 등으로, 일부는 우라늄 핵무기 제조용 원심분리기나 미사일을 만드는 데 쓰이는 고강도 알루미늄. 한미일 당국은 미얀마가 핵무기 개발은 포기했고, 미사일을 만들기 위해 알루미늄 합금을 수입하려고 한 것으로 추정.

▶11월 27일

미 언론, 북한 3주 내 미사일 발사 추측.

미 허핑턴 포스트지, 위성 사진 판독 결과 3주 내 발사 예측 보도.

☞신문 예측은 정확하게 맞았다.

▶11월 29일

김격식, 인민무력부장 임명 확인.

▶11월 29일

중국 리젠궈(李建國) 전국인민대표대회 상무위원회 부위원장 방북.

☞당초 리젠궈 부위원장이 특사 대표가 아니었는데 중국 국내 정치 상황에서 돌발변수가 발생해 변경이 됐다. 리젠궈 부위원장은 당초 북한 지도자들에게 장거리로켓 발사 중단을 설득할 것으로 알려졌지만 북한은 호응하지 않았다. 리젠궈 부위원장은 2013년 초 비리 혐의로 권력계에서 물러났다.

▶12월 1일

북, 장거리로켓 발사 계획 발표.

토요일 오후 5시쯤 북한 우주공간기술위원회 발표. 12월 10일부터 22일 사이, 오전 7시부터 낮 12시 사이에 발사 예고.

☞북한이 장거리로켓을 발사할 것이라는 추측이 많았지만 국제 환경을 고려할 때 실제로 발사를 강행하지는 않을 것이라는 전망이 많았다. 필자도 그런 전망에 동조했지만 북한이 공식으로 발사를 예고해 겸연쩍은 신세가 됐다. 이번 북한 발표로 김정일 위원장 사망 1주기에 맞춰 발사하는 것이 유리하다고 판단하는 북한 지도부의 경직성이 국내정치주기설과 맥을 같이 한다는 것은 확인됐다고 볼 수 있다.

▶12월 1일

조평통, 박근혜 후보에 7개항 공개질문.

조평통 서기국이 새누리당 박근혜 후보에게 보내는 '공개질문장'을 발표했다. 조평통은 7개 질문이 담긴 공개질문장에서 선 핵포기론은 이명박 정부의 '비핵개방3000'과 다르지 않다고 주장했다. 북한인권법 문제와 '5·24 조치', 한미 동맹 강화, 기존 남북 공동선언의 이행, 자유민주주의를 기초로 한 통일 방식 등에 대한 입장을 밝히라고 요구.

☞조평통이 이례적인 형식의 문건을 밝힌 것은 박근혜 후보에 대한 기대감을 표명하고 자신들이 원하는 것을 제시하기 위한 것으로 이해된다.

▶12월 2일
일본 언론, 북한과 이란의 협력 상황 보도.

교도통신은 이란이 10월부터 북한에 상주 인력을 배치했다고 서방 외교소식통을 인용해 보도. 이란 국방부 관계자와 민간 전문가 등 4명이 북한 내 군사시설에 배치될 것이라고 보도. 소식통은 이란이 북한으로부터 탄도 미사일 로켓의 공중 분리와 탄두 소형화 같은 분야에서 도움을 받고 북한은 토목공학에서 이란 전문가들의 지원을 받을 것이라고 설명. 그러나 이 보도는 미확인 보도로 남아 있다.

▶12월 3일
미, 북한 로켓 발사에 대응 조치 경고.

세이모어 백악관 국가안보회의 대량살상무기 조정관은 북한이 발사를 강행할 경우 관련 국가들과 적절한 조치들을 고려할 것이라고 언급.

▶12월 4일
북, 장거리로켓 발사 일정을 IMO에 통보.

국제해사기구, IMO는 북한 외무성 해사국이 오는 10일부터 22일 사이 오전 7시에서 정오에 장거리 로켓을 서해 공해상으로 발사할 예정이라며 1,2단계 추진체와 덮개의 낙하지점을 알려왔다고 설명. 1단계 추진체 낙하 예상지점은 전북 부안 격포항 서쪽에서 약 140km 떨어진 가로 26km, 세로 94km의 사각형 해역. 해사기구 규정에는 해군훈련이나 미사일 발사 등으로 항행 안전에 장애가 발생할 경우, 해당 국가는 최소 5일 전에 발사 사실을 IMO와 주변국에 통보하도록 돼 있다. 북한은 지난 4월에도 로켓 발사 전에 발사 사실을 국제해사기구에 통보했다. 4월과 다른 점은 페어링 낙하 장소도 통보했다는 것.

▶12월 5일

왕자루이 부장, 미국 방문.

신화통신에 따르면 왕자루이 대외연락부장이 미국 민주당과 공화당 초청을 받고 중국 공산당 대표단을 이끌고 5일부터 미국 방문.

▶12월 9일

북, 로켓 발사 시기 조정 검토 중 보도.

일요일 새벽 0시 30분쯤에 북한이 장거리로켓 발사 시기 조정을 검토 중이라고 보도했다.

☞북한이 새벽에 문건을 발표하는 것은 미국을 겨냥한 메시지 전달이라고 봐도 무방하다.

한편 북한의 특이한 행보에 대해 한 정보 소식통은 중국 압력이 작동한 결과라고 진단했다. 최근 중국 고위 관리가 북한에 들어가 발사 철회를 강하게 요구했다는 것이다. 당시에는 발사 강행 입장을 강하게 표명했는데 그 뒤에 발사 철회 쪽으로 태도를 바꾼 것이라는 해석이다. 이것은 미확인 첩보다.

▶12월 10일

북, 로켓 발사 일정 연기 발표.

월요일 오후 4시쯤, 조선중앙통신은 조선우주공간기술위원회 대변인 담화 보도에서 로켓 발사 일정 연기 보도. 담화 내용은 아래와 같다. "이미 발표한 바와 같이 조선의 과학자, 기술자들은 과학기술위성 ,광명성3호 2호기의 발사를 위한 준비사업을 마지막단계에서 추진하고 있다. 그 과정에 운반로케트의 1계단 조종 발동기 계통의 기술적 결함이 발견되어 위성발사 예정일을 12월 29일까지 연장하게 된다."

☞이 보도가 나온 이후 정부 당국에서는 북한이 로켓을 발사하지 않거나 일정을 연기할 가능성이 많다고 전망했다. 그러나 이틀 뒤에 북한이 로켓 발사를 감행함으로써 의도적인 기만전술이었을 가능성이 제기됐다.

▶12월 12일

북, 장거리로켓 은하3호 발사.

북한은 수요일 오전 9시 49분 46초 서해 동창리 발사장에서 장거리로켓을 발사했다. 1단 추진체는 9시 52분 발사 지점으로부터 남방 45km, 해발고도 98km 상공에서 본체로부터 분리된 뒤 6분 후 변산반도 서쪽 예상 낙하구역에 4조각으로 나뉘어 떨어졌다. 9시 53분 백령도 상공 해발고도 180km 상공, 9시 58분쯤 일본 오키나와 상공 해발고도 473km 상공을 차례로 통과했다. 9시 59분쯤에는 페어링(덮개)이 제주도 서쪽 해상에 4조각으로 나뉘어 낙하했다.

2단 추진체는 동창리 발사장에서 2,600여km 떨어진 필리핀 동쪽 해상에 떨어졌다. 탑재물인 광명성3호는 지구위성 궤도에 올라가는데 성공했다고 미국 항공우주사령부가 인정했다. 다만 인공위성이 궤도에서 정확하게 작동하는지는 미지수. 이후 보도에 따르면 탑재물은 궤도를 돌기는 하지만 중심을 잡지 못한 채 불규칙하게 비행 중인 것으로 알려졌다.

▶12월 16일
일본 총선 실시.
극우 공약을 내세운 자민당이 승리했다. 이로써 아베 신조(安倍晉三) 전 총리가 다시 총리로 집권하게 됐다. 아베 총리 등장으로 일본이 극우적 정책을 채택할 가능성이 커졌고 한일 간 충돌 가능성이 커졌다.

▶12월 19일
한국, 대통령 선거 실시.
여당인 새누리당 박근혜 후보가 51.6% 얻어서 승리. 야당인 민주통합당 문재인 후보는 48.0%로 고배.

▶12월 20일
북, 박근혜 후보 당선 소식 보도.
이명박 대통령 당선 때에는 취임 때 까지 별도의 보도를 하지 않아서 대조.

▶12월 21일
조선신보, 조평통 공개질문장 거론.
박근혜 당선인에게 남북관계 개선 의지 촉구.

▶12월 27일
북, 국방백서 NLL 언급 비난.
북한 내각 기관지 민주조선, 국방백서에 NLL을 영토선으로 표기 비난. 박근혜 당선인에 대해서는 비난 자제하면서 현 정부의 전철을 밟지 말라고 촉구.

2013년

▶1월 1일

김정은, 신년사 발표.

김정은 제1비서가 신년사에서 남북관계 개선의 중요성을 언급.

☞북한 최고 지도자가 신년사를 발표한 것은 19년 만에 처음. 1994년 7월 김일성 주석 사망 이후 단독 통치를 시작한 김정일 위원장은 1995년 1월 1일 신년사를 발표하지 않고 당보『노동신문』, 군보『조선인민군』, 청년 신문『청년전위』 3개 신문에 공동사설을 발표하는 것으로 신년사를 대신했다. 공동사설은 2012년 1월 1일까지 지속됐다.

▶1월 1일

미 하원, 북한의 장거리로켓 발사 규탄 결의안 통과.

▶1월 2일

북, 박근혜 당선인에게 대북정책 전환 촉구.

조선신보, 신년사는 대통령 당선인에게 대담한 정책 전환 촉구한 것이라고 해설.

▶1월 2일

미 국무부 눌런드 대변인, 북한에 국제 의무 준수 거듭 촉구.

정례 브리핑에서 "북한의 새해 신년사에 주목하고 있다"면서 "하지만 북한의 말이 아닌 행동으로 판단할 것"이라고 언급. 특히 장거리로켓 발사에 대해 "김정은이 성탄절 전에 한 행동은 상황을 더욱 꼬이게 만들었다"며 "김정은 제1위원장은 국제 의무와 유엔 안보리 결의를 지킨다면 미국의 화답을 느낄 수 있을 것"이라고 첨언.

▶1월 2일

빌 리처드슨 전 주지사, 북한 방문 예정 보도.

AP통신, 서울발 기사에서 리처드슨 전 뉴멕시코 주지사와 에릭 슈미트(Eric Schmidt) 구글 회장이 1월 중에 북한 방문한다고 보도. 미 국무부 눌런드 대변인은 "이번 방문은 북한의 장거리로켓 발사에 대한 유엔 안보리의 제재 논의가 진행되는 만큼 도움이 되지 않고 시기적으로 부적절"하다고 비난.

▶1월 3일

박근혜 대통령 당선인 측근, 북한 입장에 긍정적 논평.

최대석 이화여대 통일학연구원장은 김정은 제1비서가 신년사에서 긍정적인 신호를 보낸 것 같다고 평가.

☞최대석 원장은 박근혜 대통령 당선인의 고위 참모라는 점에서 북한에 대한 유화적 제스처로 해석됐다. 한편 최 원장은 1월 13일 대통령직 인수위원을 전격 사퇴했다. 사퇴 이유가 공개되지 않은 가운데 북한 측과의 부적절한 접촉 시도가 갑작스런 퇴진 이유라는 일부 관측이 설득력을 얻었다.

▶1월 4일

노동신문, 미국 대외정책 비난.

미국이 북한에 대한 무력침공을 발판으로 세계 정복 전쟁을 일으키려 한다고 비난. 아시아와 세계의 평화가 보장되기 위해서는 핵전쟁 위협이 강한 한반도에서 전쟁의 근원이 제거돼야 한다며 이같이 주장. 새해 들어 북한 매체가 미국을 직접 비난한 것은 처음.

▶1월 7일

리처드슨 전 주지사 일행, 북한 방문.

리처드슨 전 미국 뉴멕시코 주지사

와 슈미트 구글 회장 등 미국 방북단 9명이 베이징에서 항공편으로 3박 4일 일정으로 방북 길에 올랐다. 리처드슨 전 주지사는 공항에서 취재진과 만나 이번 방문은 인도주의 목적의 개인적 방문이라며 미국 정부를 대표하지도 않는다고 재확인.

☞리처드슨 전 주지사 방북은 이번이 9번째. 1994년 보비 홀 준위, 1996년 에번 헌지커 석방을 위해 방북한 적이 있다. 2010년 12월, 연평도 포격 사건과 북한의 우라늄 농축 시설 가동 등으로 한반도 긴장이 고조된 상황에서 김계관 북한 외무성 제1부상의 초청으로 방북한 적도 있다. 이들의 방문이 미국 정부의 후원을 받았는지가 관심사였는데 그렇지 않다는 한국 정부 고위 관계자 언급이 있었다.

▶1월 10일 목요일

중, 유엔 안보리 대북 제재 반대하지 않는다고 발언.

장즈쥔(張志軍) 중국 외교부 상무부부장이 박근혜 대통령 당선인을 예방했다. 장 부부장은 중국이 북한에 대한 제재를 반대하지는 않는다고 말했다.

☞장 부부장 발언이 나오자 중국이 대북 제재 반대에서 찬성으로 입장을 바꾼 것으로 착각하는 현상이 발생했다. 그렇지만 중국 입장은 2009년 10월 이후 북한과 북핵 문제는 분리해서 북한의 핵개발에는 반대하되 북한의 붕괴는 용납하지 않는다는 원칙에 따라 한반도 문제에 대응하고 있다. 즉, 북한이 국제 규범을 어기면 그에 대해 비난하고 제재하는 모양새를 취하는 것에는 찬성하지만 과도한 제재로 북한 반발만 초래하는 것은 반대한다.

▶1월 14일 월요일

북 외무성 비망록에서 평화협정 체결 요구.

정전협정이 체결된 지 60년이 됐지만 불안정한 정전상태가 지속되고 있다며 평화협정 체결 요구. 북한은 정전협정 당사자인 북한과 미국이 평화협정을 체결하고 그 전제조건으로 주한미군 철수와 유엔군사령부의 해체를 요구한다. 이에 대해 우리 정부는 평화협정을 남과 북이 주도하고 관련국들이 이를 지원·보장해야 한다는 입장.

▶1월 22일(한국 시간 23일 새벽 5시쯤)
유엔 안보리 대북 제재 결의 2087호 채택.

유엔 안전보장이사회가 북한의 12월 12일 장거리로켓 발사를 규탄하고 제재를 강화하는 내용의 결의안 2087호를 만장일치로 채택했다. 제재 대상을 확대하고 과거 제재 결의 내용 가운데 모호한 문구를 구체적으로 고쳤다. 북한이 추가 도발에 나설 경우에는 중대한 조치(significant action)에 나설 것이라고 경고했다.

▶1월 23일
북한 외무성 반박 성명 발표.

외무성은 새벽 6시쯤 발표한 성명에서 미국의 가중되는 대북 적대시정책으로 6자회담, 9·19공동성명은 사멸되고 한반도 비핵화는 종말을 고했다고 주장. 이어 앞으로 한반도 지역의 평화와 안정을 보장하기 위한 대화는 있어도 한반도 비핵화를 논의하는 대화는 없을 것이라고 강조. 또 미국의 제재압박에 대처해 핵 억제력을 포함한 자위적인 군사력을 질량적으로 확대 강화하는 임의의 물리적 대응조치들을 취하게 될 것이라고 밝혀 제3차 핵실험 시사.

▶1월 23일
시진핑 총서기, 북핵실험 반대 입장 표명.

시진핑 총서기는 베이징을 방문한 박근혜 대통령 당선인 특사단을 만난 자리에서 비핵화에 대한 지지, 그리고 대량살상무기에 반대한다는 입장을 분명히 밝혔다고 특사단장 김무성 새누리당 의원이 전언.

▶1월 23일
대통령직 인수위, 북한에 대해 상황 악화 중단 촉구.

윤창중 대통령직 인수위원회 대변인은 오후 6시쯤 브리핑에서 북한 외무성 성명에 대한 입장 발표. "현 단계에서 대응 주체는 정부이며 정부가 현재 필요한 검토를 하고 있는 것으로 알고 있다. 다만 북한이 3차 핵실험 등 추가적으로 상황을 악화시켜 나가는 조치를 취하지 않기를 강력히 촉구한다."

▶1월 23일
조선신보, 대화 가능성 해설 보도.

조선신보는 북한 외무성 성명에서는 비핵화 논의가 없을 것이라고 했지만, 한반도 평화를 보장하기 위한 대화는 가능성을 열어놓고 있다고 지적. 그러면서, 제재와 대응의 악순환을 끊을 책임은 미국에 있으며, 이를 위해 대화 국면을 마련할 수 있을지 여부가 2기 오바마 정권의 운명을 결정할 것이라고 주장.

▶1월 24일

북한 국방위원회 성명, 핵실험 강행 시사.

유엔 안보리 대북 제재 결의를 비난하면서 앞으로 진행될 미사일과 장거리로켓, 그리고 핵실험이 미국을 겨냥한 것임을 숨기지 않는다고 천명했다.

☞이 성명도 제3차 핵실험을 시사했다. 그렇지만 과거 행태와 비교하면 이것은 핵실험을 예고한 것이 아니라 핵실험 가능성을 시사한 것이며 상황에 따라 유연하게 대응한다는 의도를 보여준 것으로 해석할 수 있다. 이런 방식으로 상황을 이해한다면 북한이 결국 2월 12일 실험을 강행했기 때문에 안보리 결의 이후 막후 협상 결과에 대해 불만을 표출한 것으로 이해할 수 있다.

▶1월 24일

미, 북한과의 대화 용의 언급.

한국을 방문 중인 글린 데이비스 미 대북정책 특별대표는 오전 외교통상부 임성남 한반도 평화교섭 본부장과 만난 뒤 약식 기자회견에서 북한이 핵프로그램과 미사일을 포기하면 미국은 손을 내밀 의향이 있으며 미국은 여전히 9·19 공동성명을 이행하기 위한 협상에 대해 열려 있다고 천명. 그러나 북한이 핵실험을 강행하는 것은 실수가 될 것이라고 거듭 경고.

☞데이비스 특별대표의 한국 방문은 사전에 계획돼 있었지만 유엔 안보리 결의 직후라는 점에서 많은 주목을 받았다. 데이비스 대표 발언은 일시적으로 주목을 받았지만 오바마 2기 행정부의 방향성이 정해지지 않았기 때문에 상황에 미치는 영향력은 낮은 편이었다.

▶1월 25일

북, 남한에 대해 물리적 대응 위협.

북한의 대남 기구 조평통, 조국평화통일위원회가 성명을 내고 남한이 대북 제재에 동참하면 물리적 대응이 있을 것이라고 협박.

▶1월 25일

미 연구기관, 북 핵실험 준비 완료 분석.

미 존스 홉킨스대 국제대학원 한미연구소는 북한이 핵실험을 실시할 준비가 거의 돼 있다고 평가. 연구소는 웹사이트 '38 노스'를 통해 1월 24일 찍은 함경북도 길주군 풍계리 핵실험장 위성사진과 지난 2006년과 2009년 사진 등을 분석한 결과, 12월에 도로에 눈이 치워졌고 핵폭탄이 폭발하는 산악지역 터널에 봉쇄 조치가 내려진 것으로 보인다고 추정.

☞한미연구소 분석 결과가 나온 이후 북한의 핵실험이 임박했다는 추측과 예상을 반영한 보도가 쏟아졌다. 한국 정부도 핵실험을 기정사실화하는 태도를 보였고 이에 따라 한국 언론은 대부분 비상 대기 상황에 들어갔다.

▶1월 26일

북, 핵실험 불가피 주장.

노동신문이 정론에서 핵실험뿐만이 아니라 그보다 더한 것도 해야 한다는 것이 인민의 요구라며 핵실험이 불가피하다고 주장. 신문은 또, 대북 제재 결의와 관련해 유엔 안보리는 북한에 다른 선택의 여유를 주지 않았다면서 끝장을 볼 때까지 나가는 길밖에 없다고 주장.

▶1월 26일

김정은, 특별 안보대책회의에서 '중대한 국가적 조치' 결심.

조선중앙통신은 27일 새벽 보도에서 김정은 제1비서가 국가안전과 대외부문 일꾼협의회를 주재하고 조성된 국제정세와 관련해 중대한 국가적 조치를 결심했으며 해당부문 일꾼들에게 구체적인 과업을 제시했다고 보도. 중대 결심이나 구체적 과업 내용은 미확인.

☞북한이 중대한 국가적 조치를 언급한 것은 22일 유엔 안보리 제재 결의에서 북한이 추가도발에 나설 경우 중대한 조치를 하겠다고 경고한 것을

의식해 동일한 단어를 사용함으로써 맞대응 의지를 강조한 것으로 보인다.

북한은 여전히 핵실험 강행을 명시적으로 예고하지 않고 암시만 하고 있다. 핵실험 강행 의지를 강조하는 것이 아니라 미국과 중국을 압박하면서 핵실험이 불가피하다는 명분 쌓기에 주력하는 모습으로 해석된다.

▶1월 27일

미중, 각각 미사일 요격 시험 발사.

미 국방부 미사일 방어청이 미국 시간으로 27일 캘리포니아주 중부 해안에서 미사일 요격 로켓을 성공적으로 시험 발사했다고 천명. 중국 역시 같은 날 자국 영내에서 중거리 요격 미사일 발사 실험. 일본도 기보유 주·야간 정찰위성 4기 외에 추가로 야간 정찰위성 1기를 발사해 지구 어떤 장소든 하루 한 번 이상 촬영 시스템 구축.

▶1월 28일

미 국무부 대변인, 북한에 중대한 조치 경고.

눌런드 대변인은 "북한의 모든 위협은 불필요한 도발"이라면서 "어떤 실험도 유엔 안보리 결의에 대한 심각한 위반이 될 것"이라고 강조. 특히 "유엔 결의 2087조에 언급돼 있듯이 북한이 핵실험을 강행할 경우 중대한 조치를 취할 것"이라고 경고.

▶1월 29일

힐러리, 북한에 대한 희망 유지 언급.

퇴임을 앞둔 힐러리 클린턴 미 국무장관은 워싱턴 DC에서 열린 '글로벌 타운홀 인터뷰' 행사에서 북한의 핵실험 위협과 관련해 "북한 정권이 핵실험의 길을 가지 않도록 하는 방법이 있을 것이라는 희망을 여전히 갖고 있다"고 천명. 이어 "북한 정권의 행동을 바꾸기 위해 함께 긴밀히 노력해야 할 것"이라고 언급. 클린턴 장관은 이어 김정은 제1비서에 대해 "주민들의 삶을 개선하고 교육을 강화하고, 개방을 확대할 것으로 기대했지만 두발적인 언동을 하고 있다"고 비판.

☞클린턴 장관이 좀 더 일찍 이런 균형 잡힌 시각을 가졌다면 얼마나 좋았을까 하는 생각이 든다. 클린턴 장관은 취임 초기에는 강경한 태도를

유지했다가 일시적으로 북한에 대한 관여정책을 지지한 바 있다. 그러나 한국 정부가 북한에 대한 강경정책 기조를 유지하고 북한도 남한에 대해서는 철저하게 초강경 맞대응으로 대응하자 결국 한국 정부의 입장에 동조해서 강경 정책을 구사했다. 클린턴 장관은 2011년 중반 이후 북한과의 대화를 추진해서 2012년 2월 중요한 합의도 이뤘으나 4월 장거리로켓 발사로 또 다시 강경정책을 채택하지 않을 수 없는 상황에 직면했다. 그러나 한반도 정세가 악화되는 과정에서 보면 미국 정부의 오판, 예를 들어 전략적 인내(strategic patience)와 같은 정책적 오판도 있었다. 4년 임기의 국무장관직을 물러나면서 북한에 대해 여전히 희망이 있다고 언급하는 것은 한국인 입장에서는 감동적인 장면이라고 할 수 있다. 그러나 물러나기 전에 지금과 같은 균형 잡힌 시각으로 한반도 정책을 전개했다면 미국도 나쁠 것 없고 북한도 좋고 한국도 좋은 그런 외교정책이 나왔을 것이라는 아쉬움이 든다.

▶1월 31일

정부, 북한 핵실험 임박 대비 움직임 활발.

청와대 고위 당국자. 핵실험 준비가 완료됐으며 정치적 판단만이 남아 있다고 언급.

▶2월 3일

북, 북한의 안전과 자주권 수호 관련 중요한 결론 보도

조선중앙통신은 김정은 제1비서가 당중앙군사위원회 확대회의를 열고 당중앙군사위 위원들과 전략로켓군을 비롯한 지휘자들이 참가한 가운데 군사력 강화에서 일대 전환을 일으키는 것과 관련한 문제가 토의됐고 김정은 제1비서는 군대를 강화하고 북한의 안전과 자주권을 지켜나가기 위한 중요한 결론을 내렸다고 보도.

▶2월 4일~6일

한미, 연합해상훈련 실시.

포항과 울진 동방 공해상에서 한미 해상전력이 참여하는 종합 해상훈련이 실시됐다. 훈련에 참가한 미군 전력은 미군 핵잠수함 '샌프란시

스코함(6,900t급),' 이지스 순양함 '샤일로함(9,800t급)' 등. 미군은 군함 내부를 기자들에게 공개하는 등 평소와 다른 태도를 보였다. 이는 핵실험을 시사한 북한에 경고 메시지를 보내기 위한 것이라는 평가를 받았다.

▶ 2월 10일

북, 핵실험 유보 가능성 시사

북한의 대외선전용 웹사이트 '우리 민족끼리'가 북한의 대외선전용 주간지 '통일신보' 8일자 논평을 인용해 자신들의 국가적 중대조치가 무엇인지도 모르면서 미국과 적대세력이 3차 핵실험이라고 지레 짐작해 선제타격 등 입방아를 찧고 있다고 비난. 국가적 중대조치는 미국의 침략 위협에 대응해 민족의 이익을 지키자는 것이지 그 누구를 위협하자고 하는 것은 아니라며 미국의 대응이 후회 막심한 손해가 초래할 것이라고 주장.

▶ 2월 11일

북, 정치국 회의 결정서를 채택했다고 12일 조선중앙통신 보도.

북한 노동당은 11일 평양에서 중앙위원회 정치국회의를 열고 '조선민주주의인민공화국 창건 65돌(9월9일)과 조국해방전쟁승리 60돌(7월27일)을 승리자의 대축전으로 맞이할 데 대하여'라는 제목의 결정서를 채택. 결정서에서는 3차 핵실험 언급이 없어서 핵실험 일정이 연기될 것이라는 전망이 커졌다.

▶ 2월 12일

북, 제3차 핵실험 강행

북한이 제3차 핵실험을 한 직후 오후 1시쯤 YTN 뉴스 특보 화면. 지진이 감지됐지만 핵실험 여부는 정부 당국의 검토가 끝나지 않아서 핵실험을 실시한 것으로 추정한다는 자막이 채택됐다. (2013년 2월 12일 YTN 영상)

오전 11시 57분 함경북도 길주군 풍계리 핵실험장에서 실험 강행. 국방부는 지진규모가 4.9로 측정됐다며 폭발위력을 6~7kt으로 추정했다. 고

농축 우라늄이 사용됐는지도 확인되지 않았다. 이날은 김정일 국방위원장 생일인 2월 16일 기준으로 4일 앞이고 버락 오바마 대통령의 국정연설 시간 기준으로 만 하루 전이다. 그러므로 북한 핵실험 날짜는 유엔 안보리 대북 제재에 대한 맞대응이라는 명분 속에 국내정치적으로 체제결속의 계기로 삼고 미국에는 대북정책 전환을 촉구하는 계기로 삼겠다는 의도가 반영된 것으로 해석할 수 있다.

북한은 오후 3시쯤 조선중앙통신사 특별보도를 통해 핵실험이 성공적으로 진행됐다고 주장했다. 보도는 이번 실험을 통해 소형화, 경량화, 다종화를 이뤘다고 주장했다.

오후 8시쯤에는 북한 외무성 대변인 담화 형식을 통해 이번 실험은 1차적 조치에 불과하며 미국이 정세를 더 어지럽힐 경우 2차, 3차 대응에 나설 것이라고 협박했다.

한국 시간으로 밤 11시, 뉴욕 시간으로는 2월 12일 오전 9시에 유엔 안보리 긴급회의가 소집됐다. 대북 제재 논의에 즉각 착수한다는 결정이 내려졌다.

▶2월 13일 오전 11시(미국 시간으로 2월 12일 밤 9시)

오바마 대통령, 국정연설에서 북한 고립 심화 경고.

북한 문제 관련 두 문장 언급. 북한 핵실험은 스스로의 고립을 심화시킬 것이며 미국은 동맹국 보호를 위해 최선을 다하고 미사일 방어 시스템을 더욱 강화할 것이라고 말했다.

☞오바마 대통령이 북한 문제를 언급한 것은 북한이 기대했던 결과와 같다. 그러나 오바마 대통령은 북한에 대한 불신감을 더욱 강화했을 것이고 미사일 방어망 구축에 활용하겠다는 입장을 보였다. 다만 북한의 행위에 비해 상당히 절제된 언어를 사용해서 일정 기간이 지난 뒤 북한에 대한 관여정책 추진 가능성을 버리지는 않았다는 점이 주목된다.

▶2월 14일

한국, 실전배치 순항미사일 공개.

함대지 순항미사일 해성2와 잠대지 순항미사일 해성3이 공개됐다. 또 공군과 해군, 육군 별로 각각 대규모 훈련을 실시하고 이를 언론에 공개함으로써 북한에 대한 경고 메시지를 전하려는 의도를 보여줬다. 그러나 핵무기의 경우 재래식 무기 체계와는 전혀 다른 절대무기라는 차원에서 국민을 안심시키거나 북한을 억제시키기에는 부족했다는 평가가 나왔다.

▶ 2월 19일

북, 남한을 '최종파괴'하겠다고 위협.

스위스 제네바에서 열린 유엔 군축회의에서 전용룡 제네바 주재 북한대표부 1등 서기관 발언. 미국이 북한에 대해 적대적으로 접근한다면 더 강력한 2차, 3차 조치를 취할 수밖에 없고 한국에 대해서는 '하루 강아지 범 무서운 줄 모른다'면서 '최종파괴' 위협.

▶ 2월 23일

북, 미국에 '키 리졸브' 한미연합군사훈련 중지 촉구.

북한군 박림수 판문점대표부 대표가 주한미군사령관에게 보낸 전화통지문에서, '키 리졸브'와 '독수리' 합동군사연습을 강행할 경우 그 순간부터 가장 고달픈 시간을 맞게 될 것이라고 위협. 훈련 일정은 3월 10일부터 21일.

▶ 2월 25일

박근혜 제18대 대통령 취임.

제18대 대한민국 대통령으로 박근혜 대통령이 취임 선서를 하는 장면이다. 박근혜 정부 출범은 한반도정세 변화의 핵심적 요인이라는 점에서 중대한 의미가 있다. (2013년 2월 25일 YTN영상)

북한 핵실험에 대해 최대 피해자는 북한이 될 것이라고 비난하면서 한반도 신뢰 프로세스 진행에 대해서는 거듭 의지 표명.

▶ 2월 27일

북, 미국이 북한의 전략로켓과 핵무기 사정권에 포함됐다고 협박.

북한의 대외 선전용 웹사이트 '우리민족끼리' 개인 필명의 글에서 주장.

▶2월 28일

김정은, 데니스 로드맨(Dennis Rodman)과 농구 경기 관람.

김정은 제1비서가 평양을 방문한 미국프로농구 NBA의 유명 선수였던 로드먼과 경기 관람.

▶3월 1일

한미 연합군사훈련 일정 개시.

3월 1일부터 4월 30일까지 야외 기동 훈련인 독수리 연습(Foal Eagle) 실시. 한국군 20만 명과 미군 만 여명 참가. 지상기동과 공중·특수작전 등 20여 개에 이르는 훈련 예정. 3월 11일부터 21일까지는 키 리졸브(Key Resolve) 연습 실시 예정.

▶3월 5일

북, 정전협정 백지화 위협.

북한 정찰총국장 김영철 대장이 군복 차림으로 조선중앙TV 저녁 8시 뉴스에 나와 북한 인민군 최고사령부 대변인 자격으로 성명 발표. 유엔 안보리 대북 제재 논의와 한미 연합 군사훈련 등을 비난하면서 정전협정 백지화와 판문점 대표부 활동 중단, 북미 통신채널 중단 방침을 발표.

▶3월 5일

유엔 안보리 비공개 회의에서 대북 제재 결의안 초안 배포.

▶3월 6일

한국, 북한 무력 도발할 경우 도발 원점과 지원세력은 물론 지휘 세력까지 타격 발표.

▶3월 6일

북, 워싱턴도 불바다 위협.

노동신문 1면 기사에서 한 장교의 발언을 인용하는 방식으로 미국이 핵무기 공격을 해오면 북한은 다종화된 정밀 핵타격 수단으로 서울만이 아니라 워싱턴까지 불바다로 만들 것이라고 주장.

▶3월 6일

평양 시내 위장그물망 버스 등장.

일본 교도통신, 위장그물망을 덮은 버스가 목격됐다고 보도.

▶3월 7일

북, 제2의 조선전쟁 불가피 협박.

북 외무성 대변인 성명. 핵선제타격 권리를 주장하면서 제2의 조선전쟁이 불가피하다고 협박. 평양에서는 10만 군민대회가 열려서 최고사령부 대변인 성명을 지지.

▶3월 7일

미, 대북정책 5가지 원칙 설명.

미 상원 외교위원회 청문회에 나선 글린 데이비스 미 국무부 대북정책 특별대표가 대북 정책에서 5가지 원칙을 제시했다. 첫째 미국은 북한을 핵보유국으로 인정할 수 없다. 둘째 미국은 북한의 잘못된 행동에 보상하지 않는다. 셋째 미국은 북한이 단순히 대화에 복귀하는 것에 보상하지 않는다. 넷째 남북관계와 인권상황이 개선되지 않으면 북한과의 근본적인 관계개선을 추구하지 않을 것이다. 다섯째 북한이 주변국을 도발할 경우 이를 용납하지 않을 것이다.

▶3월 7일(한국 시간 3월 8일 새벽 0시 14분)

유엔 안보리 대북 제재 결의 2094호 채택.

북한의 1월 12일 제3차 핵실험을 규탄하고 그에 대한 제재를 규정한 결의가 또 채택됐다. 중국도 결의안에 찬성해 만장일치로 채택됐다. 전반적으로 제재 내용이 강화된 것으로 평가됐다.

▶3월 7일

김정은, 서해 최전방 부대 방문.

김정은 제1비서가 7일 서해 최전방 지역인 무도와 장재도 방어무대를 시찰했다고 조선중앙통신이 8일 보도. 김정은은 전면전 준비가 완료됐다면서 조국통일의 기회를 놓치지 않겠다고 직접 협박공세에 나섰다. "연평도 포격전은 정전 이후 가장 통쾌한 싸움"이었다고 발언. 김정은은 2012년 8월 17일 동일 장소를 방문한 바 있다.

▶3월 8일

북, 남북 불가침 합의 무효화 선언.

조평통 대변인 성명. 남북불가침합의 무효화와 더불어 남북 직통전화 즉시 단절, 비핵화 공동선언 백지화 등이 언급됐다. 이 성명은 유엔 안보리 결의보다는 한미 연합군사훈련 키 리졸브에 대한 반발에 무게가 쏠려 있다.

▶3월 9일

북, 핵보유국 지위 영구화 주장.

북한 외무성 대변인, 오전 6시쯤에 성명 발표. 유엔 제재 결의에 대해 미국의 대북정대시 정책의 산물로 규정하고 전면 배격한다고 발표. 핵보유국 지위와 위성발사국 지위를 영구화하겠다고 호언.

▶3월 9일

북, 핵보유는 미국과 남한 책임 주장.

노동신문은 북한의 대외단체인 조선평화옹호전국민족위원회가 비망록을 발표했다고 보도.

위원회는 '도발적인 반공화국 핵소동으로 얻을 것은 파멸밖에 없다' 제목의 비망록에서 "우리는 원래 원자력을 평화적 목적에 이용할 생각만 했지 군사적 목적에 이용할 생각은 하지 않았다"며 "조선반도의 핵문제는 미국이 북침전쟁책동과 반공화국 적대시정책에 매달리면서 우리에게 핵위협을 직접적으로 가해온 데 그 근원을 두고 있다"고 주장.

▶3월 9일

현영철 북한군 총참모장, 판문점 시찰.

한국 정부 소식통 10일 전언. 현영철이 9일 오후 늦게 군 간부 여러 명과 함께 판문점을 30분 간 시찰했다고 전했다.

▶3월 11일

키 리졸브 개시.

한미 연합군사훈련 키 리졸브가 시작됐다. 훈련 일정은 11일부터 21일까지 11일간.

▶3월 11일

김정은, 서해 최전방 부대 또 방문.

김정은 제1비서가 백령도 타격임무를 부여받은 월내도 방어대와 제641군부대 산하 장거리포병 구분대를 시찰하고 백령도에 있는 남한 해병6여단에 대한 타격순서를 점검했다고 북한 매체들이 12일 전했다. 김정은은 "명령만 내리면 적들을 모조리 불도가니에 쓸어 넣으라"고 발언.

▶3월 11일

북 조평통 대변인 성명 내고 키 리졸브 비난.

▶3월 11일

북, 미국이 1950년대부터 핵위협을 했다고 주장.

노동신문은 11일 '핵범죄자들의 정

체를 고발한다(1)' 제목의 글에서 미국이 1950년대 말부터 한국에 각종 핵무기를 배치하는 등 수십 년간 북한을 위협했다며 "우리 공화국의 제3차 지하핵시험은 자위적 조치의 일환"이라고 강변.

▶3월 11일

미, 정전협정 백지화 주장 일축.

빅토리아 눌런드 미 국무부 대변인은 11일 정례브리핑에서 "상호 합의한 정전협정에 대해 특정 일방이 상대방의 동의 없이 철회할 수 없다"며 법률적 판단에 근거할 때 북한의 일방적인 정전협정 무효화는 성립하지 않는다는 견해를 피력.

이와 관련해 통일부도 11일 국회 외교통상통일위원회 현안보고에서 "정전협정은 북한이 일방적으로 파기를 선언한다고 파기되는 게 아니다"라며 "정전협정은 다른 평화협정으로 대치될 때까지 효력을 갖고 있고 수정·보충은 쌍방이 합의해야 한다"고 설명.

▶3월 12일

정부, 북한의 협박공세는 심리전이라고 평가.

국방부 김민석 대변인 오전 브리핑 중 북한의 협박공세는 심리전으로 본다는 평가를 밝혔다. 핵실험이나 미사일 추가 발사 징후도 없다고 말했다. 대변인은 이같이 정보 사항을 말하는 이유로 과도한 불안을 해소하기 위한 것이라고 말했다.

☞이 시기에 초등학생들이 전쟁이 난다는 등의 내용으로 문자를 주고받는 등 전쟁에 대한 우려 분위기가 부분적으로 조성됐다.

▶3월 12일

북, 미국의 대북 적대시 정책이 북핵문제 원인이라고 주장.

조선중앙통신이 북한의 NPT 탈퇴 선언 20주년을 맞아 보도한 '20년전과 오늘, 미국이 새겨야할 교훈'이라는 기사에서 지난 20년간의 북미 핵대결 과정은 미국의 군사적 압력과 경제적 제재의 화살이 조선의 핵미사일로 되돌아오게 됐다는 논박할 수 없는 진실을 낳았다고 주장.

▶3월 13일

북, 대남 무력 도발 시사.

북한 인민무력부, 유엔의 대북제

재와 한미 연합군사훈련 등에 대해 13일 대변인 담화를 발표하고 "이 땅에 이제 더는 정전협정의 시효도, 북남불가침선언에 의한 구속도 없다"며 "남은 것은 우리 군대와 인민의 정의의 행동, 무자비한 보복행동뿐"이라고 위협. 담화는 특히 "괴뢰군부 호전광들의 광기어린 추태는 청와대 안방을 다시 차지하고 일으키는 독기어린 치맛바람과 무관치 않다"며 박근혜 대통령을 간접 비난.

▶ 3월 13일

북, 정전협정 폐지 불가 논의 반박.

노동신문, 정전협정 백지화가 불가능하다는 한국 정부 입장 발표에 대해 남한은 정전협정 체결 당사자가 아닌 만큼 그것에 대해 말할 자격이 없다고 반박.

▶ 3월 14일

김정은, 서해 전방부대에서 실탄사격 훈련 지도.

조선중앙방송 보도. 김정은 제1비서가 대연평도, 백령도 타격에 참여하는 포병 구분대의 실전능력 판정을 위한 실탄사격훈련을 지도했다고 보도. 방문 날짜는 13일로 추정. 사격훈련은 연평도와 백령도에 있는 우리 연평도서방어부대본부, 육·해병여단본부, '하푼' 발사기지, 130㎜ 다연장로켓 진지, 155㎜ 자연곡사포중대, 전파탐지기 초소, 90㎜탱크 포진지를 대상물로 가상하고 집중 타격하는 방식으로 진행됐다고 방송은 보도.

☞ 김정은은 3월 7일과 11일에 이어 또 다시 서해 최전방을 방문했다. 불과 1주일 만에 3차례나 방문한 것은 대내외적으로 메시지를 전달하겠다는 의지가 강하다는 것을 보여준다. 김정은의 메시지는 무력도발을 시사하는 것으로 북한 내부적으로는 전쟁 준비를 철저히 진행하라는 요구이고 외부적으로는 남한을 협박해 한반도 정세 불안을 강화시켜서 외교적 목적, 즉 핵보유국 지위 강화, 평화협정 체결 등에 도움이 되는 상황을 만들려는 것으로 볼 수 있다. 김정은이 직접 메시지 전파의 일선에 나섰다는 것은 그의 개인적 성향이 다소 적극적이고 동시에 북한이 절박한 처지에 있다는 것을 반영한다.

▶3월 14일

북, 정전협정 백지화 불가 논의 거듭 반박.

북한 외무성 대변인, 조선중앙통신사 기자와 문답 진행. 정전협정 백지화 논란과 관련해 "다른 협정들과 달리 정전협정은 특성상 쌍방이 합의하여 파기할 성격의 협정이 아니며 어느 일방이 협정을 준수하지 않으면 자동적으로 백지화되는 것"이라고 주장.

▶3월 14일

북, 남한이 1960년대부터 비밀리에 핵무기 개발 추진했다고 주장.

노동신문은 14일 '핵범죄자들의 정체를 고발한다(2)'는 제목의 개인 필명의 글에서 한국이 1960년대부터 '연구용', '상업용'이라는 이유를 내세워 비밀리에 핵무기를 개발해왔고 핵잠수함 개발을 시도하기도 했다며 한국의 독자적인 핵무장은 겨레의 운명을 위협하는 핵무장화 소동이라고 비난.

▶3월 14일

중국, 시진핑 국가주석으로 선출.

중국 전국인민대표대회, 전인대가 전체회의를 열어 시진핑 중국 공산당 총서기를 국가주석과 국가 중앙군사위원회 주석으로 선출. 유효표 2,959표 가운데 찬성 2,955표, 반대 1표, 기권 3표. 국가부주석에는 정치국원인 리위안차오(李源潮)전 당 조직부장, 국회의장격인 전인대 상무위원장으로 장더장(張德江) 선출. 다음날인 15일에는 리커창(李克强) 총리 선출.

▶3월 14일

미국에서 대북정책 비판 여론 제기.

워싱턴포스트 칼럼에서 오바마 행정부의 '전략적 인내'는 실패했다며 정책 재검토 촉구.

▶3월 15일

북, 동해에서 KN-02 추정 단거리 미사일 2기 발사.

▶3월 15일

미, 요격 미사일 추가 배치.

북한 미사일 대비해 미 본토 서부 해안 미사일 방어망에 기존 요격 미사일 30기에 14기 추가로 배치 예고. 비용은 10억 달러 추정.

▶3월 18일

북, 경공업대회 개최.

김정은 제1비서는 연설에서 "경공업 전선은 농업전선과 함께 경제강국 건설과 인민생활 향상을 위한 투쟁에서 화력을 집중해야할 주타격 방향"이라고 강조. 북한에서 전국 단위 경공업대회가 개최된 것은 2003년 이후 10년 만에 처음이다.

☞북한의 경공업대회는 북한의 대남무력도발 위협이 최고조에 다다르고 이에 대해 한국과 미국의 맞대응 압박도 상당한 수준에 이른 가운데 진행됐다. 북한이 만약 무력도발을 염두에 뒀다면 경공업대회는 북한 내부의 긴장 분위기 조성에서 혼선을 주는 행사가 된다. 따라서 북한의 협박공세는 선전선동 차원에서 기획된 것으로 이해할 수 있다.

▶3월 18일

미, B-52 전략폭격기 한반도 훈련 비행 예고.

방한 중인 애슈턴 카터(Ashton B. Carter) 미 국방부 부장관이 B-52 비행 일정 확인.

▶3월 19일

미국 전략폭격기 B-52, 예정대로 한반도 비행 훈련 실시.

조지 리틀(George E. Little) 미 국방부 대변인은 3월 8일에도 B-52가 한반도 상공에 출격한 바 있다고 공개.

▶3월 19일(한국 시간 20일 오전)

미, 북한 미사일 탐지용 최첨단 첩보위성 지오2 발사.

▶3월 20일

방송사와 금융기관에 사이버 공격 발생.

YTN과 KBS, MBC 등 주요 방송사, 그리고 농협 등 금융기관에서 인터넷 전산망이 일시에 마비되고 컴퓨터와 서버 등 3만 2천 대 손상. 군 당국은 정보작전방호태세인 인포콘을 4단계에서 3단계로 격상했다. 정부는 21일 중국에서 악성코드가 유입된 것으로 본다면서 북한 소행 가능성을 제기했다. 그러나 다음날인 22일 농협 내부용 컴퓨터에서 악성코드가 유포됐다고 번복.

▶3월 20일

김정은, 군부대 방문.

초정밀 무인 타격기와 자행고사로켓의 사격 훈련지도.

▶3월 20일
북, 전략폭격기 비행에 군사적 대응 경고.
외무성 대변인이 조선중앙통신사 기자에 답변하는 형식.

▶3월 21일
북, 공습대비 훈련 실시.

▶3월 22일
정부, 대북 인도적 지원 승인.
새 정부 출범 이후 첫 번째 승인. 유진벨 재단의 결핵약 지원. 6억 8천만 원 규모.
☞북한의 대남 협박공세에도 불구하고 인도적 지원이 이뤄진 것은 박근혜 대통령이 대북 인도적 지원은 정치적 상황과 무관하게 진행하겠다고 언급한 것과 같은 맥락에서 진행됐다.

▶3월 22일
한미, 국지도발대비계획 서명.
북한이 국지도발을 감행할 경우 한미 연합전력으로 응징하고 도발원점은 물론, 지원세력과 지휘세력까지 타격하는 내용을 포함.

☞국지도발대비계획은 북한의 도발에 대해 한국군 독자적으로 과도한 보복을 할 수 없도록 미국이 군사 작전에 개입할 수 있는 근거가 추가됐다는 점에도 의미를 둘 필요가 있다. 미국은 북한의 국지도발과 관련해 동맹국인 한국을 보호하는 것과 더불어 한국의 과도한 반격으로 한반도에서 대규모 충돌이 발생하는 상황을 방지하는 것에도 관심을 갖고 있다.

▶3월 22일
김정은, 인민군 제11군단 예하 제1973군부대 지휘부 시찰.
11군단은 과거 경보교도지도국으로 폭풍군단으로 알려져 있음.

▶3월 23일
김정은, 인민군 제1973군부대 예하 2대대 시찰.

▶3월 24일
김정은, 인민군 제1501군부대 방문해 첨단전투기술기재 점검.

▶3월 25일
미 전략폭격기 B-52, 또 한반도 비행 훈련 실시.

▶3월 25일

김정은, 동해에서 진행된 국가급 합동군사훈련 참관.

제324대연합부대와 제287대연합부대, 해군 제597연합부대가 참여한 가운데 열린 상륙 및 반상륙 작전능력 점검 훈련. 제324부대는 함경남도 함흥에 본부가 있는 7군단. 제287부대는 강원도 원산 등 동부전선을 방어하는 군단급 부대. 해군 제597부대는 함흥 인근 낙원군에 본부가 있는 동해함대사령부.

▶3월 26일

북, 1호전투근무태세 발표.

인민군 최고사령부는 성명을 내고 "나라의 자주권과 최고 존엄을 수호하기 위한 우리 군대와 인민의 단호한 대응 의지를 실제적인 군사적 행동으로 과시하게 될 것"이라며 "1호 전투근무태세에 진입한다"고 밝혔다.

☞1호 전투근무태세는 과거에 사용하지 않았던 용어로 최고 수준의 경계태세를 의미하는 것으로 이해된다. B-52 폭격기 비행에 대한 대응 조치로 분석할 수 있다. 이와 관련 북한 외무성은 3월 20일 B-52가 또 비행을 하면 군사적 대응을 하겠다고 협박한 바 있다.

▶3월 26일

북, 유엔 안보리에 한반도에 핵전쟁 상황이 조성됐다고 통보.

외무성은 성명을 내고 "외무성은 위임에 따라 미국과 남조선 괴뢰들의 핵전쟁 도발책동으로 조선반도(한반도)에 일촉즉발의 핵전쟁 상황이 조성됐다는 것을 유엔 안전보장이사회에 공개통고한다"고 언급했다.

▶3월 27일

북, 남북 간 군 통신선을 단절하고 군 통신연락소의 활동도 중단한다고 발표.

▶3월 28일

북 조평통, 대변인 담화에서 한미 '국지도발대비계획' 비난.

▶3월 28일

미국 스텔스 전략폭격기 B-2, 한반도 상공 훈련 비행 실시.

한미 연합군사령부는 보도자료를 내고 미국 미주리주 공군기지를 출발한

B-2 폭격기 2대가 전북 군산 앞 서해상 직도 사격장에 훈련탄을 투하하는 훈련 임무를 마친 뒤 미국 본토로 돌아갔다고 설명.

▶3월 29일

김정은, 미사일 부대에 사격대기 지시.

북의 장거리로켓 발사와 핵실험에 대해 유엔 안보리가 제재 결의를 채택하자 북한은 강력한 협박공세를 전개했다. 사진은 김정은 제1비서가 대미 미사일 공격 등에 대한 심야 작전회의를 주재하면서 북한 매체가 보도한 장면. (2013년 3월 29일 연합뉴스 자료)

김정은 제1비서가 29일 오전 0시 30분 군 전략미사일군의 화력타격 임무에 관한 작전회의를 긴급 소집하고 사격 대기상태에 들어갈 것을 지시했다고 조선중앙통신이 보도. 김 제1비서는 전날 미국의 스텔스 전략폭격기 B-2가 한반도에서 폭격훈련을 한 것에 대해 "조선반도(한반도)에서 기어이 핵전쟁을 일으키겠다는 최후통첩"이라며 "우리의 혁명적 무장력은 미제의 핵공갈에는 무자비한 핵공격으로, 침략전쟁에는 정의의 전면전쟁으로 대답할 것"이라고 언급.

▶3월 30일

북, "남북관계, 전시상황 돌입" 주장.

북한은 '정부·정당·단체 특별성명'을 통해 "이 시각부터 북남관계는 전시상황에 들어가며 따라서 북남 사이에서 제기되는 모든 문제는 전시에 준하여 처리될 것"이라고 밝혔다고 조선중앙통신이 오전 8시쯤 보도. 특별성명은 김정은 제1비서가 긴급작전회의를 소집하고 전략미사일 타격계획을 최종 검토·승인했다고 지적하며 "원수님(김정은)의 중대결심은 미국과 괴뢰패당에 대한 최후경고이며 정의의 최종결단"이라고 강조.

☞북한의 협박공세는 2010년 천안함 폭침 사건과 연평도 포격 사건으로 일정한 위협 요소를 갖추고 있다. 그러나 군사능력에 관한 일반적인 상식에 비춰볼 때 북한의 협박공세

는 허장성세로 보는 것이 합리적인 분석이라고 본다. 북한 군대의 배치나 무기 특성을 보면 남한을 선제적으로 공격하기 위한 조직이라기보다는 미국의 북한 침공에 대비한 방어 조직으로 보는 것이 적절하다. 또한 북한의 군대 조직에서 총정치국의 영향력이 매우 강하다는 것은 북한 인민군이 전투 중심 조직이 아니라 국내정치 맥락에서 수령에 대한 충성 집단으로서 역할을 중시하는 것도 분명하다. 그러므로 북한의 협박공세도 내용을 뜯어보면 대부분 미국이 북한을 침공할 경우 보복을 하겠다는 것으로 공세적이라기보다는 수세적인 내용이 대부분이다. 그렇지만 미국이나 한국이 북한을 먼저 침공할 가능성은 제로에 가깝다. 중국이 존재하는 한, 그리고 한국이 전쟁을 하겠다고 결심하지 않는 한, 미국이 북한을 먼저 침공한다는 것은 불가능에 가깝다는 것을 알면서도 이처럼 북한이 협박공세를 지속하는 것은 정치적 목적을 관철하기 위한 술수로 봐야 한다. 다시 말해 대내적으로 긴장감을 고조시켜서 김정은의 카리스마를 만들어내고, 외부적으로는 평화협정 체결과 핵보유국 지위 확보 등의 목표를 달성하기 위해 미국과의 협상을 성사시키기 위한 과장된 언행으로 보인다.

▶3월 30일

북, 개성공단 폐쇄 가능성 언급.

중앙특구개발지도총국 대변인 담화 발표. "개성공업지구가 외화수입 원천이기 때문에 북한이 출입을 막지 못할 것"이라는 말은 자신들의 존엄을 모독하는 것이라며 "우리의 존엄을 조금이라도 훼손하려 든다면 공업지구를 가차 없이 차단·폐쇄해 버리게 될 것"이라고 경고.

▶3월 30일

북, 경제 건설과 핵무력 건설 병진노선 채택.

북한 노동당은 중앙위 전원회의를 열고 경제 건설과 핵무력 건설 병진노선을 채택하고 이를 위해 농업과 경공업에 역량을 집중하고, 위성 발사, 대외무역의 다각화 등을 구체적 목표로 제시. 전원회의에서는 또 박봉주가 당 중앙위 정치국 위원에, 현영철·김격식·최부일이 후보위원에 각각 선출됐고, 백계룡은 당중앙위 경공업부장에 임명.

▶4월 1일
북, 박봉주를 내각 총리로 임명.
최고인민회의 제12기 제7차 회의에서 박봉주 전 당 경공업부장을 신임 내각 총리로 임명. 최영림 현 총리는 최고인민회의 상임위원회 명예부위원장으로 퇴진. 김격식 인민무력부장과 최부일 인민보안부장이 국방위 위원으로 보선. 북한 사회주의 헌법의 일부 내용 수정보충.

▶4월 2일
북, 영변 원자로 재가동 선언.
북한 원자력총국 대변인은 우라늄 농축공장을 비롯한 영변의 모든 핵시설과 2007년 10월 6자회담 합의에 따라 가동을 중지하고 무력화했던 5MW 흑연 감속로를 재정비해 재가동하는 조치를 취한다고 발표. 대변인은 당 중앙위 전원회의에서 채택된 경제 건설과 핵무력 건설 병진 노선에 따른 조치라고 설명.

▶4월 2일
한미 외교장관회담.
윤병세 외무장관과 존 케리(John Kerry) 미 국무장관이 워싱턴에서 회동. 케리 장관은 북한의 대남·대미 협박공세와 관련해 한국 보호 의지 재확인.

▶4월 3일
북, 개성공단 통행 제한 조치.
남측 인원과 차량에 대해 개성공단 진입 불허. 그러나 개성공단에서 남측으로 돌아가는 인원과 차량은 월경 허용.
☞북한의 조치는 개성공단 진입은 막고 남측으로의 귀환은 허용함으로써 개성공단의 조업 차질을 서서히 진행시키겠다는 의도. 동시에 개성공단 내 남측 인원 억류 논란을 불시시켜서 대북 비난 여론을 부분적으로 예방한 것이다.

▶4월 3일
미, 괌에 미사일방어 시스템 구축.

북한의 탄도미사일 위협에 대한 방어 태세 강화 조치. 괌에 배치할 미사일방어 시스템은 '고고도 방어체계'로 적의 중거리 미사일을 격추하기 위해 요격 미사일과 트럭탑재 발사대, 추적 레이더 등으로 구성.

▶4월 4일

북, 무수단 미사일 동해 이동 관측.

북한이 사거리 5,000km로 추정되는 무수단 미사일을 발사하면서 대포동2호 미사일과 마찬가지로 탄도미사일 금지 규정에 위반되고 유엔 안보리 대북 제재 절차가 진행되는 요건이 된다는 점에서 긴장을 고조시키는 요인이 된다. 군 당국에서는 4월 10일쯤 발사할 가능성이 높다고 관측.

▶4월 5일

북, 평양 주재 외국 공관에 철수 권고.

북한은 오는 10일부터 신변 안전을 보장할 수 없다면서 각국 공관과 국제기구 직원들의 대피를 권고하는 통지문을 발소하고 설명회 잇따라 개최.

▶4월 8일

북, 개성공단 근로자 전원 철수 발표.

북한 대남담당비서인 김양건 통일전선부장이 개성공단을 시찰한 뒤 담화를 발표했다. 개성공단 북측 근로자를 전원 철수하며 개성공업지구 사업을 잠정중단하겠다고 밝혔다. 이어 공단 존폐 여부를 검토한다면서 이후 "사태가 어떻게 번져지게 되는가 하는 것은 전적으로 남한 당국의 태도 여하에 달려있다"고 위협했다.

▶4월 9일

북, 전쟁 발생 시 남한 내 외국인 대피 계획 마련 촉구.

북한의 조선아시아태평양평화위원회 대변인은 담화를 통해, 미국과 남한의 적대 행위와 도발로 한반도가 핵전쟁 전야로 치닫고 있다며 전쟁이 터질 경우 서울을 비롯한 남한의 모든 외국 기관과 기업, 관광객을 포함한 외국인들이 신변 안전을 위해 사전에 대피하거나 소개할 계획을 세워야 할 것이라고 주장.

☞북한이 2012년 12월부터 남한을 상대로 지속적인 협박공세를 전개했

으나 3월 말까지 별다른 긴장 국면이 조성되지 않았다. 그러나 평양 주재 외국인 철수 권고 소식이나 개성공단 근로자 철수, 그리고 남한 내 외국인 대피 촉구 등의 소식은 남한 사회의 불안감을 구체적으로 자극하는 효과를 거뒀다. 주식 시장에도 일부 영향이 미쳤고 한동안 보지 못했던 사재기도 등장했다. 이마트는 3월 말부터 4월 4일까지 주요 생필품 매출을 조사한 결과 1년 전 같은 기간에 비해 20~30% 늘어났다고 설명. 즉석밥 매출은 36% 뛰었으며, 생수 30%, 부탄가스 28%, 라면 12.3% 등으로 매출 증가. 롯데마트도 주요 생필품 매출이 전년 같은 기간에 비해 증가해 생수 37%, 라면과 즉석밥도 각각 19.6%, 15.5%의 매출 신장률 기록했다고 설명.

▶4월 10일

정부, 3·20해킹은 북한 소행이라고 발표.

미래창조과학부는 YTN과 KBS, MBC, 신한은행, 농협, 제주은행에 대한 3월 20일 해킹 공격에 경위를 조사한 결과 북한 정찰총국 소행이라고 발표.

☞북한이 언론사 가운데 YTN과 KBS, MBC 세 곳만 공격한 것은 2012년 4월 국방부의 순항미사일 위력 발표 과정에서 순항미사일이 김정은의 집무실 유리창을 골라서 타격할 정도로 정밀도가 높다고 설명하는 대목을 포함한 언론사이기 때문이다. 북한은 이 발언을 문제 삼고 이는 최고 존엄을 훼손한 것이라고 격렬하게 비난하면서 특별작전행동소조를 결성해 보복을 하겠다고 공개적으로 협박한 바 있다. 이번 해킹은 특별작전행동소조와 관련이 있다고 판단된다.

▶4월 11일

박근혜 대통령, 북한과 대화 의사 피력.

박 대통령은 국회 국방위와 외통위 여야 간사들과 만찬을 함께 한 자리에서 북한의 대남 위협에 따른 안보 위기와 개성공단 정상화를 위해 북한과 대화를 할 것이라고 언급. 또 류길재 통일부 장관이 오후에 긴급 기자회견을 열고 대화를 통해 문제를 풀어야 한다는 입장을 발표했는데 이는 자신의 뜻을 반영한 것으로 대화를 제의한 것이라고 설명.

▶4월 12일

케리 미 국무, 북한과 대화 원한다고 언급.

케리 장관은 서울을 방문해 박근혜 대통령을 예방하고 이어 윤병세 외교 장관과 회담한 뒤 열린 공동 기자회견에서 북한과 대화를 원한다고 언급. 다만 북한의 핵보유국 지위는 인정할 수 없으며 비핵화를 위한 대화를 할 수 있다고 언급.

▶4월 14일

북 조평통 대변인, 남한 대화 제의 비난.

조평통 대변인이 기자 질문에 답변하는 형식으로 남한 정부의 대화 제의는 내외 여론을 오도하기 위한 교활한 술책이며 대화 제의라는 것도 아무 내용이 없는 빈 껍데기에 불과하다고 비난. 통일부는 이 논평에 대해 북한의 공식적인 반응이 아닌 만큼 좀 더 상황을 지켜보겠다며 신중한 입장을 보였다. 그러나 이 날 밤 9시쯤 박근혜 대통령은 외교안보 분야 참모들과 회의를 가진 뒤 북한 반응을 거부로 간주한다면서 매우 유감이라고 북한을 비난했다.

▶4월 16일

북 최고사령부 최후 통첩장, 남한 대화 제의 비난.

북한 최고사령부는 우리 정부에 보내는 최후 통첩장을 발표하고 백주에 서울 한복판에서 반공 무리들이 반공화국 집회를 열어 북한 최고 존엄의 상징인 초상화를 불태우는 만행을 저질렀다며 북한과 대화하려면 남측이 사죄해야 한다고 경고. 국내 일부 보수단체 회원들이 광화문에서 김정은 노동당 제1비서 등의 사진을 붙인 모형을 불태운 것을 겨냥한 언급.

▶4월 16일

북 외무성 대변인 담화, 미국 대화 제의 비난.

북한 외무성 대변인은 담화에서 미국이 한반도에서 최첨단 무기를 동원해 실시한 훈련을 비난하며 미국이 대화를 운운하는 것이야말로 세계 여론을 오도하려는 기만의 극치라고 비난. 이어 미국과의 대화에는 반대하지 않지만 굴욕적인 협상 테이블엔 마주 앉을 수 없다며 진정한 대화는 미국의 핵전쟁 위협을 막을 수 있는 핵 억제력을 갖춘 단계에서 가능하다고 주장. 또, 비핵화 의지를 보여줘야 대화를 하겠다고 하는 것은 당의 노선을 무시하는 오만무례한 행위라고 강조.

▶ 4월 18일

북 조평통 대변인 담화, 대화 제의 비난.

담화에서 북한은 남한 정부의 대북 적대 행위가 계속되면 남북 대화는 있을 수 없다고 주장. 특히, 남한은 개성공단 문제를 분리하려고 하지만, 개성공단 사태는 현재 남북 관계를 집중적으로 반영하고 있다고 주장. 또, 자신들의 위성 발사와 핵 무력 건설은 정치적으로나 경제적으로 협상의 대상이 아니라며 이 문제를 논의하는 대화는 영원히 없을 것이라고 일축.

▶ 4월 18일

북 국방위 정책국 성명, 한국과 미국의 대화 제의 비난.

성명은 한미 양국이 북한과 대화하고 싶으면 모든 도발 행위를 중지하고 사죄하라고 요구. 이를 위해 1차적으로 유엔 안전보장이사회 대북 제재 조치를 철회하라고 주장. 또, 남한이 천안함 사건과 3·20 해킹 사건을 북한 소행이라고 꾸며내고 있고, 한미 연합 훈련을 통해 북침 핵전쟁을 연습하고 있다며 이 같은 적대 행위를 중지하라는 기존 주장을 되풀이.

맺음말

　북핵 문제 연표를 정리하면서 지난 20여 년 동안 북핵 문제와 관련해 무수히 많은 사건이 벌어졌다는 것에 대해 새삼 놀라게 됩니다. 1993년 3월 북한의 NPT 탈퇴 선언, 1994년 10월 북미 기본합의문 체결, 1999년 9월 페리 프로세스, 2000년 10월 북미 공동 코뮈니케, 2002년 11월 북미 기본합의문 체제 붕괴, 2005년 9월 BDA사태와 9·19 공동성명, 2006년 7월 북한의 미사일 연속 발사 이후 유엔 결의 1695호, 제1차 핵실험, 유엔 결의 1718호, 2007년 2·13합의와 10·3합의, 2008년 8월 테러지원국 해제 연기, 2009년 4월 장거리로켓 발사와 5월의 제2차 핵실험, 6월의 유엔 결의 1874호, 2012년 4월과 12월의 장거리로켓 발사와 2013년 1월의 유엔 결의 2087호, 2월의 제3차 핵실험과 3월의 유엔 결의 2094호…. 그 많은 사건을 돌아보면 불가피한 경우도 있었지만 문제 해결의 기회도 적지 않았고 그런 기회를 제대로 살리지 못했다는 점에 대해 안타깝다는 생각을 금할 수 없습니다. 우리에게 주어졌던 기회 가운데 몇 개만이라도 살렸다면 한반도에는 어떤 상황이 전개됐을까? 전쟁의 잿더미 속에서 불쑥 일어서 국제사회가 부러워하는 경제 강국, 문화 강국의 길을 걸어가고 있는 우리나라가 이처럼 비루하게 북핵 문제로 고생하는 분단국가의 모습은 아니었을 것입니다.

　그 많았던 기회를 왜 살리지 못했을까? 무엇이 문제였고, 누구의 책임일까? 물론 북핵 문제는 매우 복잡한 사안이긴 하지만 연표를 가만히 들여다보면 시사점을 얻을 수 있다는 생각이 듭니다. 북핵 문제에 대한 각국의 대응전략이 다양하게 투사되는 과정에서 문제가 악화되는 요인은 다발적으로 작동했지만 문제 해결을 견인하는 동력은 작동하지 않았거나 미약했기 때문이라는 생각입니다. 나라마다 지정학적 조건이 다르기 때문에 국가 이익에 대한 정의가 다를 수밖에 없습니다. 동시에 관련국 정책 결정자들이 국내정치 상황을 고려해 자신에게 유리한 방안을 선호하다보니 문제를 더욱 꼬이게 만들었다고 분석할 수 있습니다.

미국은 초강대국인 만큼 전 세계적으로 미국식 국제질서를 유지하는 것이 국가 목표가 됩니다. 그런 차원에서 본다면 적절한 수준의 긴장이나 분쟁은 호재가 될 수도 있고 북핵은 그런 종류의 사안으로 분류할 수 있습니다. 비확산이라는 차원에서 보면 골치가 될 수도 있지만 지난 20년 동안 비확산 차원에서도 결정적인 문제를 보이지 않았고, 그러므로 미국은 북핵 문제를 적극적으로 해결하려는 의지를 보이지 않았던 것으로 판단됩니다. 4년마다 찾아오는 미국의 대통령 선거 주기에 영향을 받아 미국의 대북정책이 일관성을 유지하지 못한 점도 문제점으로 지적할 수 있습니다.

중국의 경우 화평발전(和平發展)이라는 국가적 지침을 갖고 있는 만큼 한반도에서 전쟁이 발생하는 것을 예방하고 국제 사회에서 위상을 높이는 일에 대해서는 적극 나서는 것이 국익에 부합합니다. 북핵 문제는 전쟁예방 차원에서 다소 위험 요소를 수반한 악재로 볼 수도 있지만 국제적 역할을 확대하는 차원에서는 호재의 의미가 있다고 하겠습니다.

일본의 경우 보통국가 회복이 국가적 목표가 되고 현실적으로는 재무장이라는 현상으로 나타납니다. 북한의 불량국가 행보는 재무장 논리를 정당화시켜주는 적절한 소재가 됩니다. 북한이 국제사회를 상대로 도발을 감행할 때 마다 북한은 존재감을 부각시키면서 정권 생존을 연장시킨다고 하지만 일본은 매번 재무장 수준을 높이는 계기로 활용해 왔습니다.

북한의 국가적 목표는 적화통일로 추정할 수 있습니다. 다만 냉전 종식 이후 외교적 고립과 경제난에 시달리면서 정권 생존이 선결 과제가 되고 국익의 기준이 된 상태입니다. 북한은 핵무기 개발 프로그램이 정권 생존에 도움이 된다고 판단하고 국가 역량을 집중하는 정책을 채택했습니다. 그런 조건에서 국내 정치적으로 김정일 국방위원장, 또는 김정은 제1비서의 권력 정당성을 만들어 내고 유지하기 위해 북핵 문제를 의도적으로 악화시키는 등 국가 발전을 저해하는 모순적 상황을 자초했습니다.

한국의 국가이익도 통일과 관련이 있습니다. 한국은 그동안 놀라운 국가발전을 이룩했고 선진국 지위에 도달했지만 현재와 같은 분단국가 위상으로는 그 다음 단계인 세계 최고 일류국가는 될 수 없습니다. 그러므로 한국의 국가 목표는 평화통일이 돼야 하고 통일 분위기 조성이 국익에 부합하는 정책이 됩니다. 그렇다면 북핵 문제 해결에 적극 나서는 것이 국익에 부합하는 행동이 됩니다. 실제로 한국이 북핵 문제에서 외교적 주도권을 행사하기 위해 노력한 사례가 일부 있었습니다. 1999년 9월 페리 프로세스, 2007년 불능화 국면 등이 그것입니다.

결국 북핵 문제를 해결하려면 문제 해결 의지와 효과적인 정책 수단이 필요한데 북한과 미국, 중국의 경우 정책 수단은 물론 문제 해결에 대한 의지도 미약했다는 판단을 내릴 수 있습니다. 그리고 이런 상황은 각각의 국익에 대한 정의와 셈법, 그리고 정책 결정자들의 정권 이익 계산을 고려할 때 자연스런 요소가 있다고 하겠습니다. 문제는 한국입니다. 한국의 경우 다른 나라와 달리 문제 해결에 대한 의지를 가져야 하고 적절한 정책 수단을 마련해야 하는데 두 가지 방면 모두 부족했다는 결론을 내리지 않을 수 없습니다.

한국의 대응에서 가장 안타까운 장면은 북핵 문제 해결을 위해 매진하는 것이 아니라 북한, 또는 미국에 대해 불만과 분노를 표출하는데 국가적 역량을 집중하는 경우도 있었다는 것입니다. 외교는 주어진 국내외적 여건을 바탕으로 국가 이익을 극대화하는 것을 임무로 삼고 있습니다. 그러므로 북한을 규탄하는 것도 북핵 문제 해결과 평화통일 분위기 조성에 도움이 될 때 전개하는 것이 전략적인 태도라고 할 것입니다. 반대로 동맹국가인 미국의 지지와 협력이 없다면 북핵 문제를 전혀 해결할 수 없다는 것도 자명합니다. 그런데도 미국과 '맞짱'뜨는 모습을 보여주려고 노력하는 것은 '자기 발등 찍기'일 뿐입니다.

또 하나 북핵 문제와 관련해 북미관계 맥락과 남북관계 맥락을 혼동하는 경우가 많다는 점을 지적할 필요가 있겠습니다. 북한은 한국도 상대하지만 미국과 상대하는 과정에서 문제를 악화시킨 경우가 많았고 그 반대의 경우도 많았습니다. 예를 들어 북한의 제1차 핵실험은 BDA 사건과 관련해 미국에 대한 북한의 분노를 표출한 것으로 남북관계보다는 북미관계 맥락에서 이해하는 것이 더 정확하다고 하겠습니다.

정리하자면 북핵 문제와 관련해 한국은 문제를 해결하겠다는 의지를 갖고 적절한 전략을 수립하고 실천해야 하는 유일한 세력이라는 점에 유의해야 하겠습니다. 한국은 북한이 수용할 수 있고 미국도 지지할 수 있는 방안을 만들어 내서 북한과 미국을 설득하고 중국의 협력을 이끌어내서 북핵 문제를 해결하고 평화 통일 분위기를 조성해야 하는 과제를 안고 있는 나라입니다. 북핵 문제 해결의 비법은 다른 어느 나라가 아니라 오직 한국에서 나오게 돼 있습니다. 북한, 미국, 중국, 일본, 러시아 모두 북핵 문제 해결을 위해 국가 역량을 집중할 필요성이 별로 없다는 것이 북핵 문제 역사에서 확인이 됐다고 말씀드릴 수 있습니다. 북핵 문제 해결과 남북관계 개선, 한반도 평화적 통일이라는 상황은 한국이 독자적인 로드맵을 만들고 주변국을 설득하는 등 적극적인 외교 노력을 투입하지 않을 경우 현실화되지 않습니다. 북핵 역사는 한국 외교가 북핵 문제와 관련해 제3자적 접근법에 만족할 권리가 없다는 점, 그리고 적극적인 문제 해결 의지를 다지고 효과적인 전략 수립과 실천을 이뤄내야 한다는 과제와 교훈을 제기하고 있습니다.

가족적 범위를 넘어 사회로 이미 확장되어 있음을 보여주고 있는 것이다. 정에 기반한 집단의식을 갖고 있다 하더라도 이러한 현상은 한민족 외에서는 찾기 어려울 것이다. 이러한 문화는 서구인들이 잘 이해하지 못하는 부분이다. 이미 한국인의 유대는 혈연이라는 생물학적 범위를 초월하여 감정의 영역인 '정'에 기반하고 있음을 통찰해야 한다. 여하튼 혈연을 배제하고 가정을 생각해 본다면 가정을 끈끈하게 '하나 임'으로 이어주는 집단의식적 유대는 '정'에 기반하고 있다는 결론에 이를 수뿐이 없다. '**정**'과 사랑으로 맺어진 가족과 같은 정서적 유대와 배려가 가정에 국한되지 않고 인류의 보편적 기반으로서 가정, 사회, 국가를 넘어 범인류적으로 확장된다면 온 인류가 '**하나 임**'을 이루어 인류의 염원인 공존(共存)·공영(共榮) 평화가 자연히 달성될 수 있을 것이다.

4. 'Morning Calm'과 '국화와 칼'

끝으로 상기 이해를 바탕으로 과거에 한국과 일본에 대한 서구인의 표현이 오늘날 어떻게 변모했는지 살피는 것은 의미 있는 일일 것이다. 과거 서구인은 한국을 'Morning Calm'의 나라로 불렀다. 'Morning Calm'이라는 표현은 조선이 한반도를 지칭했던 조선(朝鮮, '아침의 고요함')이라는 국호에서 비롯되었다 한다. 19세기 말 서구인들이 조선을 방문하며 자연 풍광과 문화적 고요함, 그리고 상대적으로 고립된 모습을 보고 이를 'The Land of Morning Calm'으로 번역해 사용하기 시작했다. 이는 조선의 아름다운 자연환경과 유교적 가치에 뿌리를 둔 전통 사회의 안정성과 평온함을 상징적으로 표현한 것이었다.